LA
TELEMACON....A

OVVERO

La Critica del Romanzo

INTITOLATO

LE

AVVENTURE

DI

TELEMACO

FIGLIUOLO D'ULISSE.

Tradotta dal Francese.

DEDICATA ALL'ILLUSTRISSIMO SIGNOR

MARCO DA LEZE

AVVOCATO VENETO.

VENEZIA.

PRESSO MARCELLIN PIOTTO.

MDCCLI.

Con Licenza de' Superiori, e Privilegio.

ILLUSTRISSIMO SIGNORE

*L motivo steffo per cui mi fono rifoluto a intraprendere la Stampa della Critica alle Avventure di Telemaco, mi ha determinato à* pubblicarla fotto la *VOSTRA* protezione *ILLUSTRISSIMO SIGNORE* .

Imperciocchè contenendo quefto Libro lo fviluppo di tanti errori prefi dall' Autor del Telemaco, col porre in vifta la verità, e *VOI* efercitandovi tuttodì a indirizzare gli Uomini nel diritto cammino di quelle fode, e vere

a 3   Leg-

Leggi che professate; così a niuno meglio che a VOI ho creduto bene di dedicarlo.

Tutto l'Elogio ch'io potrei farvi sarebbe sempre ristretto in rapporto al VOSTRO merito, e superfluo; essendo noto al mondo tutto che il vostro amore per le SCIENZE, e per le belle ARTI unito alle prerogative della VOSTRA COSPICUA FAMIGLIA, formano un TUTTO onde siete a buona ragione fra gli Uomini di non mediocre intendimento, distinto.

Vorrei lusingarmi che gradirete, con quella onestà ch'è propria del VOSTRO BELL'ANIMO, un offerta che con la maggior sommessione vi fa chi rispettosamente si segna.

Di V. S. Illustriss.

Venezia 14. Agosto 1751.

Umiliss. Dev. Oblig. Servo.
Marcellin Piotto.

NOI REFFORMATORI

Dello Studio di Padova.

AVendo veduto per la Fede di Revisione, & Approbazione del P. Fra Paolo Tomaso Manuelli Inquisitor Generale del Santo Officio di Venezia nel Libro intitolato *la Critica alle avventure di Telemaco tradotta dal Francese*, non v'esser cosa alcuna contro la Santa Fede Cattolica, e parimente per Attestato del Segretario Nostro, niente contro Prencipi, & buoni costumi; concedemo Licenza a *Marcellin Piotto* Stampator *di Venezia*, che possi esser stampato, osservando gli ordini in materia di Stampe, e presentando le solite Copie alle Pubbliche Librarie di Venezia, e di Padova.

Data li 11. Luglio 1751.

(Alvise Mocenigo secondo Ref.
(Zuane Querini K. Ref.

Regiftrato in Libro a c. 9. al nu. 102.

Michiel Angelo Marino Sec.

Adi 12. Agosto 1751.

Regiftrato nel Magistr. Eccell. degli Esec. contro la Bestemmia.

Alvise Legrenzi Segr.

AVVISO DELL'AUTORE FRANCESE
A' LETTORI.

IL profondo rifpetto, e l'alta ftima, che ho fempre avuta per il grand' Uomo, che il Mondo tiene per Autore dell'Iftoria delle Avventure di Telemaco, m'avevano fatto prendere una coftante riffoluzione di gittare alle fiamme la Critica ch' io avevo fatta di quefto libro. La venerazione dovuta al fuo carattere mi avrebbe baftevolmente determinato a fargli quefto fagrificio, quando anche le fue virtù perfonali, e quella edificante fommeffione con cui fi è raffegnáto ai Decreti della Santa Sede, non aveffero aggiunto un nuovo luftro alla fua dignità.

Non oftante l'ingiuftizia de' miei nemici, che hanno fparfa voce, che la Critica brutale, e fediziofa ch'è ufcita alla luce, non ha molto tempo, era mia, e ch' era quella fteffa, alla quale fi fapeva ch' io travagliavo, e la malizia del Gazettiere d'Olanda, che nelle fue Novelle 10. Marzo, attribuì il mio efilio in Avergna alla compofizione di quefto infame, e fcandalofo Libello; m' hanno fatto acconfentire che la mia foffe ftampata affinchè fia veduta la differenza di quefte due Opere, e

a.   che

che ognuno resti convinto in tal guisa
della mia innocenza.

Siccome poi v'ha un'infinità di persone
che s'interessano per la gloria d'Aristotile, io non dubito punto che mi sarà di-
mandata ragione d'una parola che ho avanzata, e che è ingiuriosa al di lui onore,
cioè *ch'egli fu attossicatore ugualmente de' spi-*
riti che de' corpi. Mi chiederan eglino con
disprezzo, donde ho tratto quest' ultimo
passo; e quindi io sono in necessità di ri-
pondergli averlo tratto da un testimonio
dignissimo di fede, cioè da Epicuro che
intimamente conoscealo. Ateneo ne' suoi
Deipnosofisti ci ha conservato l'estratto d'
una delle Lettere di lui intitolata *de sta-*
diis, la quale è sfuggita alla cognizione
del dotto Gassendo; in essa gli dice che
Aristotile avendo dissipato tutto il suo patrimonio, e non sapendo come campare,
andò alla guerra, e si fece soldato, ma
ch'essendo troppo poltrone per fare questo
mestiere, e per conseguenza riuscendovi
molto male, divenne venditore di Droghe,
e di Medicine. *Cum patrimonio absumpto*
ad militiam crevisset, ibique male ageret ad
vendenda Pharmaca conversus est, e allora
gli accadde ciò che dice Marziale d'un
Capitano poltrone, il quale, abbandonò la
proffessione delle Armi per prendere quella di medico, cioè ch'egli ammazzò più persone essendo medico, ch'essendo capitano.
Hoc præstas medicus quod facis Oplomacus.
Ovvero come disse ancora meglio un altro Poeta.

Nul-

Atene
l. 8 c. 8.
p. 448.

Nullos ense necat; sed per mala Pharmaca
(multos
Quod nequit miles Pharmacopola facit.

Ciò è conforme à quello che Timeo nel- *Atenè*
lo steffo Ateneo afferma; cioè che Arifto- *l. 8. c. 6.*
tile era un gran ghiottone, e che aveva *p. 435.*
diffipato tutto il fuo à trattare gli amici:
Timæus Tauromenites Ariflotelem etiam Phi-
lofophum gulonem fuiffe fcribit.

Noi fapremmo ancora molte altre cattive qualità di lui, fe aveffimo i libri d'Eu-
bulide, e di Cefifodoro ch'ebbero cura di
fare il fuo ritratto al naturale. Vivendo
fu accufato d'empietà; e fu obbligato per- *Dio.*
ciò a fuggirfene da Atene, come dice Dio- *Laer. de*
gene Laerzio nella fua Vita. E quanto al *vit. Phi.*
fatto particolare ch'io riferifco in quefta *lib. 5.*
Critica *effer egli l'Autore della morte d'Alef-* *p. 154.*
fandro, dirò che quefto gran Principe ne *Edit.*
aveva fempre avuto qualche prefentimen- *Baf.*
to fin d'allora ch'egli aveva convinto que- *l. 1514.*
fto Filofofo di complice della congiura,
che Calliftene fuo parente aveva tramato
contro di lui; per la quale egli fu meffo
a morte: *Fertur autem ob Callifthenis inf-*
dias in Alexandrum, infenfum fuiffe Regi dice lo fteffo Diogene.

Ho intitolato il mio libro Critica del
Telemaco per far vedere l'ingiuftizia della paffione, e del furore, con il quale fi
corre alla lettura del Romanzo di Telemaco, come a qualche cofa di particolare, mentre a mio credere, egli è un libro pieno d'errori, e indegno dell'Autore
che l'ha fcritto. Ho divifo il mio libro in

a 2   due

due parti, la prima delle quali viene da me appellata *Cenfura del Romanzo di Telemaco*, perchè in effa dimoftro l' errore che mai fempre la Chiefa ha avuto per quella forta di Opere che diconfi Romanzi, e la fevera condanna ch'ella ha fulminato contro di effi in ogni tempo; e la feconda io chiamo *la Critica del Telemaco*, perchè in effa fo vedere il gran numero di errori che comprende, così contro la Storia come ancora contro la Favola. Niente vi è nel mio libro, come fi vede, contro la perfona dell'Autore, ma tutto fi rivolge contro la di lui Opera, e quindi la mia Critica non può effere qualificata del nome di libello fenza eftrema ingiuftizia; tanto più quantocchè ivi non fi tratta fe non d'alcuni fatti cavati dagli Autori profani.

Quegli del quale io mi fono il più fervito è il Poeta Licofrone l'unico fine del quale (come a tutti è noto ch' egli s' è propofto nella fua *Caffandra*) è d'iftruire la gioventù della Storia de' tempi Eroici cominciando da Ercole fino ad Aleffandro il Grande , e di tutta la Mitologia de' Greci. E in vero nulla è sfuggito alla fua attenzione, avendone egli parlato fu quefto propofito meglio d'ogn'altro autore.

Il comentario d'Ifacco Tzeze non ha così bene contribuito a farmelo intendere come la Gloffa interlineare, e le note Greche che il Signor Nicola di Porto Reale ha fcritte di fua mano fopra il Tefto Greco di queft'ofcuro, e dotto Poeta al fentimen-

timento del quale io tuttavia non mi fono
fempre appigliato.

Non mi fono pertanto fempre attenuto
al fentimento di Licofrone, mentre ho pre-
ferito quello degli altri Autori quandocchè
mi parve meglio fondato, e in quefto ho
imitato il Tzetze il quale febbene grand'am-
miratore di quefto Poeta, non ha avuta
difficoltà di trattarlo in alcune occafioni
*d'ubriaco, che non fa ciò che fi dica, o fcri-
va, d'ignorante, e d'impoftore.* Io non ho
fatto, per efempio alcun cafo di quello,
ch'ei dice d'Ercole, che dimorò tre gior- *Licoph.*
ni, e tre notti nel ventre d'una Balena *Caf.*
vivente, *Trivefperi Leonis, five Herculis,* *v.* 33.
quem Neptuni Canis afperos dentes habens 34.36.
maxillis olim occultavit capacitate cet. Egli
dice la ftefla cofa di Perfeo poco dopo. *ibidem*
Io non ho neppure fatta attenzione a ciò, *p.*264.
ch'egli aggiunge, che Giove fotto la figura d'un Atleta combattotte tutta la notte
contro lo fteffo Ercole, il quale effendo
il più forte atterrò Giove afferrandolo per
mezzo del corpo: *Et in ftadio medio Patris*
fui Jovis luctatoris manibus corpus fuperavit *Licoph.*
fupra excelfum collem Saturni. 16*p.*49.

Egli è più chiaro del giorno fteffo che
Licofrone inventò quefte due Iftorie di fua
tefta, e che vivendo fotto Tolomeo Filadelfo, dal quale era molto amato, le aveva lette nelle Sagre Scritture che furono
tradotte in tempo di quefto Re, e che egli
applica molto male a propofito di Ercole,
ciò che è raccontato di Giona ingojato
dalla Balena, e di Jacobbe combattente
tut-

tutta la notte con Dio steffo sotto la figura d'un Atleta. *Fortis contra Deum fuiſi.*
Non mi ſono nemmeno appoggiato a lui
parlando d'Idomeneo Rè di Creta, e con-
futando ciò che l'Autore del Romanzo di
Telemaco ne dice full'autorità di Licofrone medeſimo, il quale pretende che Idomeneo ritornando di Troja a Creta per
mare aveſſe tollerate gravi tempeſte, foſſe portato lungamente dal vento in diverſi
climi, e faceſſe gran viaggj, e che in fine
eſſendo venuto nel ſuo regno vi trovaſſe
la guerra acceſa tra Leuco, e Talo, che
ponevano a ſoquadro tutto il Paeſe, &
avevano rovinato dieci Città; che il primo che rimaſe vittorioſo, e Padrone di
tutto aveſſe fatto perire la ſua Spoſa nominata *Meda*, e i due Principi ſuoi Figliuoli, e ſi foſſe impadronito della Corona; che non ſolamente non gliela rendeſ-
ſe quando Idomeneo a lui la richieſe ſecondo il patto di reſtituirglela al di lui
ritorno da Troja, ma che gli ricuſaſſe in
Matrimonio Cliſitra, che promeſſa le aveva prima del ſuo viaggio in Frigia, volendo più toſto ucciderla alla di lui preſenza;
e che in fine lo cacciaſſe vergognoſamen-
te da ſuoi ſtati di maniera che il povero
Idomeneo fu obbligato di naſconderſi nella foreſta della Montagna Cercaſo appreſſo il Fiume Colofone dove morì di cor-
doglio, e fu ſotterratto accanto al famoſo indovino Calcante, e del Figliuolo dell'
empio Capaneo, ammazzato a Tebe da un
fulmine, nominato Stenelo amico, e Coc-
chiero di Diomede.   *Tres*

Gen.32

Tres vero sepellunt Cercaphi filva Laros non longe ab aquis alantis . . . Veniet vero gnosum, & ad Gortina ædes meum misere detrimentum (idomeneo) totaque devasta-bitur duucm domus; non enim quietum tranfrum navigans impellet, Leucum exploramus cuftodem regni & falfis inimicitiam machinis implicans; qui neque filiæ parcet, neque nuptæ Medæ uxori exaspetatu mente: non Clyfithiræ filiæ Quefti fono gli ftefli termini di Licofrone della traduzione di Bernardo Bertrandi di Riez nella Provenza; il qua-le ha tradotto ancora & inferito nel fuo libro il comentario di Tzetze, e lo ha compendiato.

Ben fi vede quanto quefto racconto fia oppofto a quello dell'Autore del Roman-zo di Telemaco, e fe io non avefli avu-to altro penfiero fuorchè di contraddire, avrei potuto rovefciare con quefto folo paffo più di due terzi del fuo Romanzo, che fono intieramente impiegati a raccon-tare le pretefe avventure d'Idomeneo di-verfamente da quello che fa Licofrone; ma io fono di buona fede, e vedendo che quel-lo che ne dice lo fteffo è intieramente op-pofto ad Omero ed a tutta l'Antichità, ho penfato meglio abbandonarlo, che allon-tanarmi dalla comune opinione. Ho però quafi fempre feguito quefto Poeta intorno alla fondazione delle Città di Sicilia, e fopra ciò ch'ei dice dell'Egitto: perchè avendo egli paffata tutta la fua vita in que' due Paefi ne feppe meglio d'ogn'altro la Storia. Sopra un tale teftimonio, fo-

Sopra quello del suo Comentatore io ho
affermato che il nome di Nilo era nuovo
e che questo Fiume si chiamava un tempo *Ægiptus & Oceanus* , e che così egli
aveva avuto tre nomi per i quali viene da
Licofrone denominato *Trito* . Di fatto parlando egli del Regno d'Egitto lo chiama
Terra inaffiata da Tritone, *Tritonis effu-*
sionibus irrigatam terram, sopra di che Tzetze

Licoph. dice le seguenti parole. *Nilus Triton voca-*
Bert. *tur, eo quod ter transnominatus fuerit . Pri-*
p.70.71 *mo enim Oceanus vocabatur: Secundo Ætos,*
eo quod celeriter fluat, tertio Ægyptus. Ni-
lus vero recens nomen est sic dictum a recen-
tioribus quod limum deducat & oblimet pe-
lagus.

Su l'Autorità di questi due Autori io
sostengo che il Protèo di Omero , e di
Virgilio fu un vero Re d'Egitto, e non
un pesce nè un Dio Marino, ma soltanto
dipinto in tal maniera per dinotare le sue
astuzie, e finezze, e per mostrare allegorica-
mente, ch'egli scappava a tutte le insidie
de' suoi nemici. Licofrone lo rappresenta
come un severissimo Uomo, e che dà la
maledizione a' suoi figli perchè scanavano
tutti gli Atleti co' quali s'esercitavano alla corsa, al Cesto, & al pugillato. Lo fa
dipoi svanire agli occhi de' suoi nemici,
e salvarsi sotterra, e attraversando il mare lo fa entrare in Egitto dove gli è data
per moglie Torona di Tracia. Aggiunge
poi che Paride essendosi rifugiato in Egitto con Elena per evitare lo sdegno di Menelao non gli permise di starsene in compagnia,

pagnia, e che gli pose nel letto una Statua di Marmo bianco ovvéro una femmina di pietra raffomigliante ad Elena, che il gi orno feguente dopo avergli fatto una dura, e fevera correzione del fuo delitto, e dell' ardire ch'egli avea avuto di feddurre la moglie di un Re , e di avergliela tolta, e macchiata di fcandalofo adultério, lo cacciò vergognofamente da' fuoi ftati, lo rifpedì a Troja, e fece mettere Elena in ficurezza fino a tanto che Menelào venne *Licoph.* a dimandargliela. *Secundam vanam non vi-* Bec. *debis cyprin , & frigidum amplexus in fo-* p. 70. *mniis, vanis attrectans ulnis cubile. Equi-* Edit. *dem te corrivalis, Phlegreà maritus Torona,* Baf.an. *cui rifus odis eft, terra penetrans non nava-* 1558. *li profectione, fed inacceffam viam, veluti talpa aliqua, in cavernæ profunditate, intrà mare, iter peregit, liberorum effugiens hofpides occidentes.*

In fine lo paragona a quel famofo Arabo nominato Guneo, che viveva a' tempi di Semiramide, e che fu il più incorroto, e più fevero giudice del mondo , e dice che ad efempio di quello non perdonò neppure a' fuoi proprj figliuoli nè allo fteffo figliuolo di Priamo, ma ch'egli fù verfo di loro il vendicatóre degli Dei, e il miniftro del loro fdegno. *Ille te Guneus ve-* *luti, operator juris & folis filiæ, Nemefis* Licoph. *Minifter, convitiatus, triftes feparabit nuptias* Bec. *cupientem a lafciva expellet Columba.* Que- p. 71. fta è Caffandra, che parla a Paride fuo fratello, e gli predice tutti i mali che gli farebbe foffrire il Re Proteo in caftigo del

rapi-

rapimento d'Elena. Se il Marshamo aveſſe letto queſto bel paſſo di Licofrone, non
averebbe poi ſoſtenuto con tanta fermezza com'egli ha fatto, che non ci era in
Egitto alcun Re nominato Proteo al tempo della guerra di Troja, e non avrebbe
inſultato sì fieramente S. Clemente Aleſſandrino; il quale accenna queſto Re, appreſſo di cui Menelao, ed Elena ſi trat-
tenero in Egitto. *Neſcio quis ſit ille Pro-
teus:* come ſi vedrà in proſeguimento; parlandone ancora Licofrone pag. 160. e 270.

Ibid.
p. 270.
271.

Intorno alle Città fondate in Sicilia da
que' di Calcide, e da' Greci, e dagli
Eroi della guerra di Troja io ho creduto
molto meglio attenermi a Licofrone che
era di Calcide che a qualunque altro Autore. Egli ſebbene faccia annoverare a
Caſſandra moltiſſime Città nella Sicilia,
e nella magna Grecia come Stortinga, Ge-
nuſa, Trechina, Iro, Gono, Jano, Oloſ-
ſa, Alenzia, Colota, Longura, Argiripa,
Phitamo, Apula, Japigia, Leutarnia, e i
Leſtrigoni abitanti della Sicilia *Siculorum
loca;* tuttavia egli non accenna poi alcuna di quelle che l'Autore del Telemaco
dice eſſere ſtate sì celebri in quel medeſimo tempo; prova certo ch'eſſe non avevano ancora il nome ch'ei dà loro, e non
erano per anche fabbricate. Licofrone a-
veva troppo talento per cadere in ſomi-
glianti Anacroniſmi. Ma mi ſi può riſpon-
dere: Virgilio ci cadde pure; poichè nomina, per eſempio, il Porto di *Veglia* come ſe ci foſſe ſtato, nel tempo di Pali-
                                    nuro,

auro, e d'Enea, eppure è cosa nota ch'ei non ha avuto questo nome se non molti secoli dopo? Questo basta per iscusare l'Autore del Telemaco d'aver fatto chiamare da questo Principe le Città del suo tempo con quel nome ch'esse non ebbero se non molto tempo dopo, e d'averle supposte al tempo della guerra di Troja quantunque fabbricate molti secoli dopo.

Io rispondo che i più dotti Critici non hanno mai perdonato a Vergilio questo Anacronismo, ma ne hanno tratto una prova convincente d'ignoranza nella Storia contro di lui, come si può vedere in Aulogellio che biasima molto questo Emistichio *portusque require Velinos*. Nonostante si può dire per iscusare questo Principe de' Poeti che la parola *velinos* non significa il Porto di *Veglia*, ma bensì un Porto paludoso, e una terra grassa dalla parola greca ἕλος come accortamente osserva *Adriano Turnebo* ne' suoi *Adversej*. In fatti se la parola οἰδῶ πόδας che significa *io foro i piedi*, ha potuto far credere, ch'Edipo avesse veramente i piedi forati a causa dell'Etimologia del suo nome, perchè non si crederà, che questa parola *Elos* abbia potuto dare il nome alla Città, che fu nominata Velia molti secoli dopo la morte d'Enea, come alla Montagna di Roma che si chiama *Summa Velia* ove il Console Valerio dopo la morte del suo Collega Bruto si fabbricò un Palagio così magnifico, & una Cittadella sì forte, che diedero a divedere quanto affettava l'Imperio,
che

Adv.
Tur.
Adv.
T.21.22
cap. 1.
p. 214.

che aveva ufurpato a Tarquinio il fuper-
bo, come dice T. Livio.

Tit.Liv
Decad.
l.2p.33
& 34.
Edit.
Bafil.
anno
1542.
Io rifpondo in fecondo luogo che li errori degli Antichi non ifcufano punto quelli
de' moderni, e non danno alcun diritto a
quefti di farne de' nuovi, ovvero di feguitare quelli che i primi hanno fatto.
Callimaco dice, che Regio di Sicilia fopra
lo ftretto di Scilla, e Cariddi, fu fabbricata da Giocafto figlio d'Eolo; ma io faccio
vedere al contrario, ch'ella è molto pofteriore al tempo di quefto Semideo, e
Call.
Hym. che furono que' di Calcide, e di Meffenia che la fabbricarono. Vedi la mia Critica.

Licofrone fa fare menzione di Mamerta a Caffandra; ma egli è indubitato, ch'
ella non hà avuto quefto nome fe non
molti fecoli dopo il Regno di Priamo, e
che quefta è una parola latina derivata
dalla parola *Mars*, e *Mavortius*, che i Latini diedero a' Meffenj Fondatori di Mamerta per dinotare ch'erano bellicofi, e
veri figliuoli di Marte. Il luogo dov'effi
fabbricarono quefta Città fi chiamava al
tempo di Caffandra *Candaos* come lo dice
ella ftefla *Candoum vel Mamertum*. Ma quefto fi fa dire a Caffandra come a colei ch'
era indovina, e che perciò predir poteva
i nomi futuri in quella maniera ftefla ch'
ella parla di Siri, di Lacinia, e di Terina, quantunque quefte Città non aveffero
tali nomi al fuo tempo come io dimoftro.

Parla egli ancora di Laureto ful mare
Adria-

Adriatico nella Marca d' Ancona presso
Recanati, ch'è precifamente il luogo ov' è
al giorno d'oggi la famofa, e fanta Cap-
pella della B. V. di Loretto. *Neque fine* Lycof.
labore fummo filii Lauretæ (, id eft Croto- Caff.
niatæ) *turres ejus* (five Civitatis Cletæ) p. 302.
devaftabunt fopra di che il Tzetze fa que- Izetz
fta offervazione *Lauretæ filii funt Crotonia-* Bertr.
tæ. Laura enim Civitas eft Crotonis, a Lau- Edit.
ro Lacinii filia dicta, a quo Lacinium Pro- Bafil.
montorim in Italia nomen accepit; cofa che 1558.
chiaro addita l' errore del P. Turfelino p. 303.
Gefuita, e del fuo Traduttore Bartolomeo
Zuccari, che nella loro Storia della B. V.
di Loreto dicono che quefto nome gli fu
dato a motivo che una Donna di qualità,
alla quale apparteneva il Bofco nel cui
mezzo è pofta la Camera della Santiffima
Vergine, che fu trafportata da Nazaret,
fi chiamava *Loreta*. Aggiungono innoltre,
che quefta Madonna *Laureta* faceva la fua
refidenza a Recanati, e ch' effendo molto divota, ella reftò forprefa di gioja, che
la B. V. abbia fcelto il fuo fondo per por-
vi la Camera fteffa, nella quale Dio fi fe- Hiftor.
ce Uomo nel fuo feno. *Era quella Selva della S.*
d'una Gentildonna Recanatefe non men ricca Cafal.
che pia appellata Laureta, dal cui nome c.6p.29
chiamatafi dappoi la Cafa Lauretana rendette
all'incontro immortal fama a Colei, dalla
quale avea il nome ricevuto.

Conviene per tanto confeffare, che il
Naturalifta Plinio, il quale ha trattato
molto a lungo di tutte le parti dell'Italia,
e fà una efata enumerazione di tutte le
Città

Città di questo gran Regno, non fa alcu‐
na menzione di Loreto nè di Laura nelle
dieci Regioni, nelle quali egli la divide:
Non avrebbe tralasciato di parlarne nel
Cap. 18. del terzo libro, nel quale tratta
della decima Regione se ne avesse egli a‐
vuta certezza; egli dice che ne inventa di
quelle che non furono giammai in natura,
come lo fa di Messapia, *Messapiæ Oppidum*
quantunque essa non fosse mai stata una
Città particolare, come hò osservato nella
mia Critica; ma bensì un vasto, e gran
Paese ch'era nella seconda Regione d'Ita‐
lia presso al Golfo di Taranto frà la Pu‐
glia, la Calabria, e il Paese de' Salenti‐
ni; ov'erano le antiche Città di *Hirpinum*,
Varia, Apula, & Aletium ; e che forma
una spezie di Penisola, alla quale i Greci
come dice Plinio diedero il nome di *Mes‐*
sapia a causa del Capo ch'ivi gli conduce‐
va nominato *Messapo*. *Adversam ei Cala‐*
briam in peninsulam emittens Græci Messapiam
a Duce appellavere: Questo viaggio di Messapo
non accadette se non lungo tempo dopo la
rovina di Troja; e Cassandra ne parla ap‐
presso Licofrone, perchè quel paese a' suoi
tempi si chiamava *Peucetia*; ella così lo nomi‐
na, e nello stesso tempo confonde l'Autore
del Telemaco, e lo convince d'Anacronismo.

Per la Cronologia io mi sono principal‐
mente servito di quella del Glareano ch'è
stampata nella fine dell'Edizione di T. Livio
impresso in Basilea l'anno 1549. presso Gio‐
vanni Ervagio, e di quella di Mariano
Scotto Religioso del Monistero di Fulda
data

data in luce da Giovachino Camerario in Basilea l'anno 1551. dopo a' suoi Comentarj sopra le due lingue Greca, e Latina. Per altro io mi sono ingannato quando ho detto che il Vescovo di Clermont che stimava meno perdere il suo Vescovado, e la vita, che la sua bella, e maestosa barba, era Tommaso Duprat, che morì l'anno 1528. a Modena, ove in qualità d'Ambasciatore estraordinario aveva condotto Renata di Francia figlia di Luigi XII. Sposa del Duca di Ferrara, e ch'era fratello del Cancelliere Duprat. Questi non è quello *in fin.* cui accaddette l'avventura della barba, ma *anno* al suo Nipote Guglielmo Duprat, del qua- *1555.* le parla il Signor de Thou nella sua Storia, e che trovossi personalmente al Concilio di Trento, e fabbricò il Colleggio de' Gesuiti in Parigi, ed era figlio del Cancelliere Duprat. Aveva questi, come si può vedere da' suoi ritratti, la più bella barba che si vedesse giammai, e fu di tal maniera colpito dalla risoluzione presa in pien Capitolo da' Canonici della sua Cattedrale di tagliargliela, che vedendo accostarsigli il Decano, il Prevosto, & il Corista con le forbici, e Rasoj, si diede alla fuga, e andò a ricoverarsi nel suo Castello di Beauregard due Leghe lontano da Clermont, dove si ammalò di rabbia, e morì nel 1560. in età solamente di anni 53. Egli fece giuramento durante la sua malattia di non ritornarsene più a Clermont dove gli era stata fatta una così grave ingiuria, e per vendicarsi anche di questa ingrata Città

tà le diede un Veſcovo coſì giovine, che
non aveva un pelo di Barba ſul mento.
Queſti era il Cardianl Salviati Nipote di
Papa Lione X. Veſcovo di S. Papoul, con
quale fece il cambio di Clermont. Ma cominciando a pentirſene gli ſcriſſe queſti
verſi del Poeta Marziale contra Encolpo.

Lib. 5.
Ep. 48.

Sed tu nec propera, brevibus nec crede ca-
(pillis;
Tardaque pro tanto munere barba veni.

CRI.

CRITICA

DEL ROMANZO INTITOLATO

LE

AVVENTURE DI

TELEMACO

FIGLIUOLO D'ULISSE,

O fia feguito del quarto Libro dell'
Odiffea d' Omero.

L famofo Autore del Libro
intitolato *la fpiegazione delle*
maffime de' Santi fopra la Vi-
ta interiore ha dato alla luce
un'opera d' un Carattere,
molto differente, la quale
contiene le *Avventure di Telemaco figliuo-*
lo d'Uliffe.

Voi volete Signora che ficcome vi ho
detto liberamente il mio fentimento fo-

A   pra

pra la prima di queste due Opere, vi dica eziandio con la medesima sincerità ciò che penso della seconda.

Se giudicar si deve dal fuoco, e dal furore con il quale questo Libro è ricercato, egli è al certo il più eccellente di tutti i Libri. Giammai non ne furono Stampati tanti esemplari d' opera alcuna, giammai d' un libro stesso non se ne fecero tante edizioni, e giammai alcuno scritto letto non fu da tante persone. Ma se le Fate del giovine Perrault, le Pasquinate di M. le Noble, e le Commedie d'Arlechino, ovvero il Teatro Italiano, che sono certamente libri molto dispregevoli, sono stati letti da tanta moltitudine di persone; e ristampati più volte del Telemaco: conviene contare per poca cosa l'avidità con la quale egli è stato ricercato, e credere che il Poeta Marziale abbia mal detto quando parlando de' suoi Epigrammi disse, che la molta vendita fattane da' Libraj era una prova convenicente della loro bontà.

Sed qui me vendit Bibliopola putat.

Il pregio però d'un libro non è mai il grand' esito che se ne fa, egli è il giudizio vantaggioso che ne fanno i Saggj e i sapienti. Cosa avrebbono detto i Santi e i dotti Vescovi della Chiesa se veduto avessero uno de' loro confratelli trattenersi a scrivere e comporre de' Romanzi? Che avrebbe detto un S. Lupo Vescovo di Troja che soffrire non potè che il Vescovo d'Avergna S. Sidonio Appollinario, si divertisse a fare de' versi, quantunque non parlasse che di Giove, di

Ve-

Venere, e di Marte? cofa penfato avrebbe
queft'ultimo che ci afficura lui fteffo sì po-
fitivamente che fin da' primi giorni in cui gli
ebbe abbracciato lo ftato Ecclefiaftico rinunciò ad un tale divertimento?

Ab exordio religiofæ Profeffionis huic prin-
cipaliter exercitio renunciavi.

Sid.Ap.
Ep.12.
lib.9.

Il profondo rifpetto ch'io ho per il Carattere e per il merito perfonale del Signore di Cambrai mi fa arroffire, facendogli vedere che una tal Opera fia ufcita
dalla fua penna, e che colla medefima mano ond' egli offrì dall'altare ogni giorno a
Dio il Sangue di Gesù Crifto, prezzo della redenzione dell'univerfo, abbia prefentato a bere alle fteffe anime che fono ftate
rifcattate, il vino avvelenato della Profti-
tuta di Babilonia; quefta è la maniera con
la quale i Santi Padri hanno chiamato tutti que' libri deteftabili che fotto finzioni in-
gegnofe elegantemente fcritte, non contengono che ftorie di Galanteria, e d'amore, delle defcrizioni favolofe del Tempio,
e del Palazzo di Venere, dell'Ifola incantata d'amore, e del vafto Impero del picciolo Cupido con le fue freccie, come del
più gran Dio.

Io non ho quafi veduto altra cofa ne'
primi libri del Telemaco del Signor di
di Cambrai, che vive pitture e naturali
defcrizioni della bellezza delle Ninfe, e
delle Najadi, e di quella de' loro ornamenti, e bizzaro veftito, delle loro danze, canti, giuochi, e divertimenti, della loro arte in farfi amare, e della genti-

lezza con la quale elle nuotano alla presenza d'un Uomo giovine per invaghirlo.
La Grotta incantata di Calipso, la truppa
galante delle giovani fanciulle che l' ac-
compagnano per tutto, il loro studio a pia-
cergli, la loro applicazione ad ornarsi, la
servitù assidua, ed officiosa ch' elle presta-
no al bel Telemaco; i discorsi che la loro
Padrona ancora più amorosa d' elle stesse le
tiene, i trattenimenti in un bosco, i Festi-
ni, il prezioso nettare, la magnificenza di
Venere in un Carro dorato, e leggiero
strascinato dalle Colombe, e accompagnata
dal suo amorino; infine la descrizione dell'
Isola di Cipro e de' piaceri d' ogni sorta
permessi in questo bellissimo Paese, ed i
frequenti esempj di tutta la Gioventù che
sotto l'autorità delle Leggi, e senza il menomo ostacolo alla verecondia, si donano
impunemente ad ogni voluttà e dissolutez-
za; occupano una buona parte del primo,
e secondo libro del vostro Prelato o Madama.

La descrizione della bellezza incomparabile d'*Astarba ch' era*, dic' egli, *bella come
una Dea*, quella delle sue *maniere dolci, lu-
singhiere, insinuanti, e il suo raro portamen-
to*, v'occupano un' altra gran parte; come
pure i suoi amori per il bel Melachone e
i suoi disordini con Pigmalione. In fine gl'
incanti d'una vita boschereccia, i teneri
amori de' Pastori e delle Ninfe ballando al
suono della sua zampogna, e la pittura ch'
ei fa delle bellezze naturali delle picciole
Villanelle d'Egitto, con le quali Telemaco

sol-

folevò il rigore del fuo efilio e della fua
fchiavitù, riempiono una terza parte di quefto meraviglioſo Romanzo; in ſomma le galanti Paſtorelle dell' Andaluſia , o della
Bettica ſono l'ornamento del Paeſe e del libro; la lettura del quale o de' quali, parlan-
dò in generale, non può ſervire a mio credere ſe non a corrompere la gioventù e
ad eccittare in loro delle immagini che
la Religione ci obbliga sfuggire, e ſoppri-
mere.

E' egli poſſibile che il Signor de Cambrai Uomo così illuminato non abbia preveduto tante peſſime conſeguenze che pro-
veniranno dal ſuo libro? le giovani le più
modeſte, e le Religioſe ſteſſe le più au-
ſtere autorizzate dal ſuo eſempio s' ecciter-
ranno a leggere de' Romanzi. Con qual
coſcienza, e con qual fronte oſerà egli pro-
ibire di leggerli quandocchè lui medeſimo
ne compoſe di così galanti? Elle ſteſſe ſo-
ſterranno con fondamento, che non v'ha
niente di più pericoloſo in quelli della Cal-
preneda, di Scuderi, e di Gonberville che
nel ſuo; e s' egli non ſcuſa queſt' ultima
con altro che col dire trovarviſi fra-
miſchiati degli avviſi ſalutari, e delle
eſortazioni alla virtù, riſponderanno elle
con giuſtizia, che ve n'ha molto più negli
altri primi. Tutti ſono pieni di belliſſimi
ſentimenti, e di rifleſſioni morali la Cle-
lia, e il Gran Cyro. Il Signor Onorato
d'Urfè nella ſua Aſtrea parla meglio, e
più ſpeſſo di Dio che il Signor de Cam-

A 3 brai;

brai; e fono perciò eglino meno perniciofi alla gioventù? Mentore ha bel predicare a Telemaco. Uno fguardo d'Eucari,
un'occhiata d'una bella Ninfa, e una freccia di Cupido guafta tutto,e fa obbliare le fag-
ge lezioni, che Minerva le aveva date. Le
giovani figlie di S. Cyr. quanto poco avrebbono cavato di profitto delle iftruzioni che
loro dà M. de Cambrai nel fuo libro intitolato l'*Educazione delle fanciulle*, altrettanto farebbonfi pregiudicate nella Grotta
di Calipfo, leggendo i difcorfi di Telemaco; fe la faviezza di quelle che prefiedo-
no alla cura della loro educazione non
aveffe impedita la lettura d'un libro così
pericolofo, e fe la fola prefenza della
loro illuftre Benefattrice non aveffe dif-
fipate, le immagini del vizio, e del libertinaggio che quefto Romanzo, inf-
fpira; coll' impreffione di quella virtù,
che s'introduffe nello fpirto di quelle ch'
ebbero la felicità d'avvicinarfele.

Bello è il Configlio, e ammirabile non
meno è la Morale che dà la Dea Calipfo
conducendo a ripofare Telemaco nel fuo letto dolce e molle, preparato dalle fue più
belle Ninfe! *Abbandonatevi*, diff'ella alla
prefenza di tutte le fue Damigelle, *quefta
notte alla gioja. Morfeo vi fpedifce de' fogni
foavi che raggirando all' intorno di voi di-
letteranno i voftri fenfi con le immagini le
più graziofe, e brillanti.*

Qual

Qual dolcezza mai nel fonno dello fteffo Telemaco! Venere gli apparifce in fo-
gno *più bella che non fu allora quando inva-*
ghì Giove, gli pone una mano fopra le fpal-
le, lo chiama familiarmente per il fuo no-
me, lo felicita fino al punto d'introdurlo nel
fuo impero, e le promette di farlo entrare
ben prefto in un mare di delizie. Apri il
tuo cuore, gli difs'ella, alle più dolci fpe-
ranze e guardati di reffiftere alla più potente
di tutte le Dee che vuole renderti felice, e
contento. Quefte fono le graziofe immagini che Calipfo defiderate aveva al fuo
giovine Eroe: ella fu efaudita perchè i
voti delle Dee lo fono fempre, e le loro
brame mancar non poffono d'effere efficci-
ci; ficcome non mancano d'effere fimili
difcorfi e tali letture nelle perfone, e
produre tutti i più cattivi effetti che
il Demonio defiderare poffa. Le preghiere che la Chiefa fa fare a' fuoi Figliuoli prima di coricarfi, ad altro non tendono che a fupplicare la mifericordia di
Dio di confervare l'anima illefa da' Fan-
tafmi, e da tutte le immagini della voluttà fenfuale.

Procul recedant fomnia,

Et noctium phantafmata, in luogo che la
preghiera di Calipfo a Morfeo è di fpe-
dire al fuo Ofpite *delle immagini ridenti*
che i fenfi dilettino.

Che mai dire potranno leggendo quefte
cofe, tanta gioventù dell'uno, e dell'altro
feffo, in cui le paffioni fono tanto vive,
& il calore dell'età, e la irreligione è eftre-

ma,

ma se non fare una simile preghiera per
loro coricandosi? e si può negare che,
l'Autore d'un simile libro non farà la causa di tali disordini, e non ne saranno
imputati a lui tutti gli altri, che prove-
nirne potranno? Io ne sò una accaduta su
di questo proposito in una Provincia lontana 80 Leghe da Parigi che ha fatto mor-
morare tutte le persone dabbene, e illumi-
nare tutti quelli che l'hanno saputa.

Un Religioso d'una Compagnia che pas-
sa per molto dotta nella Chiesa ma un
poco rilasciata nella morale, facendo la
visita in un Convento di Monache a nome
del Vescovo di quel luogo, & in qualità
di superiore di queste figlie, trovando nella Camera d'esse certi libri di *Porto Re-*
le, e tra gli altri *l'Imitazione di Gesù Cri-*
sto tradotta dal Signor de Sacì, *le Medi-*
tazioni del Signor Fedeau, la Quaresima
Cristiana del Signore le Tourneux, & i Ser-
moni del Signor Abbate de Bourzeis, ordinò
che tutti questi libri fossero gettati al fuoco, e che le Religiose nella Camera delle
quali s'attrovavano e che potessero averli
letti, restassero castigate e private di voce
attiva, e passiva nell'Elezione della su-
periora che si doveva fare, e sospese loro
i Sacramenti per un certo tempo. Ma
non usò egli lo stesso rigore ad'alcune altre del medesimo Monastero, le celle delle quali trovò ripiene di Romanzi e di libri amorosi; le applaudì per lo contrario
pubblicamente, e gli concesse tutti i loro
libri senza nè meno levargliene un solo, anzi

zi gliene fuggerì alcuni di nuovi che alla
loro cognizione non erano; e ficcome le
Religiofe caftigate vollero querelarfi d'una
fimile condotta, dicendo che vi aveva molto più di male ne' Romanzi che ne' libri
di Porto Reale, gli fu rifpofto che s'ingan-
navano & erano in un vergognofo errore;
che i Romanzi erano libri innocentiffimi
& utili per formare lo fpirito, ma che quegli
altri erano perniciofi e a null'altro fervire
non potevano, che ad'infettare lo fpirito
del veleno d'Erefia; e che Sua Santità e
tutti li Vefcovi di Francia davano un teftimonio autentico di quefta verità, proi-
bindo fotto pena della Scomunica la Lettura del libro delle maffime de' Santi di
M. di Cambrai e non il fuo Telemaco &
il fuo bel Romanzo fopra le avventure
del Figliuolo d'Uliffe, perchè lo credevano
un libro d'una grande utilità.

Ciò ch'io vi racconto Madama non è
un Romanzo, egli è un fatto certo, e ve
lo poffo far afficurare quando volefte dalle
Monache ftefse alle quali è accaduto.
Un così fatto efempio fa vedere la verità
di quelle parole di S. Gregorio il Grande
laddove dice, che la Chiefa non riceve
maggior fvantaggio che da' cattivi efempj
de' Vefcovi, i quali hanno una gran riput-
tazione di Dottrina e di Santità, perchè
tutti fi regolano ful loro efempio; e che
le loro azioni, particolarmente quando
fono cattive, non mancano mai d'effere
imitate dagl' inferiori, i quali credono
avere una legittima fcufa de' delitti, allorac-

chè

chè poſſono autorizzarli dalla condotta del loro Paſtore. *Nullum puto fratres chariſſimi* *ab aliis majus præjudicium, quam a Sacer-* *dotibus tolerat Deus, quando eos, quos ad* *aliorum correctionem poſuit, dare ſe exempla* *pravitatis cernit.*

E vaglia il vero; li Veſcovi e Principi della Chieſa ſono rapporto a' Criſtiani la ſteſſa coſa che riguardo a' Pagani erano i loro Dei, *Ego dixi Dii eſtis;* appreſſo de' quali i vizj degli Dei ſervivano ſempre di ſcuſa a' più rilaſciati per autorizzare e coprire i loro diſordini.

Culpa mihi placuit qua Jove digna fuit.

Tu mi biaſimi, dice un giovine liberti- no in Terenzio, per la violenza ad' una giovane fatta, ma in ciò altro non feci che imitare il noſtro gran Giove, il quale ha ſedotto Danae e tante altre figlie, e fem- mine; *i ſuoi adulterj giuſtificano i miei*; e poichè queſto Dio che ſcaglia fulmini, che vivifica tutta la natura, non fa conto di commettere tal ſorta d'errori, molto più è ſopportabile che un debole mortale come me ne faccia de' ſimili. *Ego homuncio, id* *non facerem, ego veri feci & lubens. At quem* *Deum, qui ſumma cœli templa ſonitu concutit.*

Coſì la diſcorreranno tutte le perſone del Mondo, e coſì pure tutti i Sacerdoti, e Monache rilaſciate. Voi mi proibite di leggere de' Romanzi, e delle Storie Ga- lanti, e d'Amore; ma diranno i Veſcovi ne leggono e ne compongono. Ma qual Veſco- vo? Uno de' più ſaggi, de' più pij, e de' più ſapienti Prelati dell'Europa: un Arci- veſco-

Greg.
Hom.
17. In
luc. 10.

Ov. Am.

Terent.
in Eun.

vefcovo illuftre per la nafcita, per l'Erudizione, per la pietà, e per la fcelta che
il più faggio Re ha fatto della fua perfona per l'educazione de' fuoi piccioli Figli;
un M. de Cambrai celebre per tanti dotti
fcritti, e che ha operato per sì lungo tempo in difefa della Chiefa, che ha paffato
tutta la fua Vita ne' ftudj Ecclefiaftici, e
nella pratica delle più pure verità; confi-
derabile per l'elemofine, per la fua difin-
tereffatezza, per la dolcezza Paftorale, e
per la efatezza a compire tutti i fuoi do-
veri: e che in mezzo alle più gran ricchezze e a' più grandi onori ha fempre vivuto in povertà, e fenza fafto, con la più
gran modeftia del Mondo; che nella Corte fteffa ha praticato le penitenze e le
mortificazioni del Chioftro: che predica
da Apoftolo febbene egli fia più eloquente
che i Demofteni, e i Ciceroni, e che parla e fcrive con più eleganza ch'un Acca-
demico fteffo: infine ch' è un Prelato sì
pio, e sì divoto che l' unico rimprovero
che s'abbia giammai potuto fargli è d'aver
voluto troppo raffinare intorno il *puro amore
Divino*, e d'avello voluto troppo feparare
dall'intereffe umano, e da' motivi della
ricompenfa.

Eccovi l' Uomo che fa de' Romanzi,
e che c' infegna, che non folamente
fi ponno leggerli innocentemente, ma
eziandio paffare una buona parte della vita a ftudiare la maniera di bene comporli & a riufcirvi; non effendovi dubbio
ch' ei non divenne maeftro tutto ad' un
trat-

tratto e non può avere compoſto una così
grand'opera ripiena di tanti fatti cavati dalla Favola, e dalla Storia Romanzeſca, ſe
non ha impiegato molto tempo & una gran
parte della ſua vita a leggere i maeſtri di
queſt'arte, e ſe non ha vegliato e ſudato
a rivolgere tutti i libri e tutti gli Autori
che hanno trattato delle materie delle quali egli parla nel ſuo Telemaco. M. de
Cambrai ſoggiungeranno è un Autore sì
grave e di sì gran peſo ch'è capace lui ſolo d'autorizzare una dubbioſa opinione e
dargli tutti que' gradi di probabilità che li
nuovi Caſiſti ricercano per mettere in ſi-
curezza la Coſcienza di quelli che la probabilità riducono in pratica. Eccovi Madama di qual maniera ragioneranno la maggior parte delle perſone che non cercano
ſe non preteſti da coprire i ſuoi errori; e
voi ben vedete quanto merita eſſere corretto chi n' è l'Autore. S. Giovanni Apo-
ſtolo, a' ſuoi tempi depoſe dal Sacerdozio
un Prete compoſitore de' Romanzi; gli
proibì non ſolamente il celebrare la Meſ-
ſa, ma gli tolſe ancora il Beneficio, e lo
privò per ſempre d'un poſto onorevole ch'
egli aveva nell'Aſia. Da ciò ognuno può
giudicare com' egli avrebbe trattato M. de
Cambrai di cui , ſebbene il ſuo Telemaco è ſenza dubbio un Romanzo favoloſo e pieno di menzogne, ſi deve per così
dire, credere come vero tuttociò che ſcriſſe, riſpetto alla ſua Dignità d'Arciveſcovo; ancorchè ſia evidente che queſto non
è che una teſſitura di coſe immaginate.

E per-

E perchè è Arcivescovo bisogna
Credergli ,ancor che dica la menzogna !

Torq.
Taf.
Ger.lib.

Ma quello che rende il suo Romanzo
più colpevole, è l'aversi abusato dell'autorità e del valore che il carattere d'Arcivescovo dà a tutte le sue parole, e d'avere con ciò attratto la credenza alle menzogne, e alle favole le più false; a differenza che quelle scritte da un semplice
Prete hanno trovato poca fede nelle persone per la poca autorità e considerazio-
ne dell'Autore.

Ora se la menzogna sola ha fatto comparire un così gran delitto in un semplice
Sacerdote per la quale il Grand'Apostolo,
e Predicatore della verità ha creduto bene
cancellare il suo nome dal Canone, e dalla Matricola della Chiesa che le sommini-
strava la sua sussistenza, crediamo noi che
questo medesimo Apostolo ch'era un sì
grand'amatore della Castità non avrebbe
punito ancora più severamente un Arcivescovo per aver scritto delle Avventure
favolose di Galanterie? Se li Sac. Concilj
proibiscono con tanto rigore agli Ecclesia-
stici l'essere spettatori della Commedia, e
prestar l'orecchie alle finzioni de' Poeti,
pensiamo noi che permetteranno la lettura, e la composizione de' Romanzi?

Il Concilio di Laodicea sotto Papa Libe-
ro proibisce tutte le sorta di spettacoli, e rap-
presentazioni di Favole Pagane agli Ec-
clesiastici, *Graz. in ca. non oportet. Dist. 5*
de consecr. ed il quarto Concilio di Cartagine comanda che sieno deposti gli Eccle-
sia-

fiaftici che perdono il tempo a fcrivere de'
libri galanti, e pieni di favole, e che diverti-
fcono le perfone col mezzo di novelle aggra-
Hieron. devoli; e finalmente S. Girolamo ci aficu-
Ep. 22. ra lui fteffo che fu batuto dagli Angeli per
ad Euft. avere perduto troppo di tempo e prefo troppo piacere a leggere alcuni Autori pro-
fani.

Tuttociò fa vedere che il delitto di leggere i Romanzi e prendere piacere alle favole de' Pagani, e ancora più quello *di*
comporli, è fempre ftato giudicato così
Vedi la grande in un Sacerdote dagli Angeli come
lettera quello di cadere in un' Erefia. In fatti i
di M. l' racconti favolofi de' Pagani che altro non
Arciv. fono che bagattelle nella bocca de' Laici, dice
di Pari S. Bernardo, fono beftemmie nella bocca
gi a M. d' un Sacerdote, e particolarmente in quel-
de Cam la d' un Vefcovo caricato d' una Diocefi,
bra!, del quale tutti i momenti devono effere im-
nella piegati alla cura del fuo Gregge, e che fe-
quale condo il Decreto di S. Paulo deve effere
fi lagna grave, ferio, modefto, e prudente ne' fuoi
del sem difcorfi, e non parlare fe non per edificare il
po fat- popolo che gli è commeffo. *Nugæ in ore*
togli *laicorum nugæ funt, in ore Clericorum blaf-*
perde- *phemiæ.*
re a dì
fputa- La loro bocca e penna confacrate
re in- per la predicazione, e per la difefa delle
torno verità Criftiane, non devono giammai ef-
a cofe fere contaminate dal racconto di Favole
frivo pagane, e dalla compofizion de' Romanzi.
le. *Confecrafti os tuum Evangelio; talibus ape-*
rire non licet. Io fcufo dice S. Ambrogio in

va

un uomo del Mondo, il giuoco, il riso
e' i racconti galanti fatti per ischerzo; ma
mi fanno orrore nella bocca d' un Sacerdote; e la Chiefa condanna in loro ogni forta
di piacevolezze quantunque onefte elle foffero. *Licet interdùm honefta Joca & fuavia*
fint, tamen ab Ecclefiaftica abhorrent regula.
Non folum profufos fed omnes etiam Jocos
declinandos arbitror. Non fiete da correg-
gere? diffe San Agoftino, ad' un giovine di fpirito diftinto, ma che lo impie-
gava a fare de' Romanzi e de' verfi; voi
avete uno fpirito d'oro, una penna divina, ed
un talento forprendente per bene fcrivere,
e vi fervite di tuttociò per fecondare in
voi e ne' voftri lettori le paffioni frego-
late. *Accepifti ingenium aureum & miniftras*
inde libidinibus.

  ,, Quanto più, diffe lo fteffo Santo a
,, Giuliano, fatto comparire d' Erudizione
,, nelle Favole de' Pagani, e nella Scienza
,, delle Antichità profane, più mi fatte com-
,, paffione, e quanto più voi fcrivete galan-
,, temente le avventure de' loro Dei, e
,, de' loro Eroi, più mi fembrate pazzo e
,, fenza fenno. L' affare d' un Vefcovo
,, dunque è il fapere tutte le minuzie del-
,, la Teologia pagana ed' efaminare con
,, tanta applicazione fe il Sangue che li
,, Dei de' Poeti fpargevano ne' combat-
,, timenti, era veramente Sangue ovvero un
,, puro umore roffeggiante che aveva l'ap-
,, parenza efteriore del fangue umano?

Amb.
lib. 1.
Offic.
Cap. 23

Aug.
Ep. 4.

                        Ut

Aug. in
Jul. op.
imp.

Ut quanto doctius tanto ineptius differreris.

Eccovi ciò che si potrebbe dire in generale a M. de Cambrai rapporto al suo Romanzo. Voi fatte comparire tanto spirito, politezza, e aggradimento in questo libro, che sembra che vi siate vivuto tutta la vostra età cogli antichi Poeti, e Mitologi, e che non abbiate studiata altra cosa; tanto bene parlate Romanzesco e tanto perfettamente prese avete le maniere degli Autori, e delle Autrici galanti. Ma ciò non fa però onore al vostro carattere & io vi perdonerei più tosto l'avere passate le giornate intere nel Gabinetto di Madama Gujon per istudiare sotto questa nuova Maestra tutte le illusioni del suo fanatismo, che impiegato un momento d'attenzione per imparare il segreto di comporre de' bei Romanzi. Questa seconda scienza non è niente meno opposta alla Santità del vostro stato che la prima, e i secoli avvenire avranno fatica a comprendere come da quest' alto stato di contemplazione, e d' estasi, ove la divozione v' avea elevato, voi siate caduto tutto d' un tratto nella bassa linea de' compositori de' Romanzi. Loro non sapranno persuadersi come un Prelato che non parlava se non *del puro amore della soppressione di tutti i desiderj*, ec. da un motivo di gran perfezione del triplice silenzio di parole, di pensieri, de' desiderj, e che non aveva in bocca se non la disinteressatezza la sospensione delle potenze dell' Anima, il suo sonno spirituale, e la sua morte allegorica; Si

fia

sia abbaſſato a parlare degl' intrichi di
Venere per réndere Telemaco amante
della giovine Eucari, & a deſcrivere con
tanta applicazione le Cuffie, gli abiti, i
balli, e le furberie delle *Dee*, *delle Ninfe*,
e de' Paſtori.

Come! grideranno eglino col Profetta
Geremia, voi che ſiete per la voſtra luce
e pe'l rango eminente che tenete nella
Chieſa un aſtro ſi brillante, ſiete caduto
dall'alto de' Cieli nel fango! *Quomodo ce-* Jer. 14.
cidiſti de cœlo Lucifer qui mane oriebaris! 21.
Biſogna che noi abbiamo il dolore di vedere quello che ſi nudriva un tempo d'am-
bra, e d'oro potabile, voglio dire delle verità più luminoſe, e più ſode della Religione, nudrirſi ora del vile eſcremento
delle menzogne de' Poeti, e de' Scrittori
di Favole? *qui nutriebantur in croceis, am-* Thr. 4.
plexati ſunt ſtercora. Non vi ſarebb'egli 14.
più vantaggioſo aver avuto meno di ſpiri-
to e averne fatto miglior uſo? Non v'avrebbe più valuto non ſaper ſcrivere ſi politamente, che aver ſvegliato co' voſtri ſcritti le paſſioni criminali di tante perſone
nelle quali erano adormentate? *Accepiſti*
ingenium aureum, & miniſtras inde libidini-
bus. Coſa riſponderà M. de Cambrai a tali
rimproveri?

RISPOSTA A' PRETESTI.

Dirà egli non aver scritto tutte queste
cose che per burlarsene, e per sco-
prirne la vanità e l'illusione, e che altra
cosa è parlare degli Dei ne' pagani che li
adorano & altro è ne' Cristiani che se ne
burlano, e che li considerano come pietre
e legni: che non v'ha persona di quelli
che leggeranno il suo libro, che non sappia
che tuttociò che si dice di Venere, *di*
Giunone, d'Amfitrite, di Calipso, e delle sue Ninfe è una vera finzione, e che
tutte queste pretese Dee non sono che immagini viventi delle passioni, e che sotto
il loro nome si rappresenta le diverse cu-
pidità che agita l'uomo ed i piaceri, incontro a' quali egli corre ciecamente se
non è condotto dalla Grazia: che per verità sarebbe stato pericoloso il fare delle
descrizioni sì vive della bellezza di Venere, di Calipso, d'Amfitrite, e delle loro
Ninfe e Najadi ne' tempi che il Paganesimo teneva bendati gl'occhi di tutti i mortali, perchè toltone un picciolo numero
de' Saggi tutto il mondo credeva che queste Deità realmente sussistessero:

Gli abbrucciavano dell'incenso, gli fabbri-
cavano de' Tempj e l'invocavano con preghiere come se fossero stati Dio stesso.
Ma che al giorno d'oggi che l' Evangelo
ha illuminato tutto l' universo e persuasi
tutti gli uomini che li Dei, e le Dee non
sono che Demonj, *quoniam omnes Dii gen-*
tium

tium Demonia, si può leggere con sicurezza tutti i libri che ne parlano, perchè è
certo che tutte le pitture le più avvantag-
giose che se ne possa fare non attirеran-
no un picciolo omaggio, e non vi sarà
persona che leggendo nel suo Telemaco
che la *Dea Venere overo Amfitrite fono com-
parse nel loro Carro d'oro, e che Nettuno, Ap-
polline, o Minerva si fono fatte vedere a lui
stesso*, creda che la cosa sia accaduta vе-
ramente come l'ha raccontata l'Autore;
e dice con Cicerone molto seriamente che
gli è verissimo che li Dei si fono fatti ve- *Cic.*
dere molto spesso agli uomini d'una ma- *Nat.*
niera sensibile e reale nella loro propria *Deor.*
figura, e tali quali lo fono in loro stessi. *l. 2.*
*Præsentium fæpe Divi suam declarant fæ-
pe visæ formæ Deorum*, overo che sia cosa sciocca, il pensare con Plutarco esservi
una Città in Sicilia, ove la Madre degli
Dei ha un Tempio nel quale le Dee, non
le giovani, ma le vecchie apparifcono
spesso a coloro che ivi si trovano. *Enguii-
num Siciliæ oppidum est, non magnum, sed Plut.*
pervetuftum, & Dearum apparitionibus nobi- Vit.
le, quas matres vocant. Simili follie si fo- *Marc.*
no ritrovate dopo la predicazione dell'
Evangelio e dopo lo stabilimento della
Religione Cristiana.

Io rispondo a questo con un sentimento di Tertuliano. Un grand'abuso s'era
introdotto a suo tempo fra li Cristiani & era
questo, che i Pittori e Scultori i quali si con-
vertivano alla Fede Cattolica, abjurando l'
idolatria e rinunciando a' falsi Dei che

avevano fin d'allora infelicemente adorato,
non rinunciavano perciò al loro primo
meftiere ch'era quello di fare degl'idoli di
pietra, e di legno, di far delle pitture,
e delle ftampe, e venderle a' pagani medefimi che li ponevano ne' loro Tempj, e
Cafe e li adoravano in pubblico & in particolare. Tertuliano foftiene che non folamente non era permeffo ad un Criftiano
efercitarfi in quefto meftiere, ma che quefto abufo era il motivo di tutti i difordi-
ni, e che febbene quefti operarj d'Idoli
non li adoraffero, ma che al contrario
foffero i primi a beffarfi della pazzia de'
Pagani, nientedimeno era vergognofo e
fcandalofo ad un Chriftiano preparare a'
nemici della fua Relígione materia alla
loro idolatria, e guadagnarfi il vivere con
un meftiere così criminale in cui la parola di Dio mette al medefimo rango tanto quelli che pongono la loro confidenza
in effi, come quelli, che li fabbricano, *Simi-*
Pfal. *les illis fiant qui faciant ea, & qui confi-*
113 *dunt in eis.*

   Infinite altre applicazioni potrei fare
Madama a M. de Cambrai, ma le trala-
fcio perch'elleno fono tanto naturali che
ognuno le potrà fare fenza il mio fugge-
rimento. Trattenermi però non poffo di
dire che l'impiegare le mani confacrate
d'un Vefcovo, il fuo tempo, il fuo fpirito, ed i fuoi ftudj a dipingere i falfi Dei
de' Pagani, a defcrivere la bellezza di Venere, e i fuoi difcorfi con Giove, Nettuno, e Cupido, ch' è un delitto tanto con-
                                        fide-

fiderabile quanto quello di fcolpire gl'idoli e dipingere le belle guance delle Dee;
che fe Tertuliano ha creduto che non folamente dovean effere cacciati dalla Chiefa tal forta d'operaj ma ancora doverfi ta-
gliar le mani a' Sacerdoti, e Prelati che
framifchiato s'avevano in un tale meftiere; egli avrebbe molto biafimato il noftro
Autore e le fue mani non farebbono ftate in ficurezza.

Li Partigiani di M. de Cambrai lo fcu-
fano con dire che l'obbligazione ch'
egli aveva come Precettore de' Figli di
S. M. d'infegnar loro la Storia, la Favola, e l'antica Teologia e Mittologia de'
Greci lo ha ridotto alla infelice neceffità
di comporne un Romanzo, affinchè poteffero effere tutte quefte cofe meglio ritenute da
que' giovani Principi: Che il fine principale
di quelli che hanno l'onore d'effere caricati
dell'Educazione de' Figli del Re, e che
faranno può effere un giorno Re loro medefimi, è d'infpirargli tutti i fentimenti
d'onore, di giuftizia, e di generofità, e
di fargli concepire l'orrore per il vizio:
Che M. de Cambrai per produrre tutte
quefte cofe nello fpirito de' fuoi nobili
Fanciulli non poteva prendere un giro più
delicato e più giufto, come è quello di
rapprefentare il Figlio d'un Re che accompagnato dalla Dea Minerva fotto la
Figura di Mentore, va in tutte le Corti
de' Re più famofi, e vi s'iftruifce a fondo delle loro buone, e cattive qualità,
della faviezza con la quale gli uni gover-

nano i fuoi Stati, e li rendono floridi con le buone maniere, e dell'imprudenza con la quale gli altri li diftruggono, e rendono i loro popoli infelici: Che i configli di Minerva, e le riffleffioni che Mentore gli fa fare fopra ciafcuna cofa, fono tante iftruzioni viventi che fanno molto più d'impreffione alla virtù di certe efortazioni feche, che non fono accompagnate dagli Efempj, e dalle Storie galanti. Eccovi ciò che i Partigiani di M. de Cambrai dicono di più fpeziofo per giuftificare il fuo Romanzo.

Rom.
3. 8.
Io rifpondo con S. Paulo che non è permeffo di fare un male perchè ne provenga un bene; e che quando foffe vero quello che non è, come lo farò vedere qui appreffo, che non vi fiano altri mezzi per rendere i Figliuoli di Francia iftruiti nelle belle lettere e nella cognizione della Favola, e della Storia, e per infpirargli l'amore della virtù, che il comporgli un Romanzo come lo ha fatto M. de Cambrai, non fi deve affolutamente farlo: perchè io non trovo in alcuna parte che i Concilj che hanno interdetto, e depofto i Sacerdoti, e Prelati Scrittori di libri fimili, abbiano loro permeffo di comporli quando faranno caricati dell' educazione de' Figli d'un Re. Gli anatemi che loro hanno fulminato contro a' compofitori de' Romanzi fono fenza eccezion di perfona; fia che fiano compofti per un Principe fia che fiano diretti ad un plebeo.

Ella

Ella è ben una cofa ridicola il preten-
dere che per iftruire quefti gran Principi
non vi fia altra ftrada che quella di còm-
porre il Libro che ha fatto M. de Cambrai, e foftenere che quefto medefimo libro poffa effere loro di qualche utilità!
Hanno forfe così praticato i più fanti,
ed i più illuftri Uomini che hanno avuto l'onore d'effere propofti alla condotta & all'educazione de' Re e degl'Impera-
tori? Che mi fi faccian vedere i Romanzi che S. Babylas Illuftre Martire, &
Arcivefcovo d'Antiochia, a cui, la celebre Mamea Zia d'Eliogabalo Madre d'
Aleffandro, e l'Imperatore primo de'
Chriftiani Filippo fteffo, caricarono all'
educazione de' loro piccioli Figli, ha
compofti? Che mi fi prefentino quelli
che Origene ch'ebbe la fteffa carica, e che
la mentovata Mamea fece venire dalle
rimote contrade dell'Egitto in Antiochia
per farvi la fteffa funzione, *Chriftiani
Magifterii*, come accenna Vincenzo de Le-
riq? Veglio pure S. Ambrogio all'Educazione del giovine Valenziano, S. Proculo,
& Evodo Liberto di Severo a quella di Cara-
calla, Lattanzio a quella de' Fanciulli del
gran Coftantino, e Caffiodoro a quella di
Teodorico fenza penfarfi di far de' Romanzi?
ove fono quelli lafciatici dal grande Papa
Adriano Precettore di Carlo V., M. le Fevre
Precettore del fu Re & il Famofo Scot Erige-
ne Precettore di Carlo il Calvo: vi fu poi mi-
gliore educazione di quella che Pepin fece
dare a Carlo Magno fuo Figlio, Enrico pri-

mo a Roberto, Luigi il gióvine a Filippo Augúſto, la Regina Bianca a S. Luigi, il Re Giovanni a Carlo quinto, e molti altri? chi fece maggior profitto in una buona educazione di queſti eccellenti Principi? Loro ſono gli ornamenti della Monarchia Franceſe i più ſapienti, i più pij, & i più ſaggi Monarchi; e tali ſóno pure divenuti ſenza Romanzi?

S. Luigi e Carlo quinto li odiavano indicibilmente, & il dotto Gerſone fece perfettamente il ſuo corſo appreſſo queſto ſecondo inveindo contro il Romanzo della Roſa, e facendo vedere quant'è coſa indegna d'un Criſtiano il trattenerſi a ſcrivere ſimili ſciocchezze e divertire il mondo con una teſſitura di bugie, d'impoſture, e di favole inventate dalle perſone ozioſe. Ma oltre di ciò quale utilità hanno giammai potuto ricavarne dal Telemaco i Figli di Francia? forſe la cognizione della Storia, della Favola, della Geografia, e della Teologia degli Antichi? io farò vedere con prove evidenti che il libro di M. de Cambrai è pieno d'anacroniſmi, e d'errori in tutte le ſcienze che ho nominate. Che ſe foſſe mai ſtimabile il ſuo libro per l'eccellenza delle rifleſſioni e delle moralità? dirò che queſta è la più grande di tutte le falſità che dir ſi poſſa, e che v'è appena cinque o ſei luoghi de' due primi libri ne' quali Mentore dà delle iſtruzioni ſalutari, e fa farè delle rifleſſioni ſode, e ſagge al gióvine Telemaco, per indrizzarlo alla pietà, alla giuſtizia, & alla Religione. M.

de

de Cambrai ha fatto come Cefare del quale Giufto Lipfio, e M. della Morte la Va-
yer ne hanno parlato, *egli affetta ne' fuoi*
libri di non parlar giammai nè di fcrivere
cofa del fuo mèftiere, e d'avere una fondata
cognizione di quelle cofe che non fono per ombra
della profeffione d' un buon Capitano. Egli
trincierà Roma in due riftretti di Battaglie
d'affedj e di ritfirate d'armi che dovevano
darle della penna & occupa fei e anche fet-
te pagine a defcrivere la coftruzione de' Pon-
ti di legno ch'ei faceva fare. Ne fegna per
fin la menoma cavichia e l'ultimo chiodo
tanto minutamente che pare che gli abbia più
piacere d'effere tenuto per un perfetto Fale-
gname che per un gran Capitano & un Ec-
cellente Generale; febbene quefta ultima qua-
lità foffe l'effenziale della fua profeffione.
Così M. de Cambrai che in qualità d'Arcivefcovo doveva effere intieramente occupato dall'Amore di Dio, e della fua Religione, e che in figura di Precettore de'
Figliuoli di Francia non doveva penfare
che a gettar loro Semi di virtù, di pietà e d'onore, overo piuttofto coltivare quelli che la natura ed il fangue *di Luigi il*
Grande ha loro impreffo; non gli parla
quafi mai in quefto libro, che pretende
avere compofto per quefti giovani Principi, d'alcuna cofa la quale poffa portargli
all'amore delle virtù, che hanno refo i
loro antichi sì Illuftri e diftinti da tutti
gli altri Re.

Tutto il fondo della Storia di Telemaco, ficcome avemo fin'ora offervato è la
de-

descrizione delle Grotte incantate, de' Palagj di Marmo, e di Porfido, delle tempeste, e combattimenti d'un Leone con Telemaco senza spada, senza bastone, e senza nè fuoco nè ferro.

Egli fa osservare dal suo Mentore alcune virtù in certi Re, ma si trattiene ancora molto più a dipingere i vizj e le dissolutezze d'alcuni altri, la crudeltà di questi, l'avarizia di quelli, la brutalità e la sciocchezza dell' uno, e l'ambizione smisurata dell'altro; in somma egli forma oggetto di quello che non dovrebbe essere, che un assessorio. Di qual utilità può essere tuttociò ad un giovine Principe? Ahimè, è necessario cercargli così lontano tanti cattivi esempj de' quali le Storie sono ripiene? Perchè presentare Telemaco come un Uomo perseguitato dagli Dei in alcune parti dell'Asia, e dell'Africa per scoprirvi delle virtù volgari, o mediocri, e non farlo passare sino nella Giudea ch' era allora sì florida per la grande prottezione di Dio e così miracolosa, ad un popolo ch'egli avea scelto per suo Erede e per essere il depositario delle più alte verità? Qual più bella occasione poteva avere M. de Cambrai di spiegare tutta la sua scienza nella Religione? qual più bel campo per far raccontare i miracoli del valore, e della saviezza de' Santi Patriarchi da Hazael Siriano overo da quel saggio Egiziano ch'egl'introduce raccontando tante cose inutili? Non è egli possibile che l'uno, e l'altro ignorasse tutti i Prodigj, che

Dio

Dio aveva fatto in favore degl'Ifdraeliti; l'uno effendo di Siria; e l'altro d'Egitto: li due più famofi Teatri ove Dio aveva pofto il fuo braccio per rendere la Nazione de' Giudei illuftre in tutta la terra. Ma il noftro buon Prelato s'è contentato folamente di condurre Telemaco alla porta della Giudea, e non lafciarvelo entrare; e per lo fpazio di tant'anni che il fuo Eroe fe ne ftette fchiavo in Egitto e nella Fenicia, non ebbe egli mai la curiofità d'informarfi della Religione de' Giudei, delle loro vittorie, del loro Governo, della loro Politica e di tanti grand' Uomini che aveano fiorito tra' loro nel tempo ch'ei fi perdeva ad inftruirfi in mille fciochezze.

La curiofità di Telemaco fi determina ad apprendere le danze de' Paftori Egiziani & alcuni Inni fopra Ifide e Serapide che gl'infegnò il vecchio Termofiri, con il fuo gran libro di preghiere & il fuo Rituale ch' egli teneva aperto nelle mani quando lo rifcontrò guardando le pecore.

In quefto M. de Cambrai ha molto bene imitato il diffetto di Cefare; piace a lui parlare di quelle cofe che non fono del fuo meftiere e tacerfi fopra quelle che lo fono; com'è la fcienza nella Storia della Scrittura Santa e di tuttociò che riguarda il popolo Ebreo. Può effere dirà egli che il fuo difegno non effendo ftato fe non di fare un feguito dell'Odiffea di Omero, ha dovuto conformarfi alle idee di quefto Poeta & entrare nel fuo fpirito.

Onde

Onde ficcome è certo che Omero non avendo avuta la menoma cognizione de' Giudei non ne ha fatto neppure una fola parola nelle fue opere, così farebbe ftato fuori di propofito farne parlare a Telemaco.

Quefta fcufa farebbe valevole, e giudiziofa fe M. de Cambrai, come lo farò vedere qui preffo, non aveffe violato, il primo, quefta regola, e non aveffe parlato nel fuo Romanzo di mille cofe le quali non erano certamente alla cognizione de' Greci al tempo di Telemaco nè del loro Poeta Omero: e mi fi accorderà che, poichè il fuo difegno, conducendo Telemaco in tutte le Corti del Mondo, era d'inftruirlo co' vivi efempj della miglior maniera di regnare, e fotto il nome di Telemaco inftruire i giovani Principi che il Cielo deftina un giorno al governo de' Popoli, egli doveva affettare di condurlo nelle Corti le più polite, e fargli vedere de' Re ne' quali il merito e la virtù non foffero meno che la dignità Reale. Ma Telemaco fa tutto il contrario, egli fi trattiene nelle Corti de' Re i più viziofi, e dove non v' ha d'apprendere fe non efempj cattivi, paffa alla porta della Giudea ch'era il folo Paefe del Mondo onde v' erano de' vivi modelli di virtù da imitare fenz' entrarvi, e fenza degnarfi informare chi n'erano gli abitanti. Egli è ftato in ciò meno accurato d'una certa Regina la quale prefe rifoluzione di viaggiare ne' Paefi lontani e di vincere la debolezza

lezza del fuo Seffo, e gl'incomodi d'un
lungo viaggio, a folo fine di vedere il più
faggio di tutti i Re del fuo tempo ch'era
Salomone. Egli è pure ftato meno curiofo o meno faggio di quello che fu un Re
di *Siam* il quale dall'eftremità dell'Indie,
ha fpedito in Francia i fuoi Ambafciatori
per informarfi fe tante meraviglie che gli
erano ftate raccontate del noftro Monarca erano vere; & ebbe il piacer di fapere
qualche tempo avanti la fua morte, che
la relazione e la fama erano troppo limitate e che la fua prefenza forpaffava di
gran lunga l'efpettazione. Così non fanno gli Autori de' Romanzi i quali facendo abbandonare i propri Stati a'loro Eroi
li fanno errare e vagabondare come certi
Boemi fenz' armi, fenza equipaggio, e
fenz'abiti per vedere folo cofe ordinarie;
e non ricavare alcuna utilità da' loro
viaggj.

Oh quanto farebbe ftato a mio credere
più naturale, e più efficace per l'inftruzione de'Figliuoli di Francia fare per loro ciò che, fu M. l'Arcivefcovo di Parigi *Perefixe*, fece per il Re di cui egli aveva l'onore d'effere Precettore. In luogo
di fargli un Romanzo e fcrivergli una Storia favolofa piena di tragici e comici avenimenti, gli fcriffe l'iftoria vera del Regno d'Enrico quarto fuo Avolo, e l'iftruffe a fondo con un efempio domeftico poftogli fotto agli occhi della grand'arte ch'
egli ha praticata *per vincere i fuoi nemici,*
e per farfi amare da' fuoi fudditi. Sarebbe
ftato

ſtato deſiderabile che M. de Cambrai aveſſe imitato in queſto, l'Arciveſcovo di Parigi, e che con la medeſima Politezza,
la ſteſſa eleganza di ſtile, e grandezza e
nobiltà di ſentimenti con la quale egli ha
ſcritto il Romanzo delle avventure di Telemaco, aveſſe ſcritto la vita di Luigi il
Grande; e che in luogo di proporre a' ſuo'
illuſtri Diſcepoli figli del più Grande Monarca del mondo le avventure romanze-
ſche d'un picciolo Re d'Itaca il di cui
dominio non s'eſtendeva tanto lontano
quanto la menoma delle Provincie del Regno di Francia, gli aveſſe propoſto per
modello il loro incomparabile Avolo. Qual
fondo di ſaviezza, di moderazione, di
grandezza, di bontà, di prudenza, di valore, di gloria, e di probità non avrebbe
egli fatto oſſervare in Enrico a' piccioli
Figli? quali iſtruzioni non avrebb'egli fatto cavare da' ſuoi eſempj? quali riffleſſio-
ni non gli avrebbe fatto fare ſopra tanti
avvenimenti del ſuo Regno, ſopra tante
battaglie guadagnate e Città e Provincie,
malgrado l'irregolarità delle ſtagioni, e l'
oppoſizione univerſale di tutta l'Europa,
cioè a dire per modo di ſpiegarſi, malgrado la coſpirazione del Cielo, e della
terra.

Se M. de Cambrai ama a tal ſegno i
Romanzi & è ſi forte perſuaſo che fa d'
uopo comporli per divertire la gioventù e
fargli amare la lettura, che loro avrebbono ſecondo lui, in orrore ſenza di ciò,
perchè non farglela accreſcere a' ſuoi giovani

vani Principi col mezzo d'un'inganno innocente (del quale fpettava a lui il difingannarli col tempo) che tuttociò ch'egli fcrivere poteva fopra gli avvenimenti maravigliofi del Regno del Re non era che un romanzo raffomigliante alle prodezze imaginarie degli antichi Eroi favolofi de' quali la Grecia bugiarda ha raccontato tanti prodigj falfi & illuforj?

Creditur olim
Velificatus Athos , epotaque flumina Medo
Prandente . . . . & quidquid Græcia mendax audet in Hiftoriis.

Perchè non raccontar loro come una favola la Franca Contea prefa due volte in meno di tempo che non fa d'uopo per vifitarla: La prefa di 40. Città in una fola Campagna nel 1672. il paffaggio del Reno à nuoto: il mantenimento per mare e perterra di più di 400000. Uomini fenza che gli fia mai mancato cofa alcuna , nè che loro abbiano mai mormorato per mancanza di danaro?

Alcune Cittadelle fuppofte fin d'allora infuperabili , tanto per la loro fituazione , e fortificazione , che per la numerofa guarnigione , che non hanno fotto il Re durato per dieci o dodeci giorni d'affedio?

I Fiamenghi, i Tedefchi, i Spagnuoli, gl'Italiani, gl'Inglefi, gli Olandefi attaccati , battuti, vinti, umiliati tante volte , e per mare, e per terra a mezo giorno, all'oriente, al nord, nell'antico, e nel nuovo mondo: Amfterdam e Turin ful punto d'effere fottoppofte, e tutte tremanti:

ti: Genova fulminata: Barcellona presa
per forza, e presa per generosità e Stras-
bourgo annesso per sempre alla Corona di
Francia; le Scienze che ivi fioriscono più
ch'elleno non hanno fatto giammai in A-
tene e Roma: l'Eresia proscritta e anien-
tata per sempre: la vera Religione stabilita su'i suoi fondamenti; le belle arti
coltivate; le Accademie d'Eloquenza, di
Fisica, di Matematica, di Pittura, e Scultura fondate e ripiene de' più dotti per-
sonaggj del secolo; le Leggi riformate: i
Duelli & altri delitti severamente castiga-
ti, e con ciò divenuti più rari: e infine
la tranquilità, la pace, la pietà, la pratica di tutte le virtù ristabilite nella Francia, e l'attenzione di non mettere nelle
Sedie Episcopali se non degli Uomini eccellenti per la loro dottrina, e per la loro regolarità di costumi? Tutte le mentovate cose sono tanto meravigliose, ch'
è da temersi esser elleno dalla posterità,
che non avrà avuta la felicità di vederle
co' suoi proprj occhi, tenute per favolosi
romanzi. Forsechè se il Re avesse meno
fatto, sarebbe stata maggiore la credenza
nello spirito di coloro che verranno dopo
noi, e non v'è stata persona a mio giudizio alla quale convenga i seguenti versi,
meglio che a questo grande Monarca.

O cui præteritis, o cui venientibus annis
Nulla tullere parem secula, nulla ferent.
Plus fuerit fecisse minus: quam parva tueri
Facta solent, perdunt maxima sæpe fidem.

La

La forprefa de' giovani Principi farebbe loro ftata più aggradevole, quando effendo divenuti, in età aveffero veduto che
ciò che gli era ftato raccontato del Re
nella loro infanzia come favolofo, era la
realtà e la verità fteffa; tali romanzi fono veramente iftrutivi, e convenevoliffi-
mi allo fpirito de' Fanciulli. Ma fento dir-
mi che M. de Cambrai non avrebbe con
ciò riufcito nel fuo principale difegno ch'
era quello d'infegnare la Storia, la Favola, e la Teologia de' Poeti Pagani a'
fuoi illuftri Difcepoli: che inoltre è indubitato che l'Iftoria delle cofe prefenti, e
veridiche raccontata con una vera purità, non fa mai tanta impreffione nell'
immaginazione de' Fanciulli come lo fa il
meravigliofo e il fublime della finzione:
che l'antichità dona il pregio e la verifi-
miglianza a' racconti i più favolofi; in
fomma che fi trova più di piacere ad uni-
formarfi agli Eroi in idea, che a quelli
che fono a noi tanto vicini.
Io rifpondo a quefto ch'egli poteva folo feguire l'efempio che i fuoi illuftri
Confratelli i Vefcovi di Meaux, e d'
Avranches gli aveano dato, e prendere
lo fteffo giro adoperato da loro per infegnare d'una maniera aggradevole e Criftiana la Favola e la Storia a Monfig.
Delfino, e tutte le azioni gloriofe degli
antichi Eroi, e l'ufo ch'egli ne doveva
fare. Qual maravigliofo libro più aggradevole a leggere che quello del *Difcorfo*
di M. de Meaux *fopra la Storia Univerfa-*
C *le?*

le ? qual luce ? qual' erudizione ? qual politezza ? qual varietà di fatti, e d' avvenimenti prodigiosi ? qual mescolanza della Favola e della Storia ? v' ha egli un bel trattato in tutta l'antichità obbliato da lui ? v' ha alcun celebre Eroe del quale non abbia fatto il ritratto e il compendio della sua vita ? v' hanno battaglie segnalate, e rivoluzioni d'impero di cui non ne faccia menzione ? Tutta la Storia, la Mittologia, e la Teologia de' Pagani v' entra naturalmente, e v' è spiegata con fondamento e con diletto. Ma quello che è maggiormente stimabile in questa eccellente opera, è la moltitudine delle Riflessioni Cristiane che il pietoso e dotto Autore fa fare a Monf. Delfino di Francia intorno a' disegni di Dio, e la sua Providenza nelle rivoluzioni del Mondo, e de' Stati; nell'elevazione e prosperità degli uni, e l'abbassamento, e castigo degli altri; ove ben lontano di dare le frivole immaginazioni d'un Autore moderno ch'esclude in ogni cosa le volontà particolari di Dio, e che suppone che tutto arrivi in conseguenza delle leggi generali, dal mezzo delle cause occasionali; M. de Meaux come un gran Teologo Cristiano va a cercare nelle cause superiori e ne' Decreti di Dio le ragioni di tutte le cause seconde, e lo rappresenta per tutto come operante da lui stesso per le disposizioni particolari, e governatore d'ogni cosa per mezzo delle volontà pratiche & efficaci.

Es-

Eccovi veramente ciò che si chiama
insegnare a' Figliuoli de' Re Cristiani
la scienza della Storia, e della Favola,
d'una maniera proffittevole e Cristiana,
nobile, ed aggradevole tutt' assieme. Si
può a questo paragonare il Telemaco,
dopo la lettura del quale non resterà a'
Figliuoli di Francia se non delle idee con-
fuse e basse d'alcuni trattati della Favola, e della Storia Poetica?

M. de Nimes Vescovo e personaggio
tanto eloquente ha preso un giro quasi
simile per rendere la lettura del suo Teo-
dosio utile & aggradevole al medesimo
Delfino, ei vi framischia per tutto delle
ammirabili riflessioni intorno agli avvenimenti della vita di quest'Imperadore, egli
vi fa di frequente qualche apostrofe al
Principe che vuole istruire e lo rende
con questo mezzo attento & applicato a'
tutte le circostanze che gli pone davanti
agli occhi, come a delle lezioni che lo
avvertiscono di ciò ch'egli deve imitare
nelle virtù, ed evitare ne' vizj di Teodo-
sio; nè v'è cosa in questo libro che grande, nobile, utile, ed aggradevole non
riesca.

Nientemeno stimabilissimo e lodabilissi-
mo però è il giro che M. il Vescovo d'
Avranches ha preso per rendere il suo
Principe sapiente nella antica Storia e
Mitologia; e ne ha prodotto in questo
tutto il buon effetto che poteva desiderare. Questo dotto Prelato ha trovato
il secreto di fargli leggere tutti i più fa-

mofi Autori latini nella loro lingua originale , non folamente fenza pena , e fenza difgufto , ma con piacere e facilità eziandio facendo ridurre nell' ordine naturale le frafi difficili & imbarazzate di quefti Autori , & aggiungere alcune brevi note e glofe interlineari di alcuni fapienti e fcelti Uomini che il fenfo vero hanno fpiegato . Queft' è un cammino appianato e fparfo di fiori che prima era ripieno di fpine e difaftrofo ; e con quefto mezzo non v' ha Poeta nè Oratore , nè Storico dell' Antichità che Monf. non abbia letto con meno fatica & imbarazzo di quello che avrebbe avuto fe nell' idioma francefe foffero ftati fcritti .

La lingua latina egli è divenuta così naturale con quefto mezzo , com'ella era ad Augufto nella Corte del quale la fi parlava un tempo cofi politamente . Qual cofa v'è mai da paragonarfi a quefto progetto nella compofizione del Telemaco di M. de Cambrai? un Uomo di fenno può egli vantarfi di fapere, non fapendo, la Favola e la Storia a fondo come la faprà quello che dagli Originali fteffi degli antichi Autori la ha apprefa? Si dice ordinariamente che i rufcelli e le copie degenerano fempre molto dalla purità della forgente, e dall'originale: fe v'è cofa che vada in acconcio a quefta opinione il libro del Telemaco al certo occupa il primo luogo. Giammai rufcello non raffomigliò meno alla fua forgente, giammai

co-

Copia non ebbe meno di conformità al suo originale, e giammai la Storia e la Favola antica non riceverono tant' alterazione che nelle sue mani. Frappoco io vi farò vedere che tutto è pieno d' Anacronifmi e d' errori nella Storia e nella Favola, o d' ommiffioni effenziali, di cofe che avrebbono potuto molto contribuire all' ifiruzione de' Figliuoli Principi di Francia; e quantunque lontano dal poter credere ch' egli abbia confiderato il loro vantaggio in componendolo, è da prefumere che l' Autore ha avuto delle altre mire, e degli altri motivi.

FINE DELLA PRIMA PARTE.

CRI-

CRITICA
DEL TELEMACO
ARTICOLO I.

Anacronifmi fparfi he' due primi Libri
del Romanzo del Telemaco.

RA i moltiffimi Anacro-
nifmi de' quali è ripieno
quefto Romanzo il primo
e il più folenne fi è quello di Acefte Re di Sici-
lia che affretta l' ufcita
di Telemaco da' fuoi fta-
ti avanti ch' Enea vi ponga il piede per
timore, che fe la tempefta che v' avea
gettato Telemaco, fpinto ancora v' avefse
Enea, quefti irritato contro Uliffe che
aveva tanto contribuito alla ruina di Troja, non fe la prendeffe contro il Figliuolo.
Un vecchio propone al Re di prevenire
Enea e di fagrificare Telemaco ful fepolcro d' Anchife fuo Padre già fotterrato in
Sicilia.

Egli è forprendente che M. de Cambrai non abbia faputo o non abbia fatto
rifleffo che il buon Uomo Anchife morì
in

in Sicilia dopo che il fuo Figliuolo Enea
lo ebbe colà trafportato non fopra 'le fpal-
le, ma in un buon Vafcello. *Oportet men-
dacem effe memorem* . Fa d' uopo che un
Uomo il quale aggradevolmente vuole
mentire, come fanno tutti i compofitori
de' Romanzi fi fovvenga di ciò ch'egli ha
detto altre volte o poco prima.

Due pagine prima egli aveva detto che
s'erano veduti in lontananza ful mare i
Vafcelli d'Enea i quali s'affaticavano di
approdare nella Sicilia per ivi sbarcare e
vifitare il Re Acefte al quale fa dire, *che
per loro non vedeva fcampo fe i Vafcelli d' Lib. 1.
Enea nella Sicilia giungevano*, ed ecco fen- *pag.41.*
za dubbio un Anacronifmo che non fi può
giuftificare ; ma ne fentirete un'altro ancora più grande.

Non v'ha fcolare per principiante che
fia, il quale non fapia che Virgilio per
avere occafione di lodare i Romani intorno alle guerre che avevano avuto co'
Cartaginefi e le loro belle imprefe militari contro Annibale, ad arte ha neglette
le regole del Poema Epico le quali fopra
tutto vogliono che fi offervi efattamente
nel racconto de' fatti le Leggi della più
efatta Cronologia ; e ch'egli fa al contrario un anacronifmo di 200. anni in circa
fecondo alcuni, e di più ancora fecondo
altri, facendo regnare Didone in Cartagine nel medefimo tempo che Troja fu
prefa.

Io dico 200. anni più o meno perchè i
Cronologi variano di molto in riguardo

alla

alla più celebre di tutte le Epoche ch' è
quella della presa di Troja. Alcuni la sta-
biliscono al tempo de' Giudici prima che
in Israele regnassero i Re; come Adone
pag. 23 che la segna nel terzo anno di Abdon
Giudice della Tribù d'Efraim l'anno del
Mondo 4010. Altri come S. Clemente Alef-
sandrino, & il P. Petavio 60. anni avanti la fabbrica del Tempio fatta da Salomone.; Altri come gli Autori citati dal Moreri nel suo Dizionario la collocano 2209.
anni avanti G. C. più di 700. prima della fabbrica del Tempio.; Altri in fine 320.
anni dopo il Diluvio, come fanno i marmi Arundelliani, e l'anno 3505. del Pericolo Giuliano come crede Giovanni Marshamo Cavaliere Inglese. Ma tutti questi
Autori accordano che la fondazione di
Cartagine fatta da Didone, e l'uscita di
questa Principessa fuori de' Stati di suo
Fratello Pigmalione, non accadde che alcuni secoli dopo la presa di Troja. *Teu-
cer & Æneas* (dice il Cav. Marshamo)
vixerunt sæculis aliquot ante Didonem. A-
done si spiega diversamente & eccovi le sue
parole; *Carthago condita est à Didone, Filia Calchedonis Tyrii, anno 143. post Trojanum excidium: Prophetantibus in Iudæa
Gath, Nathan, & Asaph*: aggiung' egli
che allora Latino Silvio quinto Re de' Latini dopo Enea regnava allora, e ciò fu trà
l'anno 4125. e l'anno 4165. Didone fuggì secondo il Moreri l'anno 3147. e 907. anni
avanti la venuta di G. C. e 124. dopo la
fabbrica del Tempio.

Abra-

Adon.
Etat. a
Clem.
Alex.
Stro-
mat.
lib. 1
*pag*326
Marsh.
Can.
Ægip.
sec. 12
*pag*328
& seq.

Marsh.
idibi-
dem
*pag*332

Ado.
Æt. 4.
*pag.*41.

Abramo Bucholcer ch'è un eccellentiſ-
ſimo Cronologiſta è che ſuppone Troji *Buchol.*
l'incendio nell'anno 2788. della crea- *Ind.*
zione del Mondo, e 1183. avanti G. C. *Chro.*
e 43. anni avanti la fondazione di Roma *pag.11.*
al tempo di Abdon XII. Giudice d'Irſael-
lo, non ha potuto porre la fuga di Didone più preſto che 400. anni dopo l'incendio di Troja.

Il Cav. Marshamo la pone 126. anni
dopo la coſtruzione del Tempio di Salomone, il ſettimo anno del Regno di Pig- *Marsh.*
malione ſuo Fratello che cominciò a re- *Sæc.15.*
gnare (ſecondo ch'ei ſuppone) l'anno *pag.409*
120 del Tempio. *Anno Templi 120. regna-*
re cœpit Pigmalion. Anno vero 126. illius
Soror in Africam fugiens Carthaginem con-
didit.

Eccovi come egli dimoſtra, l'eſattezza
della ſua Cronologia. E' manifeſto, dic' *Ioſep.*
egli, per teſtimonianza di Gioſeffo è più *ant.l.8.*
ancora per quella della Sacra Scrittura, *c.2.16*
che il Tempio fu fabbricato da Salomone *lib.1.*
ſotto il Regno di Iram Re di Tiro l'un- *contra*
decimo, ovvero duodecimo anno del Re- *Appio-*
gno di queſt'iſteſmo come lo dice eſpreſ- *nem*
ſamente Gioſeffo, (il quale in un paſſo
dice che fu l'undecimo anno, e nell'altro
che ciò fu il duodecimo); non è meno
chiaro da un eccellente eſtratto dello Storico Menandro, che Gioſeffo ſteſſo ci ha
conſervato, che dopo il principio del Regno di Iram, ovvero com'ei lo chiama
Hiromus fino alla morte di Pigmalione che
regnò 47. anni, vi ſono 177. anni e 8. meſi,
don-

donde ne siegue che dibattendo 40. anni
del Regno di quest'ultimo, poiche Didone se ne fuggi il settimo anno del suo Regno; questa fuga accadde 137. anni dopo
la Coronazione d'Iram cioè 125. anni dopo la costruzione del Tempio. Quindi
quando si supponesse con M. de Cambrai
che la presa di Troja fosse acccaduta in circa il tempo di Salomone, ne segue che vi
sarebbero più di 140., o 150. anni tra l'
incendio di Troja e la partenza di Didone.

Mem.   Il dotto Samuele Bocarto prova dall'e-
Ap. Iof. stratto di Menandro, del quale ho parla-
l. 1. to, che la famosa Iezabella moglie del Re
Acabo era Avola paterna di Didone e di
Pigmalione, sorella propria del loro Bisa-
volo Ittobalo Re di Tiro ove regnò 32.
anni. *Hunc Aferymum, fuftulit Ithobalus A-*
ftarta Sacerdos dice Menandro, *qui vixit anno*
68. & regnavit annis 32. E la Scrittura nota assai distintamente che Iezabella era fi-
Reg. glia di questo Re de' Tiri, perchè leggesi
7. 1. in essa che in quel tempo vi fu un'aridi-
tà orribile e che non cadé una goccia di
pioggia sopra la terra per lo spazio di 3.
anni, sotto il Regno di Acabo; lo che
perfettamente s'accorda con quello che di-
Iof. ce lo stesso Menandro, che sotto il regno
cont. di Ittobalo vi fu una grande scarsezza di
Ap. pioggia per un anno intero. *Defectus plu-*
l. 1. *viarum fuit, eo regnante.*

Menandro aggiunge che Pigmalione era
figlio di Matgeno, e questi figlio di Bade-
zoro, e quest'ultimo d'Ittobalo: *Ithobalo fuc-*
cessit

cessit Badezorus filius hujus successor fuit Pigmalion. Septimo autem hujus regni anno ejus sorror pro fuga urbem Karthaginem in Africa condidit.

Niente è più decisivo per il soggetto del quale si tratta che l'autorità di Menandro; perchè da una parte essendo egli da Pergamo era per conseguenza molto informato delle cose de' Greci, e dall'altra non fece altro se non che traddure in Greco gli Annali Fenicj sopra gli Originali scritti nell'idioma di que' popoli. *Antiquitates Tyriorum*, dice Gioseffo, *è lingua Fenicia in Græcam transtulit.* Ora siccome conviene *Ioseph* conchiudere con la sua testimonianza che *lib. 8.* Pigmalione non puote regnare prima di *Antiq.* 200. anni dopo la presa di Troja, così è *cap. 2.* cosa assurda e sciocca il far giungere Telemaco 10., o 12. anni dopo la presa di questa Città in quella di Tiro nel tempo che Pigmalione viveva. Questo è un anacronismo solenne, ed un errore ch'essendo rimarcato e biasimato tante volte da un'infinità di Letterati in Vergilio, ben doveva sopra tutto essere sfuggito da M. de Cambrai; tanto più che Vergilio non aveva l'ajuto della Sacra Scrittura che M. de Cambrai come Cristiano e come Vescovo doveva aver letta per porre in chiaro la Cronologia de' Tirj, e de' Sidonj. Ma in vece d'aver fatta alcuna attenzione a questo libro divino, noi mostreremo che contra la espressa testimonianza di quello, egli fa vivere Sesostri lungo tempo avanti che la Scrittura dica ch'ei vivesse.

M. de

M. de Cambrai suppone come cosa certa
che quel famoso Re d' Egitto sì celebre
nelle Storie de' Greci e de' Romani e noto
a' Latini Autori ancora sotto il nome di
Sesosi, ovvero, Sesostri e fra gli Ebrei sotto
quello di Sesach, vivesse al tempo dell'as-
sedjo di Troja, poiché egli lo fa uno de'
principali Eroi del Romanzo delle Avventure di Telemaco, dicendo che questi ebbe l' onore di vedere quel gran Re d'esserne subito ben ricevuto, & in seguito molto maltrattato dall' artifizio e dalla malizia d' uno de' suoi Ministri. Ma la Sacra
Scrittura al contrario dice positivamente
che Sesostri regnava in Egitto nel tempo
stesso che Roboam regnava in Giudea e
che egli venne con un Esercito potente à
Gerusalemme e saccheggiò il Tempio e
rubbò i Tesori di Roboam, cui contendeva
di pagarli il tributo l'anno quinto del regno di quest' ultimo, che è a dire 41.
anno dopo l' edificazione del Tempio.

1. Reg. *Venit Sesac Rex Ægypti contra Hierosoli-*
14. 26. *mam anno quinto Roboam Regis Iudæ.*
Ora il quinto anno del regno di Roboam
è il 3747. del Mondo secondo il perio-
Buc. do Giuliano, e il 2747. secondo Bu-
Ind. cholcer, & il 4205. secondo Adone; in
Chr. luogo, che come noi dicemmo di so-
pag.17. pra, Troja fu presa secondo il calcolo
Ad art. del periodo Giuliano l' anno 3505. ovve-
4. pag. ro secondo Eusebio l' anno 3532. o se-
41. condo il Bucholcer l' anno 2788. overo l'
anno 4027. secondo Adone; in tal maniera

ra eccovi un'Anacronifmo verificato di più
di 200. anni nel quale l'Autore del Romanzo non farebbe caduto fe aveffe letto
con un poco d'attenzione la Scrittura Santa, o aveffe fatto qualche picciole rifleffo
alla fua Cronologia.

Io fo bene che fi trovano molti antichi
Cronologi; e tra gli altri Giofeffo, i quali non fono di quefto parere, che il Sefach, che rovinò il Tempio regnando Roboam, fia ftato il famofo Sefoftri. Ma fe
M. de Cambrai ha qualche difficoltà onde
opporfi contro queft'opinione, egli non
ha che a leggere il *Canone Egiziano* del
Cav. Marshamo al fecolo 14. p. 376. e
troverà tutto rifolto & appianato da quefto
dotto Autore. In fatti le cofe tutte che
ci fono raccontate di Sefoftri nella Scrit- *Iofepb.*
tura fi trovano confermate da Erodoto *Antiq.*
ficcome lo riconofce Giofeffo. *Hujus expe- lib. 8.*
ditionis (Sefachi in Iudæam) *meminit etiam cap. 4.*
Herodotus, oltredichè è certiffimo che quefto è lo fteffo nome, perchè Sefach appreffo gli Ebrei rifponde perfettamente a quello di Sefoftri de' Greci come ho già detto. E fe fi confronteranno i due paffi della Bibbia dove fi parla di *Sefach* con quelli ne' quali Erodoto e gli altri Autori Greci, e Latini parlano di Sefoftri, fi vedrà
che due goccie d'acqua non fi raffomigliano cotanto, come quefti due Perfonaggi.
Il primo paffo fi trova nel fecondo libro
de' Paralipomeni c. 12. v. 2. & il fecondo
al 4. libro de' Re c. 14. v. 25. Si può con-
frontare ancora quefti due paffi della Scrittura

tura con quello che Manetone. Aütore E-
gizio e Sacerdote d' Eliopoli racconta di
Sefoftri ch'egli chiama *Sethofis*, in un bell'
eftratto confervatóci da Giofeffo tutto intero e che fi trova he' frammenti d' un'
antica traduzione latina barbara di quefto

Iofepb Autore, che lo fcaligero ha datö alla lu-
lib. 1. ce, e che M. de Valois ha fatto ftampa-
cont. re nel fuo Eufebio pag. 66. Egli è impof-
Appio- fibile che confrontando tutte quefte cofe
nem infieme non refti ognuno perfuafo effere
più chiaro del giorno, che *Sefath*, Soufa-
kein, come lo chiamano i 70., Soufacus
come lo apella Giofeffo, Sethos come Eufebio ed Africano, Sethofis come Manetone, Sefoofis come Diodoro di Sicilia,
Sefooftris come dice S. Paulino in Aufo-

Paul. nio, & Sefoftris come lo chiamano le Pi-
Ep. 19. ramidi d' Egitto, ed Ariftotile ancora con
Strabone, Lucano, Plinio e Valerio Flac-
co, fono l'ifteffa perfona, ficcome ad evidenza provano Scaligero e il Marshamo,
gl' idoli de' Critici. Tenendo adunque,

Scalig. com'è di fede, che Sefac Re d' Egitto vi-
in not veffe al tempo di Roboam, poichè la Scrit-
ad tura lo dice, deve altresì tenerfi per co-
Chron. ftante che il Re Sefoftri non viveffe al
Euseb. tempo della prefa di Troja e del pellegri-
pag 34 naggio di Telemaco che cominciò lungo
tempo dopo l'efpugnazione di quella Città, come l' Autore del Romanzo fteffo
confeffa.

Ma forfechè queft' Autore dirà per fua
fcufa che volendo fare una continuazione
dell' Odiffea e far parlare un Greco, era
obbli-

obbligato di parlare come generalmente
tutti i Greci fanno, i quali pongono il
regno di Sefoſtri lungo tempo prima di
quello di Roboamo, e che in tal maniera
gli è ſtato permeſſo ſenz'offendere l'autorità della Sacra Scrittura, di ſupporre che
il *Seſac* Re d'Egitto, del quale ella parla non foſſe il grande e famoſo *Sefoſtri*.

Ma queſta riſpoſta in vece di autorizzare l'Anàcroniſmo di M. de Cambrai
prova al contrario, facendo vedere che in
cambio d'un Anacroniſmo di 300. anni
egli ne avrebbe fatto uno di più di 600.,
imperocchè gli antichi Autori Greci i quali non avevano, per la maggior parte,
alcuna cognizione della Storia d'Egitto,
lo fanno fiorire molti ſecoli avanti l'aſſedio di Troja ed anche avanti il primo
Minoſſe Figlio di Giove e d'Europa Re
di Creta, e aſſegnano la ſua naſcita fino
al tempo di Danao come nota beniſſimo
il Cav. Marshamo; *Hunc regem Sefoſtrim* **Marſ.**
Græci quaſi bello Trojano & Minoe vetuſtio- **Can.**
rem, ad Danai tempora perperam retulerunt. **Cron.**
e coſì M. de Cambrai avrebbe dovuto ſup- **lib. 3.**
porre che poichè Telemaco Figlio d'Uliſ-
ſe, uno degli Eroi ch'eſpugnarono Troja, viveva al tempo di Sefoſtri, egli viveva per conſeguenza molti ſecoli avanti
ſuo Padre: penſiero ſtravagantiſſimo.

Niuno più d'Ariſtotile è conforme a
queſto ſoggetto, affermando coſtantiſſima-
mente che il regno di Sefoſtri in Egitto
era incomparabilmente più antico di quello di Minoſſe in Creta; *Regnum Sefoſtris*
longè

Arif.
Pol.
l.7.c.10
Argon.
lib.4.

longe vetuſtius eſt Regno Minois; e non altrimenti parla Dicearco ſuo Diſcepolo, perchè nell'eſtratto che ci ha conſervato di queſto Autore lo Scoliaſte antico degli Argonauti d'Appollonio, dice, che Seſoſtri, ovvero *Seſonchoſis* regnò in Egitto immediatamente dopo *Oro* figlio d'*Iſide* e d' *Oſiride* 2500. anni avanti la preſa di Troja & avanti il regno di Nilo che vivevi al tempo che queſta Città foſſe aſſediata da' Greci.

Strabone parla pure d'una grand'opera di Seſoſtri, ch'è quella d'aver fatti ſcavare de' gran canali che ſi riempirono delle Acque del Mar Roſſo lungo tempo prima della guerra di Troja: *Foſſam è Rubro mari a Seſoſtre*

Strab.
lib. ult.

inciſam ante bellum Trojanum. Lo Scaligero pretende che, al conto d'Africano il più eſatto de' Cronologi Criſtiani e ſopra il quale Euſebio e il Sincello ſi ſono regola-

Sync.
pag.59.
Can.

ti, Seſoſtri regnaſſe l'anno 1392. del periodo Giuliano, & egli approva molto queſto ſentimento.

Iſagog.
lib.2.

Ora la eſpugnazione di Troja, come abbiamo detto di ſopra accadde l'anno 3505. e così ſecondo Africano e lo Scaligero biſogna che Seſoſtri abbia vivuto più di 2400. anni avanti Telemaco, ed Uliſſe ſuo Padre, ch'era preſente a queſto famoſo aſſedio.

Da qualunque parte che voglia girarſi M. de Cambrai ſia ch'ei ſi rapporti agli Autori Greci Pagani, ovvero alla Sacra Scrittura, ſcanſare non può d'eſſere accuſato d'anacroniſmo facendo vivere Seſoſtri

al

al tempo della guerra di Troja e febbene non v'abbia per avventura cosa alcuna, sopra la quale gli Autori antichi e
moderni abbiano più variato quanto intorno al nome del Re d'Egitto che regnava
a Tebe nel tempo, che Troja fu espugnata, tuttavia non si può vantare M. de
Cambrai di citarsi un solo Autore che abbia nommato Sesostri come regnante in
questo tempo. Questo Prelato è il solo che
abbia osato avanzare un sì ridicolo anacronismo. Secondo Omero, al quale M. de
Cambrai ha dovuto conformarsi, il Re che
regnava in quel tempo in Egitto e che
ricevette Menelao al ritorno della sua vit- *Odiss.*
toria contro i Trojani, si chiamava *Pro-* *lib. 4.*
tea come si legge al libro 4. dell'Odissea *v. 385.*
Secondo Diceano questo era il Re *Nilo* *Plin.*
secondo. Eratostene si nominava *Amutax-* *lib. 36.*
teo; secondo Plinio *Ramise*, secondo Afri- *cap. 8.*
cano, Eusebio, ed il Sincello *Thuotis* e se- *Sync. p.*
condo il Cav. Marsham *Misphragmutosis*; *72. 78.*
ed Erodoto conformandosi ad Omero di- *169.*
ce chiaramente che *Paride ed Elena essen-* *Marsh.*
dosi rifuggiati presso il Re d'Egitto che si *Can.*
chiamava Protea, li ricevete a Memfi ov' *Egyp.*
era la sua residenza, e dipoi avendo permes- *pag. 250*
fo a Paride di ritirarsi fece mettere Elena *& 321*
in guardia fino a che Menelao gliela venne
a ricercare, cui Protea la diede nello stato *Herod.*
medesimo, ch'ella si trovava quando entrò *lib. 2.*
nell'Egitto. Questa è quella autorità alla *c. 113.*
quale M. de Cambrai doveva appigliarsi *114.*
e poichè Omero ed Erodoto i due Padri *115.*
della Poesia e della Storia, e i due più *119.*

antichi Autori della Mittologia de' Pagani, danno il nome di *Proteo* al Re d'Egitto, non doveva egli facendola da nuovo Mittologo nel suo Romanzo, prendersi la libertà di nominare un altro Re, e sostituire Sesostri, perchè questo è come se i nostri Romanzieri attribuissero il nome di Luigi XIV. al Re Clodoneo, ovvero a Carlo Magno, non essendo permesso ad alcun Romanziere commettere tali sbaglj. Il nostro Autore ne fa uno non minore di questo in *Boccori*, perchè egli lo fa vivere appunto come *Sesostri* supposto Padre di lui, al tempo della rovina di Troja, e del viaggio di Telemaco in Egitto; mentre v'ha prova più chiara del giorno, che Boccori viveva al tempo della cattività de' Giudei in Babilonia, cioè sei o settecento anni dopo il mentovato famoso assedio. E questa prova si deduce dall'essere certa e costante cosa che Boccori fu abbruggiato vivo per comandamento di Sabaccone Re di Etiopia come attestano Africano, Eusebio, ed il Sincello. Questo Sabaccone conquistò tutto l'Egitto e vi regnò molti anni fino a che da Dio fu avvertito in sogno di ritirarsi come fece tosto perchè era molto religioso, e come dice Erodoto temeva Dio.

Ora è cosa fuori di dubbio che Sabaccone viveva sotto i Regni di Manasse, di Iosia, e di Gioachino circa l'anno 3300., perchè per una parte Erodoto dice che Sabaccone ammazzò di sua mano il famoso *Neco* uno de' Re ovvero de' Governatori

ri

Sync.
p. 74.

Her.
lib. 1.

ri d' Egitto chiamato nella Scrittura *Necao*
il quale certamente vivova al tempo de'
sopraccennati Re Giudei, polchè la Scrittura dice ch' egli fece porre in prigione quello che il popolo aveva fcelto per Rè fenza
il fuo confenfo; e fece coronare Eliachimo fi- 4. *Reg.*
gliuolo di Iofia a cui pofer il nome di Gioa- 23. 33.
chimo. *Vinxit quoque etiam Nechao Pharao Rex* 2. *Par.*
Ægypti ne regnaret in Hierufalem Regemque 35. 20.
inftituit Eliachim filium Iofiæ. In altro luogo la medefima Scrittura dice, che Ofea
fpedì Ambafciatori al Rè che comandava al- 4. *Reg.*
lora in Egitto, e ch' era di Etiopia. Egli 17. 4.
lo chiama *Sua*; Gioleffo, *Saua*, i fettan-
ta *Seger* e *Soa*, che non verrebbe ad effer
altro che Sabaccone. *Regem Æthiopum qui*
tum Ægyptum obtinebat, in auxilium accerfit,
dice Sulpizio Severo; & eccovi ogni ciò *Sulp.*
un manifefto e ben provato anacronifmo. *Hift.*

 M. de Gambrai avrebbe gran torto fe *Sac.*
volendo difenderfi da un cosìingiuriofo *l. 1.*
rimprovero, diceffe che intorno al regno
di Boccori egli ha feguito la Cronologia
di Gioleffo, di Lifimaco, di Tacito e di
Appione, i quali fanno regnare in Egitto
quefto Re molti fecoli avanti l' Epoca da
noi mentovata. Imperciocchè è tanto lontano che da alcuno degli accennati Autori poffa trarre qualche fondamento, e
che vi fia trà loro chi gli abbia fuggerito
di far vivere Boccori al tempo di Telemaco figliuolo d' Uliffe, disci, o dodici
anni dopo la efpugnazione di Troja, come egli fuppone, che non v'è alcuno di
quefti che non frapponga fra quella e il

Regno di Boccori un intervallo di più di 300. anni. Lisimaco fa vivere Boccori a' tempi di Moisè e dell' uscita del popolo Ebreo dall' Egitto, e pretendo che questo fia quel Faraone montovato dalla Scrittura e sommerfo nel Mar Rosso con tutto il suo Efercito; intorno a che fi può vedere l' eftratto in Gioseffo. *Lifimacus dicit* *Judæorum populum Lepra & Scabie infectum* *fub Boccore Ægypti Rege, confilio, ducti-* *que Mofis, per defertum venifle in eam re-* *gionem quæ nunc Iudæa dicitur.*

Iof.
cont.
App.
l. 1.

Non è di contrario parere Tacito, anzi afficura ch' ei aveva tratto ciò da' più antichi Autori i quali convenivano tutti, che nel tempo che il celebre Boccori era Re d'Egitto, gran numero di perfone fi videro infette di lepra, e d' una rogna univerfale per tutto il corpo, e che accrefcendofi di giorno in giorno questa malattia epidemica e popolare, Boccori fpedì a confultare l' Oracolo d' Ammone per fapere con qual rimedio fi potrebbbe guarire quefto male, e che l' Oracolo rifpofe ch' era necefario cacciare tutti gli ammalati fuori de' fuoi Stati, lo che fu efequito fenza alcun indugio, e che quindi traffe origine il popolo Giudeo e la Colonia degli Egizj ftabilitafi nella Palestina, ove pigliò il nome di Popolo Giudeo. *Plurimi Auct*o-*res confentiunt orta per Ægyptum tabe regem* *Bocchorim, adito Hammonis Oraculo, id ge-* *nus hominum in terras avehere juffum.*

Tac.
Hist.
lib. 5.

E' fuori di dubbio ficcome lo prova molto bene Giovanni Marshamo, che la fuga

de'

de' figliuoli d'Iffaello dall' Egitto avvenne
negli anni 3587. del periodo Giuliano, e
che Troja fu presa come quì sopra s'è di-
mostrato l'anno 3707. ; In questo modo
adunque la fuga d'Egitto avrà preceduto
la caduta di Troja di circa 300. anni.

Se M. de Cambrai vuole rapportarsi a
Giosesso, il suo anacronismo dall' incontro
di Telemaco con Boccori farà maggiore
d'assai ; perchè Giosesso dice chiaramente *Joseph*
che il Rè Boccori regnava in Egitto 1700 *cont.*
anni prima della rovina di Gerusalemme *App.*
sotto Vespasiano. Ora è certo che Geru- *lib. 2.*
salemme fu presa da Tito l'anno 1783. del
periodo Giuliano ; quindi al suo conto Boccori regnava l'anno 3083., e Troja, non
essendo stata presa se non l'anno 3505. ,
ovvero secondo altri l'anno 3530. , 1184.
avanti G. C., ne segue, che Boccori, vivesse avanti la presa di questa Città 478.
anni, ovvero 503. secondo l'altro calcolo.
Che però da qualunque parte si risolga
M. de Cambrai è d'uopo che riconosca
aver egli dato in uno smisurato anacronismo, e che Boccori visse non già ne' tempi
della rovina di Troja, com'egli dice, ma
500., ovvero 300. anni prima o dopo. Uno
è un Metacronismo, e l'altro è un Pro-
cronismo egualmente viziosi ; ma M. de
Cambrai non esamina le cose così per
minuto : eccone un'altro di non ordinaria
conseguenza.

Ognuno sa che una delle cose importan- *Orig. in*
ti, che i Padri della Chiesa hanno oltre *Cels. p.*
ogn'altra decantato per la gloria della no- *13. p.*

285.
288.
351.
352.
Iuſt.Ap.
2.p.22.
& 81.
Clc.
Alex.
Strom.
lib. 1.
pag 742
& lib.5
pag 595

Eufeb.
Præp.
Evan.
lib. 13.
cap. 12.

ſtra Religione, ſi è l'antichità della ſua Dottrina, e che ſi ſono affaticati ſopra tutto a dimoſtrare che inanzi ancora che fra i Greci s'incominciaſſe a ragionare di Filoſofia, e che alcuno de' Sette Savj, o altro Filoſofo noto per i ſuoi ſcritti, foſſe venuto al mondo, la ſapienza era pubblicamente inſegnata appreſſo i Giudei, e che i noſtri Profeti e Dottori, Moisè, Giobbe, David, Salomone, Iſaia, Daniello, ſpiegavano a' popoli a leggenti quel le profondiſſime verità che poi furono ſcritte e inſegnate da' Pagani Filoſofi, da Pitagora, da Platone e da altri, i quali da queſti faſti traſſero quanto hanno in ſe di buono di bello e di vero. Coſì atteſtano Origene e S. Clemenſe Aleſſandrino, S. Giuſtino & Euſebio ancora. Ma al diſpetto d'una verità coſì fondata e coſì vantaggioſa alla Religione, M. de Cambrai che più s'intereſſa per la gloria del ſuo Romanzo che per l'onore de' Padri, i quali hanno operato tanto ſopra queſto argomento, non arroſſiſce d'avanzare arditamente, che nel tempo in cui viveva Telemaco cioè a' tempi di Troja, s'inſegnava la Filoſofia appreſſo i Greci, e che i Fenici e i Sirj ſpedivano i loro fanciulli in Grecia & in particolare a Samo a Studiare le Dottrine; e la Filoſofia che ivi s'inſegnavano.

Azaele di Damaſo compera a cariſſimo prezzo uno Schiavo Greco per apprendere da lui le ſcienze de' Greci. Egli non poteva ritrovare miglior fortuna perchè queſti era

la

la Minerva ſteſſa degli Atenieſi, ovvero la ſapienza ſteſſa de' Greci in perſona ma- *Lib. 1.* ſcherata ſotto la figura di Mentore. Si *pag 176* poſſono vedere compendiati nella pagina *Edit* 185. del primo libro, i principali Dogmi *de* della Filoſofia da lui inſegnata. E benchè *Mort* Platone ſia venuto alla luce ſolamente *ſei, eus a la* o ſettecent' anni dopo la morte di Tele- *Haye* maco, e ch' egli ſia il primo Uomo nella Grecia ch' abbia inſegnato l' unità, la ſpir ritualità, l' immenſità, la ſimplicità, e l' immutabilità di Dio, e che prima di lui non vi foſſe ſtato chi affermaſſe aver la materia ricevuto la forma da lui, e che la natura di Dio è la verità ſteſſa, e la luce intelligibile, che illumina tutti gli Uomini, nientedimeno il ſapiente Schiavo greco verſato in tutte le ſcienze de' Greci, parla da vero Platonico, *di queſta prima Tel. l. 1* *Potenza creatrice del Cielo e della Terra, di pag 185.* *queſta luce ſemplice; infinita immutabile, che* *a tutti ſi comunica ſenza dividerſi, di queſta* *ſovrana verità che illumina tutti gli ſpiriti,* *come il Sole tutti i corpi.*

Eccovi ciò che ben può chiamarſi un anacroniſmo ridicolo: porre in bocca ad un Greco una Dottrina la quale da' Greci non è ſtata conoſciuta che 6. o 700 anni dopo, e della quale non ſe ne aveva allora la menoma tintura; nè vale il dire che queſto Schiavo era Minerva, imperciochè queſto Schiavo ſuppone che la ſua Dottrina era non ſolamente conoſciuta nella Grecia, ma ch' ella s' inſegnava pubblicamente, e communemente nel ſuo paeſe

D 4 *da'*

da' Maestri che vi tenevano Scuola aperta. Questo Schiavo parla inoltre *dell' immortalità dell' anima, delle pene dell' inferno, e di quella pace felice, della quale godono le anime giuste ne' campi Elisi senza timore di giammai perderla*, come d'una Dottrina volgarmente insegnata nel suo paese. Ma Cicerone, che era molto meglio informato dell'origine e progresso della Filosofia appresso i Greci, di quello che sia M. de Cambrai, afferma come cosa che già correva per certa fra' Dotti, che Ferecide di Siria fu il primo che parlasse nella Grecia dell' immortalità dell'anima. *Pherecydes Syrus primus dixit animos esse immortales.* Ora questo Ferecide fu il Maestro di Talete, che morì il primo anno della 58. Olimpiade, e che nacque nell' Olimpiade 35. sotto l'Arconte Damasia primo, come dice Diogene Laerzio, e che viveva sotto il Re Ciro, il principio del cui regno viene collocato da Senofonte nella 55. Olimpiade l'anno 4158. del periodo Giuliano, e sotto Creso, al quale predisse una Ecclissi come dice Plinio e nel, tempo che regnava Ciassare in Media come dice S. Clem. Aless.

Dunque Ferecide fioriva circa il tempo del ritorno de' Giudei dalla Schiavitù di Babilonia, e regolandosi ancora sopra lo spazio di tempo che v'è frà l'assedio di Troja e la prima Olimpiade, l'Anacronismo di M. di Cambrai sarebbe enorme, tanto più quantochè Censorino dice che fra Troja abbrucciata e la prima Olimpiade vi sono 400. anni. Eratostene il più esatto

to

Marginal references:

pag187

Cicer. Tusc. lib. 1.

Diog. Laert. Chil & exApol.

Plin. lib. 2. cap. 1. Clem. Alex. Strom. lib. 1.

pag302 Xeno Cyrop. lib. 3.

Censorinus de Die

to de' Greci Cronologi ne conta 407. Ar- *Natali.*
reto 414. Sosibo 395. Solino seguito dalla *cap.12.*
Bibbia del Vitrè 408. Eusebio 406. Timeo *Solin.*
417. Vellejo Patercolo 415. e Dicearco 436. *cap. 2.*
In questo modo aggiungendo 50. Olimpia-
di a' sopraddetti anni (perchè Ferecide *Vell.*
non può essere morto avanti la 55.) biso- *lib. 1.*
gna che fra il Filosofo Ferecide e la ca- *Euseb.*
duta di Troja vi sieno quasi 100. anni. *Chron.*
Ciro regnava l'anno 3448. Troja fu presa *Num.*
l'anno 2820. del mondo; l'Anacronismo è 1640.
assai grande e sopra tutto seguendo l'Era
comune della Bibbia del Vitrè.

Ma tuttavia non è così grossolano, nè
così facile a scoprirsi come quello in cui
l'Autore è caduto dicendo, che il costume
de' Re al tempo di Telemaco era di spedire i loro figliuoli a Samo per istudiarvi
la Filosofia e le Dottrine de' Greci. Egli
dice con troppo coraggio che *Pigmalione Tel.*
Re di Tiro, prese pretesto di spedire Balca- *lib. 2.*
bar suo figlio cadeto per istudiare la Filosofia pag.48.
Greca. Ma ella è cosa graziosa a questo
passo il sapere che Samo non era ancora
al mondo, e che non fu fabbricata se non
molto tempo dopo; e inoltre che Pitagora che è il solo che abbia filosofato in
quella Città rendendola famosa nelle cose
filosofiche, nacque molti secoli dopo la
rovina di Troja. Due anacronismi facili
a comprovarsi.

Adone Arcivescovo di Vienna colloca la *Adon.*
fondazione di Samo sotto il regno di Ro- *æt. 4.*
boamo in Giudea, e di Silvio in Italia
Settimo Re de' Latini, i quali al suo com-
puto

puto vivevano verso l'anno 3870., e morirono secondo il Bucholcero, l'uno verso l'anno 2987. e l'altro verso l'anno 3009. in circa 970. anni avanti G. C. e l'anno 3030. del mondo secondo l'Era comune.

Od.
vet.
246. e
Ultad.
l. 2.
v. 637.
Diog.
Laert.
inPyth. La Samo di Omero è altra cosa.

In riguardo a Pitagora è indubitato ch' ei viveva sul fiorire de' 7. Savj in quel tempo medesimo in cui Falaride tiranneggiava la Sicilia, e che i Poeti Anacreonte e Stesicore rallegravano la Grecia colle loro Poesie, e ch' Esopo ammaestrava il Pubblico colle sue ingegnose favole: Pitagora inoltre fu discepolo di Ferecide di Siria. Ora tutte queste persone vivevano a un di presso al tempo di Ciro e del ritorno del popolo Giudeo dalla cattività, più d' otto secoli dopo la rovina di Troja.

Marf.
Can.
Eg.
Sac. 17.

Buch.
Ind.
Cron.
p. 29.

Marsh.
Sec. 18. Secondo Marshamo Pitagora fioriva nella 60. Olimpiade 500. anni in circa dopo la fabbrica del Tempio, o intorno al tempo che il secondo Tempio fu fabbricato, del quale secondo il Bucholcer si cominciarono a gittare le fondamenta nella 61. Olimpiade 533. anni prima di G. C.; lo stesso Autore ci avverte in altro luogo che Pitagora visse poco tempo avanti Erodoto. *Fuit Herodotus Pythagora aliquantum junior*, dal che si dimostra che Erodoto vivesse a' giorni del Rè Artaserse Longimano lungo tempo dopo il regno di Serse. Egli medesimo parla in molti luoghi della guerra del Peloponneso e Aulogellio dice che Erodoto era giunto all' Herod.
lib. 7. età di 53. anni, allorchè questa famosa guerra

ra

ra cominciò, che fu l'anno del mondo
4283 del periodo Giuliano. Egli è ben
certo almeno che prima che Pittagora
avesse cominciato a filosofare in Samo, *Aulug.*
ed in Crotone, non si aveva immaginabil *lib.* 15.
certezza di queste Città; sicché il far viag- *cap.*23.
giare i figlinoli de' Re al tempo della guerra di Troja per istudiare la Filosofia e la
Scienza de' Greci, è un manifesto indizio
di non saper nemeno i primi rudimenti
della Cronologia.

La Grecia, dice molto bene il Marsha- *Marsh.*
mo, non incominciò a filosofare e ad in- *Sæc.*18.
gentilirsi se non molto tardi studiando le *Cicero*
Lezioni de' Filosofi. *Hoc tandem Sæculo de* Ora-
XVIII philosophari cœpit Græcia. I sette Sa- *tore*
vj (dice Cicerone) fiorirono nel medesi- *lib.* 3.
mo tempo. *Græci VII. fuisse dicuntur uno*
tempore, qui sapientes & haberentur & vo-
carentur. Talete era uno di questi 7. Savj
e Solone vivea sotto Creso.

Ma eccovi un'altro anacronismo d'un
genere assai differente. Telemaco e Mentore fanno menzione molto spesso del *Ni-*
lo, e giammai questi due Greci non gli
danno altro nome che quello di *Nilo*. Una
delle due: o che bisognava ch' eglino fossero Profeti per sapere che questo era il
nome del Fiume accennato, o che bisognava che fossero i grand'ignoranti, non
sapendo che il Fiume che irriga l'Egitto
si chiamava a tempo di loro Egitta *Ægy-*
ptus Fluvius, e che non ci era ancora il
nome di *Nilo*, perché questo gli fu dato
dal Re Nilo medesimo; in quella guisa
ap-

appunto che il gran Fiume dell'Indie non
è conosciuto che sotto il nome d'*Indus*
Indo, e non hà altro nome che questo,
benchè sia facile che dà qui à mille anni
venga fantasia a qualche Re dell'Indie di
dargli il suo nome, e che à poco à poco
s'introduca ne' popoli stranieri, dopo che
farà stato qualche tempo in uso appresso
quelli dell'Indostan; . . Io che io dico per
sciogliere un'obiezione che mi si potrebbe
fare, cioè che avendo detto di sopra ch'
il Re Nilo viveva secondo alcuni nel tempo che Troja fu espugnata, potrebbe darsi
ch'egli avesse già dato il suo nome a questo Fiume quando Telemaco giunse in E-
gitto. Ma oltrecchè l'Autore del Romanzo avrebbe dovuto segnare questo cambia-
mento di nome accaduto al tempo del
viaggio di Telemaco, egli è certissimo altresì che molti secoli ancora dopo la rovina di Troja il nome di Nilo era total-
mente incognito a' Greci, e che Omero
che visse quasi 300. anni dopo questo famoso assedio da lui così nobilmente canta-

Hom.
Odyss.
lib. 4.
v. 581.
& lib.
14.

to, non chiama in altra maniera questo Fiume che Ægyptus Ἀιγύπτοιο τοταμοο ἰν Ἀιγύπτω
Questa osservazione è stata fatta da tutti
i Comentatori d'Omero, e M. de Cambrai che si vanta d'avere molto letto questo Poeta non deve far parlare Telemaco,
e Mentore altrimenti da quello che Omero li avrebbe fatti parlare. *Homerus Flu-*

Paus
Baeus.

vium Ægypti Ægyptum vocant non Nilum,
dice Pausania. Inoltre non è cosa certa
che Nilo vivesse al tempo della guerra di
Tro-

Troja. Molti dotti Cronologiſti lo ſegna- *Sync.*
nò lungo tempo dopo; come Diodoro Si- *pag 147*
culo, Africano, Euſebio, ed il Sincello, *Scalig.*
nè v'è che Dicearco che lo ſtabiliſca in *Can*
quel tempo. *Iſag.*

Finalmente è anco molto incerto ſe ſia *lib. 2.*
ſtato il Re Nilo il primo a dare il nome *pag 121*
di Nilo al Fiume che per lo avanti ſi
chiamava Egitto. Diodoro Siculo a dir
vero, chiaramente afferma ciò in queſti
termini: *Nili Regis a quo Fluvius nomina-* *Diod.*
tus eſt Nilus, qui antea vocabatur Agyptus. *Sic.*
Ma vi ſono tutti gl'indizj che lungo tem- *lib. I.*
po dopo la morte di queſto Re ſia ſtato
dato il nome di Nilo al Fiume Egitto, e
che fu il Fiume che diede il nome al Regno e non al Re. Coſì dice ancora Pau-
ſanja: Egitto ſcrive egli è un nome di *Pauſ.*
,, Fiume ed è queſto ſteſſo che noi chia- *Baot.*
,, miamo oggidì il Nilo. I moderni han-
,, no dato al Regno il nome del Fiume
,, che lo divide, e l'hanno chiamato Egitto a cauſa del Fiume Egitto. *Ægyptus Ni-*
lus Fluvius a quo ipſa Regio a Recentioribus
appellata eſt Ægyptus.

Tutte queſte autorità provano evidentemente eſſere gran ſciocheria e ridicolo
Anacroniſmo l'aver fatto dire a Telemaco *ch'egli ha navigato ſul Nilo ſino a Menſ*
come ſe Vergilio aveſſe fatto dire ed E-
nea, quando paſsò il Rubicone, ch' egli
aveva paſſato il Piſatello, che è in oggi
il nome del Rubicone, e ſe Tucidide aveſſe detto che il *Vaſilipotamo* ſcorre nel paeſe de' Lacedemoni, in luogo di nominarlo
Eu-

Euroca come fi chiamava al fuo tempo; ovvero fe in facendo ragionare *Adoel* del fuo viaggio nella Botica e del Fiume che irrigava allora quel bel paefe, aveffe nominato quefto *Andalufia*, o *Granata*, e l'altro *Gualdaquivir* come chiamafi al giorno d'oggi, e non *Betis* come denominavafi allora. E nulla fervirebbe all'Autore del Telemaco per difcolparfi di tale Anacronifmo il dire, che fi trova un antico oracolo d'Apollo rapportato da Porfirio in

Præ-
par.
Evang.
lib. 9.
cap. 10.

Eufebio, che dà all'Egitto il nome di Terra del Nilo; *ΓΑΙΑΝ ΝΕΙΛΟΙΟ ΒΑΘΥΡΡΟΟ ΑΙΓΥΠΤΟΙΟ* Perchè oltrechè Porfirio non accenna la data e che vi fono tutte le apparenze che quell'Oracolo fia del tempo di Tolomeo, fotto il quale è certo che il Fiume dell' Egitto fi chiamava già Nilo, poichè portava il nome fteffo fino dal tempo d'Ifaia *In Aquis multis Semen Nili*; fi può in-

Ifay.
23. 3.

tendere per *Terra Nilotica*, come parla l'oracolo, la terra e il paefe ove Nilo regnava, e dov'egli avea comandato altre volte con tanta autorità.

Non fi chiama *Francia* oggidì ciò che gli antichi chiamavano, Gallia dopo che il Re Franco, e i Francefi v'hanno regnato? Non fi chiama a' dì noftri *Stato della Chiefa*, *Dominio del Papa* ciò che fi chiamava un tempo il *Paefe Latino*, il *Paefe delle Sabine*, ed una buona parte dell'*Italia*? Ma ficcome farebbe cofa ridicola ad un antico Romano di que' tempi, ne' quali non ci erano Papi al mondo, fargli denominare l'Italia Dominio Papale, & ad un altro del tempo
po

po che il Re Franco non aveva ancora
regnato far chiamare la Gallia *col titolo di*
Paese del Re Franco; quindi non è meno
ridicolo far denominare da Telemaco l'
Egitto la *Terra del Nilo* prima che il Re
che portava questo nome regnasse.

Io trovo ancora ne' due primi libri del
Telemaco, degli altri Anacronismi molto
più considerabili, e che fanno conoscere
manifestamente che l' Autore non sa la
Storia del tempo, del quale egli s' impegna
di parlare, e che non ha molto studiata
la Scrittura Santa e' suoi Comentatori,
quantunque questo dovesse essere il suo
principale studio. Parlando della Città di
Tiro egli fa dire prodigj a Telemaco, e
a Narbale che n'era nativo, e che ivi dimo-
rava, e tutti due suppongono ch' ella fos-
fe allora la capitale di tutta la Fenicia,
il soggiorno de' Re, e fosse posta in mezzo del Mare.

   Telemaco dice a Calipso, ch' essendo a *Tel.*
,, Tiro, egli ammirava la felice situazione *l.* 1.
,, di questa grande Città e le assicura che *pag.*
,, era posta in mezzo al Mare in una gran- 114
,, de, e fecondissima Isola ripiena d' un
,, gran numero di Città e Villaggi,
,, che per la gran copia appena fra l' uno
,, e l' altro vi resta alcun breve interval-
,, lo. Aggiunge poi che quando s' entra
,, in essa, credesi tosto che non sia già
,, una Città che ad un solo popolo appar-
,, tenga, ma ch'ella sia la Città comune di *pag.*
,, tutti i Popoli e il centro del loro com- 116
,, mercio; ch' essa ha due gran Moli a
                        guisa

,, guisa di due braccia i quali stendendosi
,, entro del Mare, formano un Porto capa-
,, cissimo in cui si vede come un bosco
,, formato dal numero indicibile degli Al-
,, beri de' Navigli che si trovano colà
,, in sì gran copia, che appena si può ve-
,, dere il mare che occupano. Tutti i Cit-
,, tadini (proseguisce) s'applicano al traf-
,, fico e le loro immense ricchezze non l
,, distolgono punto dalla fatica necessaria
,, per accrescerle. Trafficano essi con tut-
,, ti i Popoli fino allo stretto di *Gades.*,
,, volle egli dire lo stretto di *Gades* che
,, noi chiamiamo al giorno d'oggi *Cadice.*
,, *Io non poteva* (continuò Telemaco)
,, *faziarmi di rimirare quella vasta Città*
,, *nella quale tutto era in moto.*

pag.
117

pag.
118

Egli dipinge poi tutti gli abitanti occupati a scaricare i loro Vascelli, a riempie-
re i Magazzini, a trafficare, a negoziare,
a tenere esatto registro di ciò ch'era dovuto loro da' Forestieri, ad allestire alla Vela altri Vascelli per ispedirli ad acquistar
Oro, et Argento ne' Paesi lontani. Egli
parla de' Fenicj come de' più ricchi Uomini della terra, ed avendo Telemaco di-
mandato a Narbale donde provenissero le
loro grandi ricchezze e la loro potenza
sul mare (mentre ci fa supporre che aves-
ser coloro la Talassarchia ovvero l' Imperio del Mare) gli vien data questa risposta che io riferisco parola per parola.

pag.
119.

,, Voi vedete (dissemi egli) la felice
,, situazione di Tiro per la navigazione ;
,, I suoi abitanti furono i primi (se si può
cre-

pag.
120

„ credere quanto racconta la più òscura
„ antichità) che ofarono efporfi in un
„ fragil Legno alla difcrezióne dell' onde,
„ que' che domarono la fuperbia del ma-
„ re, che offervarono gli aftri, e che riu-
„ nirono tanti popoli fra lor divifi dal
„ mare . . . . . . I Tirj fono induftriofi,
„ pazienti, laboriofi, fobrj ed economi e
„ confervano un efatto ordine, e gover-
„ no. Giammai popolo non è ftato più
„ coftante, più fincero, più fedele, più
„ ficuro, più comodo a tutti i Foreftieri.
„ Eccovi fenz' indagarne altra caufa ciò
„ che loro dà l' Imperio del Mare, e che
„ fa fiorire fra di loro il commercio.
Non fi può defcrivere una Città più
grande, più magnifica, e più vantaggiofa
quanto era l'antica Tiro, nel modo in cui
ci viene rapprefentata da M. de Cambrai
al tempo dell' efpugnazione di Troja, al
qual tempo Telemaco viaggiò. Era effa,
al dir di lui, un fecondo Parigi per il
commercio, e per l'affluenza di popolo
che v'abitava; un fecondo Amfterdam per
il traffico, e per il negozio, ed una feconda Venezia per la fua fituazione in
mezzo al Mare. Il gran male però fi è
che non v' ha una fola parola di verità
in tutto quefto difcorfo, e che nel tempo
che Telemaco faceva una così vantaggiofa
defcrizione di Tiro, appena ella era al
mondo; poichè fecondo Giuftino non fù *Iuſtinus*
fabbricata che un anno avanti la prefa di *lib. 18.*
Troja. *Ante annum Trojanæ cladis Tyron cap. 4.*
urbem condiderunt; nel qual tempo effa non

E fa-

faceva che nafcere. Eufebio la fegna nell'
anno 3962. del mondo, e 2., o 300. anni dopo
era sì poco conofciuta, che Omero che
parla molto in vantaggio de' Fenicj, e della Città di Sidone come d'una Città con-
fiderabiliffima, non fa neppure una parola
di Tiro, e non nè parla in alcuna parte,
come offerva Strabone: *Homerus Tyri non*
meminit. Sidone era allora la Capitale della Fenicia, alla quale ella diede il fuo nome, nè fi chiamavano in quel tempo i
Fenicj con altro nome che con quello di
Sidonj fecondo *Hefichio: Sidonii id eft Phe-*
nices. Quefto è il nome che dà loro Omero, e dice di loro quello che M. de Cambrai ha detto de' Tirj, che queft' era un
popolo induftriofo, laboriofo, & abile a
tutte le forti di meftiere. πολυδαιδάλ.
Il dotto Geografo Pomponio Mela notò
molto bene, che Sidone confervò sempre
il fuo fplendore, la fua potenza, ed il fuo
impero fino che i Perfiani fe ne refero
Padroni, e che fin d'allora effa fu fempre riputata con ragione la più grande, e
la più famofa di tutte le Città che fono
fopra il Mare. *Sidon antequam a Perfis ca-*
peretur, maritimarum urbium maxima fuit.
La fua antichità viene ricordata dalla
Scrittura medefima, e Sidone figlio primogenito de' Fanciulli di Canaam nipote di
Noè, ne fu il Fondatore. Ma rifpetto i
Tiro ella vien chiamata dal Profeta Ifai
la figlia di Sidone, ovvero la Colonia di
Sidone *Filia Sidonis;* perchè furono i Popoli di Sidone quel che la fabbricarono, e i

ac-

Marginal notes:

Hom.
od. 15.
114. 4.
54. *Il-*
liad. 7.
43. 6.
289.

Str. p.
736.
lib. 6.
Hom.
Odif. l.
4. *v.* 83
& l. 15
v. 114.

Pomp.
Mel.
lib. 1.
c. 12.

Gen. 10.
15. *If.*
23. 12.

accrebbe effa dipoi colle ruine di quella
Città. Ma nel tempo della guerra di Troja non era al più che un picciolo Villaggio confiftente in alcune Capanne di Pefcatori e Marinaj, e in cambio di un magnifico Porto, e due gran moli ripieni
per quanto può giunger l'occhio, d'innumerabili Vafcelli venuti da tutti i Paefi
del mondo per trafficare in quella, tutto
al rovefcio appena alcune fdrufcite barche
di Pefcatori vi fi vedevano.

Giofeffo che conofceva meglio di chic-
chefia quefto Paefe, e che aveva letto le
antichità ch'ei cita di frequente, ci fom-
miniftra un' eccellente prova. Stabilifce
egli la fondazione di Tiro nell'anno 340. cap. 2.
avanti la fabbrica del Tempio, il quale (fecondo l'Era comune e la Cronologia della Bibbia del Vitrè ricevuta comunemen-
te oggidì da' Letterati e frà gli altri da'
Signori di Porto Reale) fu terminato nel
primo anno del quarto millenario 1000.
anni appunto prima della nafcita di G. C.
cioè l'anno 3000.; da quali (togliendone
340.) refteranno 2760. anni; tempo che
corrifponde appuntino all'anno in cui Troja fu prefa fecondo molti dotti Autori,
mentre Gedeone era Giudice del popolo
Giudeo, nell'anno 3480. del periodo Giuliano.

Per dire il vero, il Marshamo & altri
pretendono che Troja foffe diftrutta nell'
anno 3505. del medefimo Periodo; ma lo
fpazio di 25. anni è troppo brieve per far
falire una cofa dal niente al più alto gra-

do di perfezione cui poſſa giungere, e per
cambiare un picciolo Villaggio nella più
florida Città dell' Univerſo. Quindi *egli*
è un ridicolo anacronifmo lo vantar cotanto la Città di Tiro a' tempi degli Eroi,
e dell' aſſedio di Troja.

In fatti farebbe ſenz' alcun dubbio ſomma fconvenevolezza continuando il Romanzo dell' Eneide di Vergilio , il far di·
re ad uno de' fuoi Avventurieri, che prima
d' entrare con Enea nell' Italia egli avef-
ſe paſſato per Venezia, e che aveſſe am-
mirata queſta gran Città con il Doge, e *il*
ſuo Senato fabbricata in mezzo al mare con
magnifici, e comodiſſimi Porti, avvegnadio-
chè ognun fapia che Antenore ne aveva
appena gettatto le prima fondamenta , e
ch' eſſa non fu alla bella prima ſe non un
mucchio di rozzi abituri e di capanne pe-
fcareccie ; che furono le guerre di Atti·
la che diedero motivo agli diſperſi abitatori de' paeſi vicini, di edificare una Città, e di riunirſi infieme, onde a poco a
poco formoſſi queſta illuſtre Repubblica .
Non farà adunque minore aſſurdità, mentre la Città di Tiro era terra ferma come
io fo vedere, e al più nell' infanzia, e ne'
primi anni della ſua fondazione, introdurre fulla ſcena il Figlio d' un Re di quel
tempo il quale dice, che *cercando ſuo Padre*
traſportato dalla tempeſta ne' Paeſi lontani ,
egli era paſſato per Tiro fabbricata nel mezzo
del mare , in un' Iſola fertile , e che aveva
colà veduto ricchezze immenſe, copia infinita
di Vaſcelli , d' Abitanti , e di Palagj di mar-
                                                mo

mo e di porfido riccamente addobbati. Oh
bugiardo, si griderebbe! oh ignorantac-
ciò! Diftinguete i tempi, e non confon-
dete la nafcita, e l'infanzia con il fiore dell'adolefcenza, nè la povertà con le
ricchezze. Tiro non ha cominciato ad effere qualche cofa fe non al tempo di Davide, e di Salomone. *Filiæ Tyri in muneri-* Pfal.
bus vultum tuum deprecabuntur. 44. 13.

Gl'inventori de' Romanzi al giorno d'oggi prendono tutti i loro Eroi, e li avventurieri dal tempo di Carlo Magno, e delle
Crociate, ma non ve n' ebbero giammai
di così fciocchi che abbiano fatto ammirare da alcuno di effi, la Città d'Amfterdam co' fuoi Porti, tutti i fuoi Vafcelli
e il fuo traffico nell' Indie; nè Parigi
con tutto il fuo gran numero di popolo
e di carozze, fapendo che tutte quefte cofe
fono pofteriori di molto al nono, e all'
undecimo fecolo, ne' quali i Paladini di Carlo Magno, e della Crociata di Goffredo
di Buglione, vivevano, e che Amfterdam
non ha cominciato ad effere cognito fe
non 200. anni dopo in circa, e che Parigi non è divenuto sì popolato, sì tumul-
tuofo, e sì abbondante di Carrozze che
dopo il Regno del Defonto Re. In ordine a ciò era molto meglio a mio giudizio
che l'Autore del Telemaco parlato non
avveffe di Tiro con queft'enfafi, tralafcian-
do le lodi che le dà fenza ritegno, mentre era effa men degna di confiderazione
di quello che fieno prefentemente Vaugi-
rard, e Befons.

E 3 Ogn'

Ogn' altro fuori che M. de Cambrai
forse vorrebbe scusare il suo anacronismo
in riguardo a Tiro con un passo del Libro di Giosuè, dov'è parlato di Tiro, come di una Città celebre per le sue forti-
ficazioni: *Tyrum Civitatem munitissimam*,
Iof. 19. ed ove è detto ch' ella cadette in partag-
29. gio alla Tribù di Aser, quando si fece la
divisione delle terre delle dodici Tribù.
E' però troppo illuminato M. de Cambrai per
poter addurre questo passo, come una pru-
va che sussistesse Tiro, ed eziandio che
fosse in istato florido, nel tempo di Giosuè,
il quale vien creduto Autore del Libro, che
porta il suo nome, e sotto di cui almeno è
ben certo che si fece la divisione delle
terre, e de' beni ereditarj delle famiglie d'
Israelo. Ei senza dubbio non ignora, che
nel Libro di Giosuè, come nella Genesi,
e negli altri Libri del Pentateuco, ci sono
quantità di cose aggionte da uno Scrittore
posteriore a Mosè ed a Giosuè, e ch' esso
ha dato il nome alla Città non già quello ch' esse portavano nel tempo di Mosè,
e di Giosuè, ma bensì quello che aveano
nel tempo in cui vivea questo Scrittore,
e ch' egli ha parlato delle Città non nello stato di picciolezza e di oscurità in cui
erano ne' primitivi tempi, ma secondo il
rango, e la distinzione che aveano a tempo suo. Questo è quello che i più dotti
Rabbini, come Maimonide, e Ben-Ezra
hanno osservato, e che hanno eziandio
avvertito dopo loro alcuni altri Scrittori
Critici sopra la Bibbia, assicurando eglino ›

no per efempio, che tutto il capitolo, nel
quale viene fatta parola della morte di
Mosè, e del fuo nafcofto fepolcro; ed ov'
è contenuto il fuo elogio, non è mica *Deute-*
ftato fcritto da effo, ma da qualch' altro *ter.*
pofterior Scrittore, o da Efdra, quando *c.* 34.
revide e riconobbe tutta la Scrittura, op- *v.* 3. 4.
pure da qualch' altro. 5. 6. 7.
Ella è la ftefla di quefto paffo di Gio- 8. 9.
fuè, *Tyrum Civitatem munitiffimam* : *Tiro* 10. 11.
Città fortiffima; cioè non volendo dire che 12.
Tiro in tempo di Giofuè fofle una Città
al fommo forte, e munita, ma folamente
che tale fi era nel tempo che il Copifta e
il Riveditore del Libro di Giofuè facea le
fue offervazioni fopra quefto Libro, ed era
dietro a rifchiarare i luoghi ofcuri con
delle note interlineari, e accomodava la
carta antica colla nuova, facendo conofcere dov' erano gli antichi luoghi con
quei ne' quali erano nel fuo tempo; e
credefi che quefto Autore fia il Parafrafte
Caldeo.
Di fatti non trattafi precifamente in
quefto paffo di additare quai Città erano
nella divifione della Tribù di Afer, ma
folamente di accennare i confini, da' quali era circondata. Ora l' Autore del Libro
di Giofuè avendo nominato un luogo,
che corrifpondeva a quello, ond' era fituata la Città di Tiro nel tempo del Copifta, e Riconofcitore di quefto Libro,
quefti non ha potuto aftenerfi di nominar
Tiro il quale nel fuo tempo era effettivamente nel fuo ftato maggiore di floridez-

za . Nulla ci ha di più naturale che lo
accennare un sito ofcuro e fconofciuto col
nome di una Città conofciutiffima, quando per buona forte è ftata fabbricata direttamente nel luogo medefimo . Nella
Scrittura tutto è ripieno di efempj di quefta fatta, ed anche fenza ufcire dal Libro
Iof. 20. di Giofuè, e dal capitolo da cui è tratto il
7. 21, paffo che fi obbieta, ivi è favellato della
32. 19. Galilea di Calub, e di Ieter, i quali cer-
27. 15. tamente eràno de' nomi e de' termini af-
38. fatto fconofciuti, e nuovi al tempo di Giofuè .

Ci fono però delle perfone molto buone
per credere che i nomi delle Città che
non fono ftate edificate fe non varj fecoli
dopo la morte di Mosè e di Giofuè , e
che fono nominate ne' Libri loro , fieno ftate pofte in quelli da effi, mediante uno fpirito profetico, e ch'eglino aveano faputo per particolare rivelazione di
Dio, che varj fecoli dopo avrebbono quefto nome. Alcuni Comentatori fono por-
tàti per quefto fentimento , ma noi fenza
impegnarci a dimoftrare , che quefta opinione è ridicola , converebbe efferlo di
molto, per credere, che quando Telemaco
ha parlato della Città di Tiro fituata nel
mezzo del mare, e come della più ricca ,
e della più mercantile Città dell' Univerfo , ciò abbia detto come s' egli aveffe
faputo per particolar rivelazione, che tale
diverebbe un giorno , avvegnachè foffe
meno di niente, quand'ei ne parlava a
Calipfo; e che ha faputo altresì per una
fpe-

specie di entusiasmo, di spirito profetico,
di divinazione, e di estasi ch'essa un giorno farebbe fabbricata nel mezzo del mare in
un' isola; quand' era attualmente in terra
ferma sul lito del mare, com' era Sidone,
e come sono tutte l'altre Città Marittime;
e questo ultimo articolo è quello che voglio dimostrare.

Il Cavalier Marshamo Inglese fa vedere *Marsh.*
d'una maniera così forte, e convincente *pag.*
nel suo Canone Cronico Egiziaco, ed E- *578.*
braico p. 577. e 578. che avanti che i *Isa.23.*
Babilonesi, i Caldei, e i Persiani *8. 13.*
avessero intieramente distrutto la Città di *17. Ie-*
Tiro, e costretti i suoi abitanti a salvarsi *rem.47*
in un' Isola vicina, e a fabbricarvi una Cit- *4. Eze-*
tà, essa era in terra ferma. *ch. 26.*

Quinto Curzio e Giustino riferiscono, che *2 Amof.*
avendo detto Alessandro agli Ambasciato- *1. 10.*
ri ovvero Deputati della Città di Tiro, *Ioel. 3.*
che aveva pensiero di portarsi nella loro *4. Curt.*
Città *insulare* cioè nella nuova Tiro per *l.4. c.2.*
offrirvi un sagrifizio ad Ercole. Dio de' Ti- *Iuft.*
rj, gli risposero, affine di distraerlo da *l. 11.*
questo pensiero ,, che v'erano due Tempj *c. 10.*
,, d' Ercole appresso di loro, uno nell'an-
,, tica Tiro chiamata da' Greci *Paletiro*
,, cioè *Tiro la vecchia*, la quale era un
,, poco lontana dal mare in terra ferma,
,, e l'altro nella nuova Tiro fabbricata nel
,, mezzo del mare in un' Isola; e che lo
,, consigliavano di offerire il suo sagrificio
,, nel Tempio della vecchia Tiro, come
,, più rispettabile per l' antichità del cul-
,, to che ivi rendevasi da molti secoli ad
,, Er-

Pur. l. „ Ercole: Esse *Templum Herculis* ἐϗ ϗϗ Sϗ
4. *p.* 86. de, quam Palæyrum ipſi vocant, ibi Regem
Er. *l.* 2. Deo Sacrum rite facturum. Ma Aleſſandro
c. 43. che ben conobbe eſſer quello un pretesto
Arr. l. de' Tirj acciochè egli non entraſſe nella
2. *Diod.* loro Iſola, andò in collera; entrò mal
l. 17. c. graſſo loro nella Città, e la poſe a Sacco,
40.   Erodoto che aveva conſultato i Sacer-
Plut. indotì di Tiro, Strabone, Tolomeo, Pli-
At. τ. 4 : nio, Scilace, Diodoro Siculo, Plutarco,
Am.   Arriano, & Ammiano Marcellino, diſtin-
Marc. guono chiaramente queſte due Tiro l' an-
l. 22.   tica, e la nuova. La prima era fabbricata
c. 18.   in terra ferma; e la ſeconda in un' Iſola;
     quella diſtante dal mare lo ſpazio di 3. Stadje
     bagnata da un gran Fiume che l' attraver-
     ſa, e queſta ſituata proprio nel mezzo del
Ptolom. mare. *Alia Urbs Tyrus portum habens intra*
in Tyr. *muros, & abeſt a Mari Stadiis III. quæ di-*
citur Urbs Palætyrus quam Fluvius mediam
perlabitur, dice il gran Geografo Tolomeo.
Ammiano chiama il Fiume che l' attra-
verſa Tyrus; e s' aggiunge una circoſtanza
particolare; cioè che li Re di Tiro avevano
il lor Palagio di delizia nella vicina Iſola
di Tiro otto Stadj lontana dalla terra ferma, e che queſto fu il luogo ove la nuova Tiro fu fabbricata dopo la rovina dell'
Scyllax antica: *Regia Tyri VIII. circiter Stadiis a*
ibid. *terra diſtans.*
Iuſt. va-   Ma la Scrittura Santa ragiona ancora
riorum piu chiaro. L' Autore del Libro di Gioſuè
pag. volendo contraſegnare i confini e i limiti
190.   delle terre che toccarono in parte alla
Edit. Tribù d' Aſer, nomina la Città di Tiro e
                             di

di Sidone per limite e confine, fupponendo come fi vede ch' ambedue foffero in
terra ferma ; poiché certamente le terre
date da Giofuè a coltivare, e a lavorare à
que' di quefta Tribù, non potevano aver
per confine una Città fabbricata otto ftadj
lungi dalla Terra ferma .

Lugd.
1670.
Iofuè
19. 28.

Tutti i Profeti che hanno predetto la
rovina dell' antica Tiro e la fua diftruzione fatta da' Babilonefi, la fuppongo-
no in terra ferma, perchè defcrivendo l'
affedio che i Babilonefi ne farebbono un
giorno, non parlan eglino che della Cavalleria, e de' Carri co' quali i Babilonefi
dovevano far empito contro quella fven-
turata Città . Le minacciano un Blocco,
e fanno efpreffa menzione delle Linee di
circonvallazione, de' terrapieni, e de' forti ove i loro nemici piantarebbono la
batteria, delle mine fotterranee, delle
Teftudini, e degli Arieti, e d' altre ma-
chine da guerra, con le quali atterattò
avrebber le mura. Tutte quefte cofe ma-
nifeftamente dimoftrano l' affedio d' una
Città pofta in terra ferma ; nè fignificano
un combattimento Navale, ma bensì una
pugna di terra ; fono quefte fteffe le parole colle quali li fpiega Ezzecchiele effendo Schiavo in Babilonia . *Ecco ego* *Ezzech.*
adducam ed Tyrum Nabuchodonofor regem 26. 7. 8.
Babylonis, cum equis & curribus, & equi- 9. 10.
tibus, & magno cœtu. Et circumdabit Te 11.
munitionibus, & comportabit aggerem in gy-
ro, & elevabit contra te clypeum . Et vi-
neas & arietes temperabit in muros tuos,
Inæ-

Inundatione equorum ejus operiet te pulvis eorum: a sonitu equitum & rotarum & curuum movebuntur muri tui.

Chi ha giammai udito dire che lo scuotimento prodotto da gran numero di Carri , e Carrette , che lo strepito della Cavalleria e delle ruote ferrate che corrono sul suolo , facciano tremare le mura d' una Città posta nel mezzo del mare lontana da terra più leghe ? *Sonitu equitum & rotarum , & curuum movebuntur muri tui .*

Ma si può dire più precisamente che Tiro era sulle sponde del mare , e non in un' Isola come lo stesso Profeta afferma ? *Et dices Tyro quæ habitat in introitu maris .* Si può mostrare più positivamente di quello , che fa Isaja , il quale esorta i Tirj (quando i loro Baloardi saranno distrutti , e quando il loro nimico comparirà alle porte) ad uscire prestamente dalla terra ferma , e salvarsi in mare con quella velocità che farebbe un Fiume che sormontate le sponde rompe gli Argini , e velocemente sen corre ? *Transi terram tuam quasi flumem , Filia maris : non est cingulam ultra tibi .*

Ezech. 27. 3.

Is. 23. 10.

Ma abbastanza s' è già ragionato d' Anacronismi . Il numero d' essi è troppo grande nel Romanzo del Telemaco , e perciò agevol cosa non sarebbe il far parola di tutti ad uno ad uno . Vediamo ora gli errori in proposito di Favola , e di Storia : errori ne' quali altri Anacronismi ancora si contengono .

AR-

ARTICOLO II.

Errori contra la *Storia*, e la *Favola*.

Uantunque un Romanzo non sia che una semplice finzione d'ingegno, e che non s'aspetti, leggendolo, di trovarvi altro che menzogne; non ostante fa d'uopo che queste menzogne, e queste finzioni sieno coperte dalle apparenze della verità, in modo che possano comparire verisimili, e degne di qualche credenza. La prima qualità, e condizione ch'è neccessaria per giungere a questo fine si è, che le cose le quali vi sono raccontate non siano apertamente smentite da prove contrarie & evidenti; perchè in tal maniera sarebbe un dire la bugia troppo rozzamente. *Laboriosa sunt figmenta mendacii*, dice S. Agostino, ch'è quanto dire esser *Aug.* neccessario d'avere capacità, erudizione, *op.* e ingegno per comporre un bel Roman- *Imp.* zo. Bisogna sapere perfettamente la Sto- *in Iul.* ria vera de' tempi e de' popoli tale quale gli antichi ce l'han lasciata scritta, come pure la Favola de' Pagani, e tuttociò che i più valenti Autori e Poeti loro hanno scritto de' tempi favolosi, e delle belle im-

prese

prefe de' loro Semidei. Il rimprovero appunto che s' ha à fare a M. de Cambrai è di non aver faputo nè l' uno nè l' altro, e d' aver fatto tante falfe Storie, quante fono le cofe da lui dette. Fondazioni di Città, invenzioni d' Arti, ritratti di grand' Uomini, defcrizioni di Paefi, coftumi de' Popoli, e che fo io: in fomma tutto falfo come fi vedrà in appreffo.

ACESTE.

L' Autore del Romanzo lo fa Trojano e **1. To.** fortito di Troja; egli s' inganna. Acefte **pag. 14.** non era di Troja; ma bensì Figlio di Fulvio Crinifo, e d' una Trojana nominata Egefta. Egli non fabbricò la Città che M. de Cambrai dice aver fabbricato, ma Egefta in Sicilia che porta ancora al giorno d' oggi il nome di Segefta, e della quale Vergilio ne parla così fpeffo, e così chiaramente nel fuo Quinto Libro dell' Eneide, ch' è da ftupirfi che l' Autore del Telemaco abbia ignorato ciò che i più piccioli Scolari fanno con tutta franchezza.

IDOMENEO.

Prende sbaglio M. de Cambrai facendolo fempre nipote di Minoffe figlio di Giove, mentre egli non era che fuo pronipote. L' Autore non fa che vi fono ftati due Minoffe Re di Creta. Uno era figliuolo di Giove, & ebbe una figliuola nominata *Accalftide*, quale con Appollo diede

alla

alla luce un figlio chiamato *Cidone*, che
diede il suo nome alla Città di Cidonia
chiamata prima Appollonia in Creta. Lo
stesso Minosse ebbe pure un figlio di nome Licastro, che fu Padre del secondo
Minosse, il quale generò Deucalione Padre d'Idomeneo; cosicchè il primo Minosse non era suo avolo, ma suo trisavolo
paterno, come dice Omero.,,

ζευς τζω τον μινωα τεκε κρητη εττιουρον,   *Ill.* 13.
Del primo Re Minosse Giove fu Padre, *v.* 450

Vedesi adunque ch'egli distingue un primo Minosse; ciò suppone ch'egli ne cono-
scesse un secondo. Il marmo d'Arondel è
precisamente conforme.

L'Autore del Romanzo dice inoltre,
che Idomeneo ritornando dall'assedio di
Troja, ed essendo minacciato di naufragio
da un orribil tempesta che si levò in mare fece voto a Nettuno di sagrificargli
la prima cosa, che gli si fosse presentata
arrivando nel suo regno; e che suo figlio
essendo venuto il primo ad' incontrarlo,
Idomeneo cacciò la sua spada nel cuore di
questo fanciullo.

Vi sono testimonianze incontrastabili,
ch' egli era determinato di farlo, ma che
non lo fece; perchè il giovinetto Principe per difendere la sua vita, e impedire a
suo Padre la esecuzione di un così crudele disegno, implorò la protezione del popolo, che lo tolse dalle mani del Padre,
si sollevò contro Idomeneo, lo cacciò da
suoi stati, e mise il figlio sul Trono.
Quella è quella verità che tutti gli antichi

chi raccontano, come si può vedere ne' Comentarj di Servio sopra Vergilio. Ma l'Autore del Romanzo di Telemaco scrive la Storia del figlio sagrificato dal Padre con tanto impegno, che occupa tutto il suo secondo Tomo sopra questo, e impiega tutta la fine del primo a descrivere questa lagrimevole avventura. Omero stesso assicura, che Idomeneo non soffrì alcuna tempesta, e eb'ei ritornò in Creta a regnarvi felicemente. Egli lo fa bensì ritirare dipoi nel Paese de' Salentini, e gli fa fabbricare la maggior Città del Paese con un superbo Tempio, ove fa intagliare ne' bassi rilievi delle porte, mille cose memorabili, e chiama questa Città Salinta; ma questo è contro la verità della Storia. La Capitale, e la più considerabile Città che sia nella Calabria, nella Puglia, nella Lucania, e ne' Paesi de' Salentini è Taranto, la quale non fu fabbricata da Idomeneo, ma da Taraso figlio di Nettuno. In tutte le antiche medaglie, che si trovano di Taranto, si vede il nome di Taraso ed egli stesso ci è rappresentato sotto la figura d'un uomo giovine sedente sopra un Dolfino; intorno a che si può leggere Pausania in *Phocicis*. Questa Città inoltre considera Falanto il Lacedemone come il suo secondo fondatore, e qui l'Autore del Romanzo ha fatto degli errori non pochi come farò vedere qui presso nel titolo di Falanto.

Tucidide che ha parlato espressamente, e molto a lungo della fondazione di tutte le

Serv. in 3. En. v. 1 21.

Odiss. l. 3. v. 191. 192. 193.

Flor. l. 1. c. 18.

Tuc. l. 6. sub. init.

le Città della Sicilia, e di tutte le Colonie che vi ſtabilirono i Greci, fa menzione ancora d' una Città ch' ei chiama Seliunte *Seliuntem.* Egli ne atribuiſce la fondazione non già a Idomeneo, ne' a' Creteſi, ma a' Megareſi popoli dell' Attica, ed al loro famoſo Capitano Pamilio, il quale fu da eſſi ſpedito alla teſta d' un buon numero di perſone per iſtabilirvi una Colonia, e fabbricarvi una Città, donde furono cacciati 245. anni dopo da Gelone. *Megarenſes, miſſo Pamilio, condidere Seljuntem,* (σελινῦστα) *& poſt annos* 245. *Megarenſes ipſi a Gelone expulſi ſunt.* Ma oltrechè il tempo di queſta fondazione della Città di Salinta, non corriſponde a quello della preſa di Troja, v' ha più di 500. anni d' intervallo tra la rovina di Troja, e la fondazione di queſta. Troja fu preſa l' anno 374. dell' Era Attica, come dice chiaramente il marmo d' Arondel, ed appariſce al contrario in Tucidide che Salinta non fu fabbricata prima dell' anno 920., ovvero 930. dell' Era Attica; dicendo egli che i Megareſi non fabbricarono Salinta che *Mar.* 100. anni dopo ch' ebbero fabbricato Mega- *Arond.* ra in Sicilia. *Anno centeſimo poſtquam eorum Urbs* (*Megara*) *condita fuit.*

Ora egli dice che ſolamente 5. anni dopo la fondazione di Siracuſa Lamide conduſſe una Colonia di Megara dal Paeſe d' Attica nella Sicilia, che vi fabbricò Trotilo, e Tapſa, e che qualche tempo dopo la ſua morte le medeſime perſone ch' egli aveva condotte da Megara del Peloponneſo

F

neso fabbricarono una nuova Megara in
Sicilia. *Anno quinto. post Syracusas condita:*
Sumis a Megaris Coloniam ducens, Trotilum
condidit, poftmedum Thapfum. Eo mortde
reliqui è Thapfo migrautei condiderunt Me-
gara.

Il marmo Arundelliano fa fede che Siracufa ch' è una Colonia di Corintj, non
fu fabbricata da Archia uno. degli Eraclidi fe non l' anno 814. dell' Era Attica; l'
anno 21. del Regno d' Efchilo, ch' è il
3945. del periodo Giuliano. *Archias dedu-*

Mar.   *xit è Corintho, Coloniam Syracufas, regnan-*
Aron.   *te Athenis Æfchilo anno ejus vicefimo primo.*
Seld.   La Megara de' Greci fu fabbricata fotto
        Codro. L'Era Attica, come pure la Cro-
        nologia del detto Marmo d'Arondel, co-
Vell.   minciano nel primo anno del regno di
Pat.   Cecrope, che tutti i dotti Cronologi con-
l. 1.   feffano effere il 3132. anno del Periodo
Strab. Giuliano in tempo che i figliuoli d'Ifrae-
l. 9.   lo erano in Egitto fotto il Re Faraone.
Pauf.   Niuno altro Cretefe, fuorchè Eatemo,
l. 1.   fondò Città in Sicilia, e fecondo Tucidi-
        de, la Città, che quefto vi fabbricò, non
Tucid. fu Salinta, ma bensì *Gela*, che porta il
ibid.   nome del Fiume che la bagna.

FALANTO.

         Racconta l' Autore *che tre anni inanzi*
Telem. *che Telemaco fi metteffe in mare con Mento-*
pag.   *re per cercare fuo Padre Uilffe, e tre anni*
354.   *prima che arrivaffero nella Sicilia, e vi fof-*
e 355. *fero ricevuti da Idomeneo,* nella fua pretefi
                                              nuova

huova Città di Salinte, *Falanto cón una brigata di Lacedemoni fondò Taranto, e nè fece una feconda Laconia.*

Quefto è il più fmifurato di tutti gli Anacronifmi, che vi fosser giammai; Io ho differito fino a qui di parlarne, perchè oltre l'Anacronifmo, quanto ei racconta di Falanto, e de' fuoi Lacedemoni, è contrario alla verità della Storia e rovefcia tutto quello che i più antichi, e fedeli Autori ci raccontano.

Falanto non fi ftabilì a Taranto co' fuoi Lacedemoni fe non circa 500. anni dopo la prefa di Troja, e per confeguenza dopo il viaggio di Telemaco. Avvenne il primo anno della 18. Olimpiade il trafporto di quefta famofa Colonia de' Lacedemoni, nel Paefe de' Salentini. Ora Troja fu prefa 400. anni almeno avanti la prima Olimpiade, come ho dimoftrato di fopra. Dopo il Diluvio di Noè il Marshamo colloca la efpugnazione di Troja nel XII. fecolo, e quella di Taranto fatta da Falanto nel XVII.; ficchè fra l'una, e l'altra vi fono 500. anni d'intervallo. Il folo racconto di quefta famofa avventura, anche tale quale M. de Cambrài lo fa, febbene ripieno di Favole come io farò tofto vedere, doveva almeno dargli a divedere e fargli toccar con mano l'errore del fuo calcolo; Imperciochè egli dice, che *Falanto radunò nella Laconia un gran numero di giovani figliuoli delle mogli di que' Soldati ch'erano ftati alla guerra di Troja; che le femmine quando i loro mariti, tornarono, ad altre non vol-*

Marsh.
Can.
Ægypt.
pag.
328.
& 543.

fero il penfiero, che a placárli, confeffandofi
ree; che quefto numerofo Efercito procreato
fenza matrimonio, non conofcendo nè Padre,
nè Madre, viffe con una libertà fenza limite; che vi fu d'uopo mettergli qualche freno;
che perciò ragunatofi fotto Falanto venne
fulle ripe della Sicilia dove fabbricò Taranto, e ne fece una feconda Sparta. Così
l'Autore racconta la cofa.

Per quanto però fia favolofo quefto racconto rapporto al fondo, effo tuttavia contiene prove evidenti d'Anacronifmo; perchè fe è vero che la fondazione di Taranto fu fatta da' baftardi Lacedemoni tre
anni avanti l'arrivo di Telemaco nel paefe de' Salentini, era effa adunque fabbricata tre anni avanti la prefa di Troja;
tempo in cui Telemaco fi pofe in mare.
L'affedio di Troja non durò che 10. anni
al più; bifogna dunque che il fettimo anno dell' affedio quefti baftardi abbiano fu-
perato i Siciliani conquiftando il Paefe de'
Salentini, e fabbricato v'abbia Taranto;
ovvero piuttofto bifogna che foffero arrivati
in quefti Paefi molti anni prima, effendochè
ci vuol tempo per fabbricare una gran
Città, per formare un Regno florido, per
popolare un Paefe, per renderfi formidabi-
li a' fuoi vicini, e per vincere i nemici.
L'Autore fuppone che Falanto, e la fua
armata de' Lacedemoni baftardi, aveffe già
fatto tutte quefte cofe, e che Taranto foffe
fe una Città molto polita, ben popolata,
meglio coftrutta, di gran traffico, e dovi-
ziofa, allorchè Telemaco giunfe appreffo
                                        Ido-

Idomeneo a Salinta. Dachè nè fiegue che bifogna che l' arrivo de' Lacedemoni in quefti Paefi abbia preceduto almeno 5., o 6. anni quello di Telemaco, e per confeguenza il 3., o 4. anno dell' Affedio di Troja.

Io fuppongo (fe fi vuole) che le femmine de' Lacedemoni annojate il primo anno d' effere fenza mariti, abbiano cominciato un' anno dopo la loro affenza, a darfi al libertinaggio; egli è di ragionevole confeguenza, ch' elleno non poffano aver partorito i loro baftardi, fe non nove mefi dopo. Così quefti baftardi non effendo venuti al mondo che il terzo anno dell' affedio di Troja al più prefto, non potevano avere che 7. anni al più quando i veri mariti delle loro madri ritornarono di Troja in Laconia, i quali coftrinfero quefti baftardi a vuotare il Paefe e portarfi à cercare fortuna altrove. Lafcio penfare a chi vuole fe nell' età di 7. anni fi fia in iftato di portare le armi, di conquiftare un nuovo Regno col fuo valore, e di fabbricare e popolare una Città. A mio credere, conveniva, che quefti Lacedemoni aveffero per lo meno 30. anni quando intraprefero fotto la condotta di Falanto, la concquifta del Paefe de' Salentini. Di fatto quefta è appunto l' età che ad effi Giuftino determina : ma quefti traendola da Trogo di cui ricopia fino le parole, racconta la cofa tutta affatto diverfamente.

In primo luogo ei dice che ciò non fu

Pauf.
l. 4.
Strab.
l. 6.
Euf.
Chron.
nel tempo dell'affedio di Troja, ma bensì
nel tempo della Guerra che i Lacedemoni
ebbero co' Meffeni del Pelopponefo, e dell'
Affedio d'Amfia, e d'Ittona Città de' Meffeni; guerra che durò non dieci ma 20.
anni intieri, e che non cominciò fe non
circa 50. anni dopo quella di Troja. Eufebio la colloca alla 9. Olimpiade.

   Secondo. Che non furono già le mogli
de' Lacedemoni le quali annojate della lunga lontananza de' mariti loro, fecero di
fe copia a chiunque volle per fatollare la
sfrenata voglia, onde ne vennero poi que'
celebri baftardi; ma che quefte furono le
giovani arrivate già all'età del matrimonio, e che non erano ancora maritate; onde
ne venne, che coloro che indi nacquero furono chiamari *Parthenî* dalla parola πάρθενος
che vergine fignifica, come chi diceffe i
figliuoli di vergini corrotte, e difonorate.

Strab.
lib. 6.
&
Pauf.
in
Meffen.
Euftat
in
Dion.
Servius
in 3.
Æneid.
   Terzo. Non venne da Libertinaggio nè
da principio alcuno d'incontinenza la fco-
ftumatezza delle accennate giovani, ma
bensì in virtù di un comando de' loro Padri, e delle loro madri per una delibera-
zione di tutti i Lacedemoni ragunati infieme al Campo dirimpetto a Meffenia fu
quefto foggetto. La Storia è curiofa e celebre in tutti gli antichi Autori. Strabone, Paufania, Latanzio, Orofio, Eufta-
zio, e Servio ne fanno menzione, ficcome ancora il compilatore di Trogo.

Orof.
lib. 1.
cap 21.
   Dicono effi che i Lacedemoni irritati
dell'oltraggio, che i Meffeni avevan lor
fatto rubando loro improvifamente le
figlie

figlie, s'impegnarono con giuramento fo- *Latt.*
lenne in un pubblico fagrifizio, che offe- *lib* 1.
rirono a' loro Dei, di affediare Meffenia, *cap.* 2 0
e di non ritornare a Sparta fe non aveffero prefo quefta Città e meffo tutto a
ferro, e a fuoco; ma non vi riufcirono,
perchè trovarono un popolo bellicofo, e
riffoluto a molto bene diffenderfi. Nov'anni interi vi ftettero all' affedio fenza il
menomo progreffo, e con una così grande
perdita dalla loro parte, che fpogliarono
ben prefto tutto il Paefe de' Lacedemoni
d' Uomini, a forza di cavarne a tutti i
momenti, per le frequenti reclute e leve
di Soldati, e d'Uffiziali che vi facevano.
L'ultima fu fatta da Falanto, che conduffe al campo di Meffenia tutta la più
bella gioventù della Laconia la quale era
capace di portare le armi, & avendo radunato il configlio di guerra rapprefentò
all'armata che quelli erano tutti gli Uomini che fi attrovavano nel paefe, e ch'
egli era d'opinione rifpedire tutta quefta
nuova fchiera di gioventù in Laconia per
popolare il paefe; per il qual' effetto egli
diede poi una piena libertà di moltiplica-
re fenz' afpettare le cerimonie del maritaggio. Ciò fu efequito, ed i baftardi,
che indi ne vennero effendo arrivati all'
età di 30. anni, e non avendo alcuna ftima o cognizione de' loro padri, cominciarono a vivere licenziofamente ed a formarfi un partito, eleggendofi un Capo per
concquiftare un altro Paefe e ftabilirfi,
ma ficcome erano debitori a Falanto della

F 4 loro

loro nafcita lo rifguardarono come Padre,
e lo crearono il loro Generale. Egli li
conduffe nella Sicilia ove affediarono la
Città di Taranto, la pigliarono, cacciarono gli abitanti, e vi fi ftabilirono, procla-
mando Falanto per loro Re, il quale dice
Orazio, regnò lungo tempo con una fo-
vrana autorità.

Hor.l.2.   *Et regnata petam Lacòni*
Ad. 6.   *Rura Phalanto.*

Eccovi come gli Autori antichi raccontano la cofa. Bafta paragonare quefto racconto con quello fatto da M. de Cambrai
per vedere che il Cielo non è così diver-
fo dalla terra, quanto la narrazione del
Prelato è differente da quella degli altri:
Sono quefte le medefime parole di Trogo
Iuft. e di Giuftino. *His igitur moribus ita brevi*
lib. 3. *Civitas convaluit, ut cum Meffeniis propter*
cap. 4. *ftupratas Virgines fuas in folemni Meffeniorum*
Sacrificio, bellum intuliffent, graviffima fe ex-
fecratione obftrinxerunt, non prius quam Mef-
feniam expugnaffent, reverfuros. Itaque cum
contra præfumptionem fuam annis decem in
obfidione urbis tenerentur, & fecunditatem
uxorum, abfentibus viris, nullam effe ani-
madverteret, legunt juvenes ex eo genere mi-
litum, qui poft jusjurandum in fupplementum
venerant, quibus fpartam remiffis, promifcuos
omnium fæmminarum concubitus permifere, ma-
turiorem futuram conceptionem rati, fi eam fin-
gulæ per plures viros experirentur. Ex his nati,
ob notam materni pudoris, Parthenia vocati,
           qui

qui cum ad annos triginta pervenissent inita
Inopia (nulli enim pater existebat, cujus in
patrimonium successio speraretur) ducem Pha-
lantum assumunt, Filium Arari, qui auctor
Spartanis fuerat, Juventutis ad generandam
sobolem, domum remittenda ut sicuti dudum
patrem eum & nascendi auctorem habuissent, &c.

PIGMALIONE.

Abbiamo già osservato più sopra quanto
l'Autore del Telemaco s'è ingannato nella Cronologia de' tempi intorno al fatto
di Pigmalione, collocandolo al tempo
dell' assedio di Troja; quandochè è fuori
di dubbio, come tutti i Cronologi convengono, che questo Re vivesse molti secoli dopo l'incendio di questa Città. Pongono
alcuni quasi mille anni d'intervallo tra queste
due Epoche, e alcuni altri 3., o 400. anni in circa solamente. Il Moreri è del primo sentimento; dice che Pigmalione regnava l'anno del mondo 3147., e che in quel
tempo Didone sua Sorella se ne fuggì di
Tiro portandosi a fondare Cartagine, lo
che accadette l'anno 124. della fabbrica
del Tempio di Salomone, e 907. anni a-
vanti G. C., e che Troja fu presa l'anno 2269.; che però Pigmalione viveva l'
anno 938. dopo l'incendio di questa Città. Aristotile dice che Utica fu fabbricata 287. anni avanti Cartagine al tempo di
Codro; ora Codro viveva al tempo di Davide, e di Salomone.

Ma l'ulitma opinione è la più probabi- *Arist.*
le; di cui eccone la dimostrazione. Giu- *Mirab.*
stino dice chiaramente, e positivamente *Velle.*
che *Pater.*

c. l. 1.
cap. 2.

Iuſt.
lib. 18.
c. 6.

Dion.
Alic.
ib. 1.

che Cartagine fu fondata da Eliſſa Sorella di Pigmalione, 72. anni avanti Roma. *Condita eſt urbs hæc ſeptuaginta duobus annis antequam Roma*. I più dotti Cronologi e fra gli altri Dioniſi d'Alicamaſſo, e Varone, collocano la fondazione di Roma nella ſettima Olimpiade; accordano ognuno che le Olimpiadi incominciaſſero circa 400. anni inanzi l'eſpugnazione di Troja come oſſervammo più ſopra. Aggiungendo adunque 4. volte 7. anni per venire alla ſettima Olimpiade, nè riſſulta evidentemente, che Roma fu fabbricata 428. anni o poco preſſo dopo il Saccheggio di Troja, e che dibattendo 62. anni da queſto numero, non potrà negarſi che Cartagine foſſe fabbricata da Didone 368. anni dopo la preſa di Troja e dopo il viaggio di Telemaco, e che in tal maniera queſt' Eroe favoloſo non puotè vedere a Tiro Pigmalione, poichè non era ancora nato, anzi non nacque ſe non molti ſecoli dopo. Si poſſono leggere intorno al tempo preciſo in cui Roma fu fabbricata le dotte Diſſertazioni del Sigonio, di Onofrio, e del Pighio. L'Autore della Tavola Cronologica poſta alla fine della Bibbia del Vitrè mette la prima Olimpiade nell'anno del mondo 3238. perchè pretende, che queſt'anno corriſponda all'anno 3938. del periodo Giuliano, in cui tutti convengono che s'incominciaſſero a contare le Olimpiadi. E coſì al ſuo conto, Roma, che fu fabbricata 28. anni dopo la prima Olimpiade, cioè nel primo anno dopo la ſetti-

ma, deve effere ftata fabbricata l'anno
del mondo 3256. Tuttavia egli mette la
fua fondazione 5. anni prima cioè l'anno
3251., che fecondo effo è l'anno 3691. del
periodo Giuliano, 753. anni, avanti G. C.,
nel qual anno ei pretende che s'abbia a comin-
ciare a contare le Palilie di Varrone. Ma egli
confeffa nello fteffo tempo, che Fabio Pit-
tore il più antico di tutti gli Scrittori Romani, pone 5. anni interi prima la fondazione di Roma, e che il numero de'
Giuochi fecolari che fi facevano in Roma
ogni 100. anni fin dal tempo di fua fondazione, ftando alla più antica traduzione
corrifpondeva a queft' Epoca. E' altresì
opinione del Cav. Marshamo che non bifogna continuare a contare gli anni di
Varrone riguardo alla fondazione di Roma fe non dopo l'anno 3966. del periodo
Giuliano che fecondo l'accennata Cronologia del Vitrè è l'anno 3256. del Mondo,
dal qual numero dibattendo 72. anni,
tempo che Cartagine precedette Roma,
ne fiegue, evidentemente che Cartagine
fu fondata l'anno 3196. del mondo; poichè fecondo lo fteffo autore Troja fu prefa l'anno 2820. cioè 388. anni prima che
Pigmalione regnaffe in Tiro e Didone in
Cartagine. Eufebio mette la fondazione
di quella nell' anno del mondo 4173.

Ma (ficcome ho detto) M. de Cambrai s'ingannò non folamente nella Cronologia, parlando di Pigmalione, ma nel
ritratto ancora, che ne fece e nella Storia della fua vita, e della fua morte. Egli
ce

ce lo dipinge come un Uomo appassionato per le femmine, idolatra della bellezza
d'Astarba, libertino oltre ogni credere, e
sfrenato sopra tutti gli uomini ne' piaceri
umani; e in fine come un mostro d'*incontinenza.* Ma questo Principe era tutto
al contrario. Aveva egli in orrore le femmine, e non poteva soffrirle; non volle
mai maritarsi, e far parte della sua Corona ad una Spola, e molto meno con una
donna illegitima, ò concubina. Venere,
e Cupido non ebbero mai il contento di
poterlo sottoporre al loro impero. L'amore dell' Oro, e dell' Argento fu la sua
passione dominante; l'avarizia affogò tutte le altre, e lo rese insensibile a' vezzi
delle donne di sua Corte. Gli Storici pretendono che questo fosse un castigo degli
Dei per punirlo precisamente del dispreg-
gio, e dell'insensibilità ch'egli avea per le
femmine. I Poeti dal canto loro affermano, che Venere e Cupido per vendicarsi di
non averlo potuto ridurre sotto il proprio
impero, lo rendessero amante d'una Statua, e che per castigarlo dell'orrore che
egli aveva per le femmine viventi, lo fe-
cer diventare furioso e appassionato per
un idolo di pietra. Intorno a questo proposito, e sopra tutte le altre particolarità
della vita, e delle qualità di *Pigmalione,*
legger si possono gli autori seguenti: Trogo, Pompeo, ovvero Giustino suo compilatore lib. 18. c. 5. Silio Italico al 1. e 3.
lib. della *Guerra Punica.* Aristotile nel suo
Trattato delle cose Meravigliose. Gioseffo

contra Applone lib. 1. Samuello Bocarto
nel suo *Canaam* lib. 1. c. 3. S. Teofilo d'
Antiochia nel suo 3. libro *contra Antiloco*.
Servio pubblicato dal Danielo sopra il primo libro dell'*Eneide*, ed infine il Paral-
lello della Storia di Spagna di Giovanni
Vescovo di Girona. Colla scorta di tutti questi Autori si scorgerà che il Pigmalione del
Romanzo del Telemaco rassomiglia tanto
al Pigmalione degli antichi Storici, e Poeti, quanto un Mulino da vento ad un
Cocodrillo.

L'Autore del Romanzo ce lo rappresenta come un Tiranno agitato dall'orrore
de' suoi delitti, e timoroso in tutti i momenti d'essere assassinato; come un Uomo cui tutto reca spavento, e turbamento;
*che non trova pace ne può starsi cheto, che
teme della propria ombra, che non dorme nè
giorno nè notte, come una fiera selvaggia,
che odia la luce del Sole, e stassi nascosto fralle tenebre; sempre solo, malinconico, svoglia-
to, rintanato nella più rimota parte del suo
Palagio in cui vi sono 30. Camere per na-
scondersi, passando da questa a quella in segreto per togliersi alla vista de' suoi Ministri,
che gli sono tutti sospetti, e ciascuna di queste Camere con una porta di ferro e sei grossi
Catenacci per assicurarsi, ed occultarvisi senza
che saper si possa giammai in quale di queste
Camere egli dorma; usando di non dormir
mai nella stessa per timore d'essere strozzato
quantunque vegli una Guardia numerosa per
la sua sicurezza e notte e giorno, circondan-
do il suo albergo con le spade ignude, e le*

Lan-

Lancie alla mano per uccidere il primo che
innoltrasse colà il passo senza alcun ordine.

Gli antichi Storici al contrario ci rap-
presentano Pigmalione come un Uomo
dolce, e piacevole, e tranquillo. Il *suo*
nome stesso lo dimostra, perchè come osserva il dotto Bocarto questa parola *Pig-*
malione significa in lingua Fenicia il ri-
poso di Dio. Volle egli far parte della sua Corona con Elisa, o sia Didone sua sorella; e fece tutti gli sfor-
zi, non avendo moglie, perchè fosse ac-
clamata Regina. Dopo la morte del Re
loro comune padre, tentò di rinunziare il
governo nelle mani a Didone, ma il Popolo non volendo essere governato da una
femmina, vi si oppose e diede la Corona
a Pigmalione, tuttochè troppo giovine, e che
Didone fosse stata istituita Erede del Regno insieme con esso dal proprio padre, il
quale alcuni chiamano Murgone, e altri
Agenore figlio di Balo. L'Autore del Romanzo suppone al contratio, cioè che Pigmalione sia stato sempre in orrore e in
abborrimento al popolo, mentre all'opposto ne fu egli l'amore e la delizia, come chiaramente dà sicuro contrasegno il
farlo Re assoluto ad onta della disposizione testamentaria di suo padre, delle Leggi dello stato, e prima che avesse l'età
di regnare. *Interim rex Syri decedit filio*
Pigmalione, & Elissa filia insignis formæ vir-
gine hæredibus institutis; sed populo Pigma-
lioni admodum puero regnum tradidit, dice
Giustino. Egli servì sempre di Padre a
                                        sua

sua sorella Didone; ed avendola maritata
ad Acerba ovvero Sicarba, o Sicheo Sommo Sacerdote de' Fenicj, e gran sagrifica-
tore del Dio Ercole de' Tirj; che era la
seconda dignità del Regno e la prima
persona dopo il Re, egli non chiama questi con altro nome che con quello di suo
genero, quantunque fosse veramente suo
cognato, e suo zio materno; ancora come
fratello di sua madre, *Avunculum suum* Idem
eundemque generum, dice lo stesso Giustino. Ibidem

Egli è vero pertanto, che Pigmalione
fece morire Sicheo, perchè era giunto quasi che ad uguagliarlo in autorità,
ed aveva più credito di lui medesimo per
le sue grandi ricchezze, e per la sua dignità. E' vero ch'egli s'impadronì di questo, e annullò quella; ma si accrebbe perciò ragione al Romanziere di rappresentarlo come un mostro in figura umana, e
di predire per modo d'imprecazione, *che* Telem.
alcuno de' suoi domestici, ugualmente sospetto Tom. I.
so quanto era egli, s'affretterà di liberare il pag.
mondo da total mostro? Ha egli diritto di 140.
dire d'un tal Re che si rende sempre più mi- 140.
serabile, e odioso a' suoi sudditi . . . . , che
non conosce nè i dolci piaceri, nè l'amicizia pag.
d'essi ancora più dolce . . . . . . , che i suoi 106.
occhi incavati, e biechi sono pieni d'un fuo-
co torbido, e feroce: che volge l'orecchio at-
tento ad ogni minimo strepito, che è pallido
e smunto; che i suoi torbidi, e tetri pensieri
gli si veggono dipinti sul volto sempre arcigno
e rugoso, che non può nascondere i rimorsi
che gli lacerano il core, eh'è costretto di sta-
sene

sene sempre rinserato in un' alta Torre come
in una prigione, che non nodrisse timore e
riverenza per gli Dei: in fine che non ha
stilla di pietà, o di Religione.

Pigmalione al contrario era un Principe religiosissimo, e così pio verso i proprj Dei, che quantunque avesse giustissi-
ma cagione di sdegnarsi con sua sorella
come quella che aveagli involati tutti i
suoi tesori fuggendosi poi in Africa, e potesse agevolmente farla arrestare nell' Isola
di Cipro, ov' ella si ricoverò prima di passare in Africa, tuttavia egli non volle fare alcuno benchè minimo movimento contro d' essa; perchè avendo consultato gli
Dei in un sagrifizio da lui offerito prima
d' intraprendere alcuna cosa, gl' indovini
lo assicurarono che la volontà degli Dei
era, che non si frapponesse alcuno impe-
dimento all' esecuzione delle cose divisate
da Didone, e ch' ella doveva fondare una
Città per cui essi prendevano grande interesse; *Victus minis Deorum quievit, cui*
cum inspirati vates canerent, non impune la-
turum, si incrementum urbis toto orbe auspi-
Iust. *catissima interpollasset,* dice Giustino. In tal
ib. c. 5. maniera noi vediamo, che tutte le ingiurie dette da' Poeti, e dagli Storici contro
Pigmalione, si riducono ad accusarlo d'
avarizia.

Virg.   *Portantur avari.*
Æneid. *Pygmalionis opes pelago: dux femina facti.*

Quest'era tutto il suo mancamento, che
certamente è troppo debil fondamento all'
Autore del Romanzo per dipingerlo con
                         que'

que' neri colori co' quali hallo defritto.
Ma con la medefima liberalità con la quale gli dà tutti i vizj, gli dà anche due figliuoli mafchi, e dice, che *Pigmalione co-* *Tel.*
mandò di annegarne uno quando fi troveran- *To. 2.*
no in alto mare, alloracchè gli fpediva a
ftudiare a Samo, e che non oftante malgrado
fuo padre quefti fu fucceffore alla Corona.

   Tutto quefto è contrario a quanto gli
antici Storici, e gli annali de' Fenicj tradotti in greco da Menandro ci hanno la-
fciato. Si conferyavano effi ancora al tem-   *Arift.*
po di S. Clemente Aleffandrino, che gli   *Mirab.*
cita, e di Giofeffo che ce ne rapporta un   *Cl. Al.*
belliffimo frammento dal quale apparifce,   *Strom.*
che Pigmalione non lafciò alcun figlio,   *l. 1. p.*
nè alcun erede del fuo regno, ch' egli   326.
morì fenza efferfi maritato dopo aver re-   *Iof.*
gnato 47. anni, e viffuto 56., che nell'   *cont.*
anno fettimo del fuo regno Didone lo ab-   *app.*
bandonò, e che così pure l' uccifione di   *l. 1.*
Sicheo fuccedette in tempo che Pigmalione non aveva che 15. anni; poichè accadde un anno prima la fuga di Didone, e
che per confeguenza ciò fuccedette fenza
fuo ordine nè configlio: *Matgeni fucceffor*
fuit Pigmalion qui vixit annos 56. regnavit
annos 47. feptimo autem hufus regni anno
foror profuga urbem Carthaginem in Africa
condidit. Ciò s' accorda molto bene con l'
Epoca da noi ftabilita qui fopra, moftran-
do, che Cartagine fu fabbricata l' anno
3822. del periodo Giuliano, che fecondo
la Cronologia della Bibbia del Vitrè cade
fotto il regno di Ioram, e di Ioas Re di
   G   Giu-

Giuda, e sotto Iehu Re d'Israelo 886. anni avanti G. C. Questo s'accorda pure perfettamente con l'opinione di Solino, il quale assicura che Cartagine fu distrutta 737. anni dopo la sua fondazione, perchè essendo certo che Cartagine fu spianata sotto il Consolato di Lentulo, e di Nummio l'anno di Roma 608. e del periodo Giuliano 4568., basta dibattere 337. anni, e così la fondazione di Cartagine caderà appunto nell'anno 3831.

Comunque siasi, dopo Pigmalione non si vide più Re appresso i Tirj sino ad Itobalo, sotto di cui la Tiro posta in terra ferma fu presa da Nabucodonosorre, e sino ad Azelmico, al cui tempo la Tiro circondata dal mare in un'Isola fu presa da Alessandro, come fa vedere Gioseffo colla scorta de' monumenti originali de' Tirj stessi: Quindi è probabile che dopo la morte di Pigmalione Tiro non avesse più Re, ma che fossero posti Giudici perpetui in loro vece come i Consoli a Roma, e che avvenisse a Tiro la vecchia dopo la morte di Pigmalione, quello stesso ch'era avvenuto già a Tiro la nuova posta in Isola, dopo la mancanza d'Itobalo. I Giudici ch'erano posti in vece del Re si mutavano di tempo in tempo per governare il popolo con una sovrana autorità. Andarono dipoi i Tirj a chiedere un Re in Babilonia, e loro fu dato Merbale, che regnò 4. anni solamente, e dopo la sua morte i Babilonesi promossero alla successione Iromo suo fratello, che regnò

gnò lungamente appreſſo i Tirj in quel
tempo medeſimo, in cui Ciro regnava in
Perſia. Tutte queſte coſe ſi leggono parola per parola in Gioſeffo, ò piuttoſto in
Menandro, e in Dione di cui Gioſeffo riſ-
feriſce le parole medeſime.

  Queſti ſono gli Autori da' quali M. de
Cambrai doveva trarre i fondamenti del
ſuo Romanzo. Gli era permeſſo di mettere quel ricamo che più gli piaceva ſu queſta orditura, ma non doveva inventarlo a
ſuo capricio. Dovea piuttoſto pigliarla
dalle mani degli antichi tale quale ce l'
avevano laſciata, ovvero, poichè gli anacroniſmi gli coſtano ſi poco e ch'egli non
fa caſo di porre in un medeſimo tempo
Eroi che hanno viſſuto 5, o 600. anni gli
uni dopo gli altri, doveva piuttoſto abbracciare l'anacroniſmo di S. Clemente A-
leſſandrino, il quale ſcrive che Menelao al
ritorno della preſa di Troja, cioè a dire
nel tempo ſteſſo, che Telemaco faceva i
ſuoi viaggi, ed alcuni meſi prima, che
arrivaſſe colà, eſſendo ſtato obbligato dalla
tempeſta di ripoſarſi a Tiro, vi trovò regnante non Pigmalione, ma il famoſo Iramo Avolo di Salomone, e ſi celebre nella
Scrittura Santa per la parentella con queſto gran Re, e per gli Enigmi che a vi-
cenda ſi proponevano da ſciogliere, e che
le nozze della Figlia d'Iramo ſi fecero in
quel tempo. *Iramus filiam ſuam Salomoni*
dedit; quibus temporibus fuit adventus Mene-
lai in Phœnicem poſt captam Trojam, ut ait
Menander Pergamenus, & Lætus in rebus
Phœnicis.   G 2   Quan-

Joſ.
cont.
Ap. p.
1046.

Cl. Al.
Strom.
1. p. 316

Quando adunque si vuol mentire, co
vien farlo per cose che meritino tal fati
nè sta bene dice Cicerone, il mentir p
metà; ma volendo pure ciò fare è d'uo
farlo sfacciatamente, e far giungere le me
zogne sino all'imprudenza. *Ibi semel fue*
impudens, opportet graviter esse impudente
Con ciò io voglio dire, che senza dubb
il mentovato Autore s'è ingannato nel
Cronologia de' tempi, e che l'arrivo
Menelao non a Tiro (che non era anc
ra fabbricata) ma a Sidone, o in qualch
altro luogo della Fenicia, precedette lui
go tempo il regno di Salomone, e quell
d'Iramo, e che nè Menandro nè Leto n
fan cenno alcuno. Almeno con un tale
appoggio (qualunque poi siasi) M. de
Cambrai avrebbe potuto con maggiore ap
parenza di verità, affermare che quando
Telemaco arrivò nella Fenicia, il celebre
Re Iramo ivi regnava, e faceva le ceri
monie delle nozze di sua figlia con Salo
mone, piuttosto che inventare di sua test
contro la fede di tutti gli antichi Storici
che regnava allora Pigmalione. Qual a
gradevole Episodio, e qual bel ornamen
non sarebbe stato per il Romanzo di M. d
Cambrai, fare il ritratto di questi due gra
Principi ragionando della loro saviezza,
della loro condotta, e delle loro ammirabi
li qualità? qual più bel campo poteva e
desiderare per dipingere le leggi d'un pe
fetto governo, e della felicità de' popo
sotto que' Re? ma sopra tutto, quest
sarebbe stato il luogo più acconcio a pro
por-

Cicero
Epist. ad
Atti-
cum.

porre gli Enigmi, e i Problemi ch' egli fa
proporre mal a proposito da' Cretesi, i
quali non si vantarono mai di questa sorta
di Letteratura; facendogli poi sciogliere dal
suo Telemaco con la medesima facilità, e
finezza d'ingegno con cui finge che rispo-
sto abbia a tutte le quistioni, ed a tutti gli
Enigmi de' supposti Savj di Creta.

Negli Estratti conservatici da Gioseffo di
un antichissimo ed esattissimo Storico nominato Dione, dice che il Re Iramo aveva
presso di se uno de' più sapienti del suo
secolo, e il maggior valente uomo che sciogliesse giammai Enigmi anche i più oscuri,
e difficili; e chiamavasi Abdemone. Iramo
lo stipendiava, e si recava ad onore la scienza del suo Pensionario, come se fosse stato
egli quello che sciogliesse gli Enigmi di
Salomone, e come avesse inventati quelli
che allo stesso proponeva. Quest' è il personaggio che M. de Cambrai doveva mettere in iscena, e riservare all'arrivo di Telemaco in Tiro tutti questi luoghi comuni sopra la morale degli Enigmi di cui fa
mostra nel secondo Tomo affatto fuori di proposito, alloracchè trattavasi di eleggere un
Re in luogo d'Idomeneo. L'arte de'compo-
tori de' Romanzi, come pure degli Storici, è di porre ogni cosa a suo luogo, di
bene investirsi del carattere delle persone delle quali trattano, e quando le fanno parlare, star in attenzione di non far
dire ad esse cosa contraria al loro carattere, alla credenza & a' costumi loro.

G 3 Ori-

*Ioseph
lib. 2.
Con.
Appio-
nem.*

Orig.l.2
in Cel.
sub.ini.
p. 55.
56. 57.

Origene con ragione schernisce il Filosofo Celso il quale volendo porre in ridicolo
la Religione Cristiana rende ridicolo se
stesso, introducendo un Ebreo a fargli dire
delle cose opposte dirittamente a' sentimenti de' suoi Rabbini. ,, Vedi uom di senno!
,, dic'egli, che ti vanti di non trascurare
,, niente, e lasci a parte la prima regola
,, del tuo mestiero ch' è di non mettere in
,, bocca de' personaggi che introduci su la
,, scena, ragionamenti che loro non si con-
,, vengono per sogno. *Iste Celsus qui se pro-*
fitetur nosse omnia, hoc loco non notat quid
conveniat prosopopeiis.

La stessa cosa si può dire del Telemaco. Questo grand'Uomo che s'intrica di
parlar di tutto, della Teologia, della Storia, e della Favola, e di fare anche de'
Romanzi, non sa i primi elementi dell'arte Romanzesca, ch'è di far parlare i suoi
Eroi nella maniera, che loro conviene, i
Cretesi da Cretesi, e gli Ateniesi come
conviene che parli ed operi un Ateniese.
E di qui è ch'io non posso a meno di
non fare alcune riflessioni sopra le cose
da esso lui dette intorno a' Cretesi, ed a'
Compagni d'Idomeneo.

I CRETESI.

Telem.
lib. 2.
p. 12.

PRimieramente l'Autore del Romanzo
gli ricorda, sempre *come gli uomini più sa-*
pienti di tutti gli altri, questi sono i suoi
proprj termini) *come popoli del mondo ch'*
esercitano più notabilmente, e con più religio-
ne

no l'ospitalità, come i migliori amici degli *pag. 3.*
Ateniesi, e degli altri Greci a' quali pre-
stano grandi onori. *Se giammai* (dice Aristodemo loro nuovo Re parlando a Telemaco, e a Minerva protettrice degli Ateniesi e mascherata sotto la figura di Mentore.) *voi avete bisogno de' Cretesi assicu-* ibid.
ratevi sopra di me, e del mio popolo. Tros, pag. 18.
Rutulusve ruat, nullo discrimine habentor.

In secondo luogo l'Autore ci rappresenta i Cretesi come ho detto più sopra, come gli uomini più dotti che fossero allora sopra la terra; ed occupati a somiglian-
za d'Iramo, e Salomone, a fare sperien-
za del sapere de' Forastieri, proponendo
loro enigmi, e quistioni intorno alla morale, difficili a sciogliersi; dando poi la
Corona a quello che meglio vi riusciva.
Dic'egli che ne proposero *alla sapienza* ibid.
medesima uscita dal capo stesso di Giove, voglio lib. 2.
dire a Minerva. Aggiunge inoltre, che
Azaello era espressamente venuto di Damasco di Siria in Creta, per diventare sapiente, e che il nuovo Re *gli donò le Leg-*
gi di Minosse, cioè l'originale stesso del ibid.
suo famoso Codice. *pag. 14.*

Niuna di queste cose conviene a' Crete-*p. 17.*
si; tutto è contra la verità della Storia,
contra il buon senso, e contra al verisi-
mile ancora. Non si può dire che i Cretesi si sieno disfatti in favore d'un particolare, e d'uno straniero tutt'affatto incognito. Non erano considerati nel mondo se non per le Leggi di Minosse, a studiare le quali veniva gente da tutti i paesi

del

del mondo come l'Autore dice aver fatto
Azaello, e come in fatti Giuftino lo afferma
di Pitagora, dicendo, che questo famoso
Filosofo dopo aver viaggiato in Egitto
per ivi apprendere la Teologia Miftagogica
e Geroglifica degli Egizj, e nella
Caldea, ed in Babilonia per istudiare l'Astrologia,
fece anche un viaggio a Creta, ed
in Laconia per apprendere le Leggi di
Minoffe e di Licurgo. *Ægiptum primo ;*
mox Babiloniam ad perdifcendos Siderum mo-
tus profectus. Indè regreffus Cretà & Lace-
demona, ad cognofcendas Minois & Licurgi,
inclytas eam tempeftate Leges. contenderat :
S. Ambrogio aggiunge a questi Popoli anche
gli Ebrei, e dice probabilmente full'
afferzione d' Origene di cui non ceffava
di Legger le Opere, che Pitagora andò
fra gli Ifraeliti per istudiare le loro Leggi,
come in fatti afferma Origene fondato
sopra il teftimonio, e la relazione d' un
certo Ermippo che viveva fotto Tolomeo
Evergete: *Fertur & Hermippum in primò*
de Legislatoribus , prodidiffe , Pythagoram
fuam Philofophiam a Judeis traduxiffe in
Græciam . Gioseffo è molto uniforme , e
dice che Pitagora non folamente s' era informato
delle Leggi Giudaiche , ma che
n' era ancora efatto offervatore . *Pythago-*
ras Samius , non folum res noftras cognovit,
fed earum etiam æmulator accerimus extitit.
Ora come gli Ebrei avrebbono piuttofto
voluto morire che dare nelle mani d' alcun
ftraniero foffe o Re o Imperatore, o
liberatore della Patria, l' originale della
Leg-

Iuft.
lib. 20.
c. 4. &
Strab.
l. 14.

Orig.
lib 1.
Cont.
Celf.

Iofeph.
l. 1.
cont.
ap.

Legge di Mosè, e delle Tavole scritte dalla mano di Dio, che conservavano nell'
Arca; e come i Lacedemoni avrebbono,
piuttosto sofferto la ruina del loro Paese,
che di fare dono a chichesia sopra la terra, dell'originale delle Leggi di Licurgo,
e come gli Ateniesi avrebbono fatto lo stesso piuttosto che privarsi dell'originale delle Leggi di Dracone, di Solone, delle dodici Tavole, e di dare in arbitrio altrui
il loro *Palladio* ch'era tutto il loro tesoro; così è un voler rendersi ridicolo il dire, che i Cretesi abbiano fatto dono dell'
originale delle Leggi di Minosse, scritte
dalle mani stesse di questo Semideo, ad
uno sconosciuto nominato Azael, per ri-
compensarlo della fatica di fare un viaggio per istudiare appresso di loro queste
medesime Leggi. Quest'è un non conoscere gli uomini facendoli operare in tal
guisa. I Cretesi s'immaginavano che le loro
Leggi fossero state dettate a Minosse da
Giove stesso in quell'antro sacro, e secreto nel quale di 9. anni in 9. anni si
nascondeva, come dicono Strabone in Ome- *Strab.*
ro, e Platone, per ascoltare gli oracoli *lib. 16.*
del Dio suo Padre, e trasmetterli agli
uomini. *Nono quoque anno (ut dicit Pla-* *Plat.*
tò) in Jovis antrum descendit, & ub illo *lib. I*
præcepta accepit qua ad homines deferret.
Queste sono le parole di Strabone affatto
conformi a quelle di Platone, e di Valerio massimo, i quali dicono, che Minosse
non mancava mai al principio di ciascun
nono anno d'andarsi a rinserrare in una

cer-

certa caverna molto profonda, o, Nimata
e che ivi lontano dalla vista degli uomini
componeva i bell' agio le Leggi e diceva
poi che Giove stesso di sua propria bocca

Val.
Max.
lib. I.
cap. I.
gliele aveva dettate. *Minos Cretensium rex
nono quoque anno in quaddam praealtum, &
vetusta religione consecratam specus secedere
solebat. Et in eo moratus tanquam a Jove
quo se ortum fatebat, traditas sibi Leges pro-
rogabat* dice Valerio massimo; ed in effet-
Hom.
Odis.
v. 178.
to Omero chiama Minosse il Discepolo,
lo Scolare, e l' Uditore di Giove, ὀς ὀαϱιϛ.
Come dunque credere che i Cretesi fossero sì poco gelosi del Libro originale di
tali Leggi, e che soffrissero che il loro
nuovo Re ne facesse un dono al primo
forestiere che capitasse? Erano forse a
queste modo negletti, e non curati appresso i Romani i Libri delle Sibille, e
gli Scritti di Numa Pompilio? Plauto,
Plaut.
in Aul.
dice che a Roma le Leggi erano incatena-
te come i miseri Schiavi, ed inchiodate alla muraglia presso della porta del Palagio con chiodi, a cavicchio. Questo è uno
scherzo del mentovato Poeta, col quale vuol fare intendere il disprezzo che se
ne faceva, l' odio che si portava ad esse, e che non si trovavano in altro luogo e che non erano in alcuna consi-
derazione. Ma si può poi dire in altro
senso, che il Codice originale delle Leggi di Minosse era legato e custodito at-
tentamente sotto le chiavi, e che il popolo di questo paese si sarebbe infallibil-
mente sollevato contro il Re Aristodemo

s' avesse voluto farne copia ad uno straniero, ad un avventuriere sconosciuto.

Si dee giudicare dal zelo de' Pagani verso i loro Sagri Libri (senza comparazione)
dal zelo de' Cristiani, e de' Giudei per i
loro. Si sa che questi ultimi sono stati più
di due mill' anni senza volerli solamente
mostrare, e comunicare a' Pagani, e che
Tolomeo Filadelfo fu il primo in favore
del quale permisero ai settanta Interpreti
ispirati da Dio, di recarli in lingua Greca.
In riguardo a' Cristiani si sa che quelli che
pubblicavano i Libri Sagri erano antica-
mente confusi cogl' Idolatri, e che si cac-
ciavano ugualmente dalla Chiesa, e che la
sola apprensione di comunicare con delle
persone sospette di questa sceleragine, fu
l'unica causa dello Scisma de' Donatisti, il
quale ha perduta tutta l'Affrica, e levata
la terza parte della terra a G. C.

Vi ha dunque un errore considerabilissi-
mo di discernimento nell' aver fatto dare
dal Re di Creta col consenso de' suoi sudditi i sagri volumi, ovvero pretesi tali, e il
Codice Originale delle Leggi di Minosse
scritti di sua mano all'avventuriere Azaele di Damasco: Ma quest'errore è lieve dopo di averci rappresentati i Cretesi *come il popolo più saggio della terra*, il più guerriero,
e il più portato tanto agli studj della Teologia, e della Filosofia Pagana, alla spiegazione
degli enigmi, e delle morali quistioni, quanto agli esercizj del corpo, alla corsa de'
cavalli, alla pugna de' Cesti, e della Lotta,
e finalmente *come il popolo del mondo il più*
                one-

onesto, e il più civile verso i stranieri, ed in una parola come le persone più da bene della terra. Perchè al contrario in tutti i tempi sono sempre stati descritti i Cretesi come la più trista razza, e la più traditrice nazione, che fosse nell'universo; come persone senza fede, senza legge, senza onore, e come impostori, e poltroni incapaci di azione alcuna di valore.

Ognuno sa che questo è il ritratto che oi viene fatto dall'Apostolo S. Paolo, l'oracolo della Cristiana Religione. I *Cretesi*, dic'egli, *sono sempre mentitori, e senza fede: son eglino bestie traditrici, e poltroni, i quali null'altro amano se non se mangiare e non far niente. Cretenses semper mendaces, mala bestiae, ventres pigri.* E per tema che non si dica, che S. Paulo non parlasse che de' Cretesi del suo tempo, ma che quelli i quali viveano ne' secoli precedenti erano persone oneste, e distinte per la loro virtù; e che in seguito si erano poscia guastati pel commerzio cogli altri Popoli, aggiunge l'Apostolo, ch'ei non è il primo che tanto abbia detto di essi, ma che trascorsi erano molti secoli che un famoso Poeta ne avea fatto questo ritratto; e questo Poeta sorgeva fra loro come un vero Profeta, il quale intimamente conosceali: *dixit quidam*

Timot.
I. 12. *ex illis proprius ipsorum Propheta, Cretenses &c.* e finalmente egli protesta che la testimonianza fatta di essi da questo Poeta Ibid.
13. era verissima: *Testimonium hoc verum est.*

Calimaco, il quale credesi essere il Poeta che S. Paulo avea avuto in vista, adduce

duce due pruove di malvagia fede, dell'
irreligione, e dell'ignoranza de' Cretefi nelle cofe facre.

La prima fecondo lui fi è che *i Cretefi con una imprudente menzogna, foftengano che il gran Dio Giove è morto, e fotterrato preffo di loro, non fapendo che un Dio non può morire, e che fuffifte in tutta l'eternità fempre lo fteffo. O gran Giove, dic' egli, i Cretefi fono grand' impoftori; perchè hanno coftruito un avello, come fe le tue ceneri, ed il tuo fche-letro vi foffero entro: quando tu non fei mai morto, e che in qualità di Dio non hai cor-po, e tu fei fempre lo fteffo ne' fecoli de' fe-coli.*

Callim. Hym. 1. in Jo-vem. v. 8.

Τα φη ἀ ἄια, σοῖε
Κρῆτε ἀει-ψεύται. Και γαρ
Θάνε: ἰσσί γαρ ἀιες.
Κρῆτε ἐτεχτίνωσο ὀυδυ

Il vecchio Scoliafte di Callimaco in occafione di quefti verfi aggiunge una circo-ftanza, la quale ancora meglio dà a dive-dere la malvagia fede, l'ignoranza, e l'empietà de' Cretefi, ed è ,, che avendo ,, trovato l'avello di Minoffe figliuolo di ,, un Re nominato Giove fovra di cui era-,, no fcritte quefte parole; μιναὸ τυ διετ, τάφις ,, *Di Minoffe figlio di Giove ecco la tomba,* ,, eglino cancellarono le prime parole, e ,, non lafciarono fe non l'ultima, di forte ,, che tutti i paffaggieri leggendo queft'ul-,, time *di Giove ecco la Tomba,* fono caduti ,, nella impoftura de' Cretefi, ed hanno
,, cre-

,, creduto con dabbenaggine che il gran
,, Dio Giove in essa fosse sotterrato.

Ecco la più solenne furberia, che immaginar mai si possa in materia di religione, e ch'è stata la sorgente dell'idolatria, e dell'errore di tutti i Pagani che sono *Proph.* venuti dopo, ed anche de' più savj Filoso-*in vit.* fi; perchè Porfirio c'insegna, che Pitago-*Pyt.* ra essendo venuto nell'Isola di Creta, come si è detto di sopra, fu ingannato dalla Iscrizione fraudolente di questo sepolcro, in cui, egli come gli altri, credette che Giove vi fosse veramente sotterrato, per lo chè offerse de' sagrifiej nella caverna del monte Ida, e scrissevi sopra di proprio pugno queste parole. *Pitagora a Giove. Qui giace il Dio che vivifica tutte le cose, e che volgarmente Giove appellasi.*

   Zan jacet hoc tumulo, qui vulgo Jupiter audit.

Lo stesso Poeta Callimaco riferisce un'altra pruova della trista fede, e dell'indole mentognera de' Cretesi; ed è che non contenti di aver persuasi tutti colle loro bugie che Giove era stato seppellito presso di loro, ebbero eziandio la sfrontatezza di sostenere che pure fra loro fosse nato, e che fosse stato nodrito. Mostravan egli-no la pretesa culla, nella quale era stato fascia-*Tertul.* to, e i piccioli tamburi di corribante non *Ap.cap.* meno che i sonagli di rame, (*coribantia* *& lib.* *æra, & crepitacillum*, come parla Tertu-*v.dv.* liano) co' quali veniva divertito essendo *Jud.* fanciullo: nel che (aggiugne Callimaco) *cap.9.* la sfrontatezza de' Cretesi, e il loro ardire

                  a men-

à mentire è estremo; essendo certo che l'
Eroe che Giove nominasi è nato presso i
Parrasi da una donna nominata Rea, e
non nel monte Ida, tanto in quello di
Frigia, come in quello di Creta

    Te apud Parrhasios Rhea peperit: Callim.
    Jupiter Te natum ajunt in Idæi Ibid.
      montibus. Hym. I.
    Jupiter te in Arcadia. Utri, Pater in Jove.
      mentiuntur?

Queste menzogne, e quest'empietà degli antichi popoli di Creta sono state appieno conosciute da' Santi Padri, e fra gli
altri da Origene, da Tertuliano, da San
Cipriano, da Arnobio, da Latanzio, da
S. Agostino, da Sesto Empirico, e finalmente da Poliziano.

Ma il più grand'errore, che abbia
fatto l'Autore del Romanzo riguardo a
Cretesi è il dipingerli come i migliori
amici degli Ateniesi, e di que' d'Itaca
loro Alleati; perchè per poco ch'egli
avesse letto gli antichi Storici avrebbe veduto quanto i Cretesi erano in orrore agli
Ateniesi; e che in tutte le Commedie,
che si rappresentavano in Atene si vitu-
perava la memoria di Minosse, si facea-
no Satire contro di lui, e contra il suo
governo; ed era trattato da uomo crudele, barbaro, e da Rè malvagio. *Cæterum*
Athenis semper male audivit Minos, & in Plut.
Theatris proscissus est tanquam trux & fe- Vit.
rox, questi sono i precisi termini di Plu- Thes.
tarco.

Questa inimicizia tra gli Ateniesi, ed i
                             Cre-

Cretesi veniva perchè Egeo Re d' Atene
aveva fatto assassinare Androgeo figlio di
Minosse sopra la strada di Tebe ov' egli
andava per assistere ad una Festa, e ad
uno Spettacolo che i Tebani dovevano dare al pubblico, e Minosse per vendicar-
sene dichiarò la guerra agli Ateniesi che
fu lunga, e sanguinosa; ma le condizioni
ch' ei loro impose facendo la pace furono
la cosa più crudele del mondo, dimodo-
chè resero i Cretesi esecrabili agli Ateniesi ed a' loro amici, ed essi non osaro-
no ricusarle perchè l' Oracolo obbligaronli
ad accettarle. Queste condizioni furono che
di 9. anni in 9. anni gli Ateniesi doves-
ro spedire in Creta 7. giovani di qualità,
ed altrettante fanciulle della più bella gioventù del paese per essere sagrificati e di-
vorati poi da un mostro furioso, ch' era
à questo fine rinserrato nel Labirinto: sopra di che (dice Plutarco) tutti gli an-

Plut.
Ibid.

tichi Autori convengono. *Id sere convenit
Inter Scriptores.* Un tal tributo si pagava
ancora al tempo della guerra di Troja, e
per conseguenza, mentre Telemaco era
in Creta; perchè sebbene il mostro del
Laberinto fosse morto, non mancavano in
in quel paese Uomini ancora più crudeli
del Minotauro, capaci di fare questo bel
sagrifizio all' Anima di Androgeo. Ora
io lascio pensare se Mentore protettore degli Ateniesi, e Telemaco figlio d' Ulisse
loro buono amico, potessero riguardare di
buon occhio tale spettacolo, ed avere una
stretta unione d'amicizia, e di tenerezza

per

per Uomini, l'interesse de' quali era così
oppofto al loro? Lafcio riflettere s' egli è
un traviare dal fenfo comune, il rapprefentare Minerva favorevole a Idomeneo
nipote di quefto stesso Androgeo, al quale s'immolava tutti li 9. anni la più bella,
e la più fiorita gioventù dell'uno e dell'
altro fesso, d' una Città che questa Dea
prottegeva ed amava più che tutte le altre
Città del mondo, poichè ell' aveva il fuo
nome? Come è possibile ch' Idomeneo
facesse que' grandi onori che dice il Romanzo, agli Ateniesi uccisori di fuo Zio e
nimici dichiarati del fuo Avolo Minosse il
quale era l'oggetto continuo delle loro Satire? Avvi una dramma di fenno nel far
pregare da' Cretesi Mentore, e poi Telemaco, ed essere loro Re, e ad accettare la
Corona d'un paefe, nel quale ogni 9. anni
s'uccidevano e mangiavano i più belli, e
le più belle Ateniesi? v'ha egli probabilità alcuna, che Minerva abbia non folamente voluto favorire Idomeneo, ed innoltre appoggiarvi i fuoi interessi, prendere le armi per lui contro il Re de' Dauni, condurre ella stessa le truppe, pref-
fiedere a' fuoi confdigli, infegnargli i mezzi di vincere, e confermare il fuo nuovo
impero, dettargli Leggi per ben governare la fua nuova Città di Salento, e ren-
derla ricca e florida, ed in fine dargli tutti i contrafegni della più stretta, e della
più fincera amicizia? Non v' ha più probabilità che Mentore, e Telemaco effendo arrivati in Creta, avessero fatto come

H Do-

Dedalo Ateniese il quale non fu sì tosto er-
trato in questo paese crudele, ed inimico
di tutti gli Ateniesi, che non pensò che
a fuggirsene con Icaro suo figlio ch'era seco, & inventò il primo per quell' effetto
le Vele de' Vascelli perchè col soffio de'
Venti salvarsi potesse più presto dalle mani di Minosse, il quale gli avrebbe fatti
indubitatamente perire ; Pausania nel
Lib. 9. racconta la cosa in chiari termini .

Pauf.   *Dadalus è Creta fugiens; fibi & Icaro fi-*
l. 9.   *lio non magna ædificavit navigia , & Vela,*
que nondum ea ætate inventa fuerant, na-
vibus applicuit. Ita vento impulsus, Minois
remigium antevertit & evasit. Mentore avrebbe dovuto dire a Telemaco, *Heu fuge crud-*
deles terras, fuge littus avarum .

  V' ha pure luogo di credere che Mentore, e Telemaco in vece di servire i Cretesi nella guerra contro i Daunesi in Sicilia, sovvenendo loro, che erano in un
paese, ove Minosse il più crudele nimico
de' loro compatrioti era sotterrato, ed
aveva sofferto il giusto castigo de' suoi
delitti, e della ingiusta persecuzione di
Dedalo loro concitadino, avrebbono piuttosto danzato sopra il suo sepolcro, e reso grazie agli Dei d'aver fatto ricadere
sopra la testa di Minosse i mali, ch'egli
voleva far sofferire a Dedalo, che avevano fatto morire in Sicilia ov' era venuto
per cercarlo & amazzarlo. La Storia è
celebre in Erodoto del quale queste sono le
medesime parole. *Minos Dædalum querens in*
si-

Sicaniùm venit, quæ nunc Siciliam dicitur., Hef.l.7.
& morte violenta occubuit. c. 170.

Non ispiega però Erodoto in qual modo nè di qual genere di morte violenta
morisse Minosse nella Sicilia perseguitan-
do Dedalo ; ma Diódoro, ed Ateneo ci
suggeriscono che furono le figlie del Re
Cocalo quelle che lo uccisero, e che sotto pretesto di lavare i piedi al loro nuovo ospite secondo il costume di que' tempi (ne' quali le donzelle nobili rendevano questo buon uffizio d' ospitalità a' stranieri) elleno fecero entrare Minosse in
un bagno sì caldo, e lo tennero così lungo tempo che lo affogarono. *Nimis dia
in Balneo detemtus*, dice Diódoro nel lib.
4., & Ateneo nel lib. a. parla nella seguente maniera. *Cocali filiæ, ut moris e-
rat, lavant Minoem, cum perveniffent in
Siciliam.*

Questa sola Storia basta per distruggere
tutta la verisimiglianza del Romanzo del
Telemaco; essendo assolutamente contro
il buon senso. I. Che il Re di Taranto
di quel tempo (supposto falsamente dal
Romanzo Falanto) si sia armato per il
figliuolo d' un Uomo, che i Re suoi predecessori avevano fatto morire come nimico dello Stato. 2. Che Minerva, ed il
figlio d' Ulisse abbiano avuto alcuna Lega
coi Cretesi nimici dichiarati della loro
nazione. 3. Che Idomeneo sia venuto a
cercare un asilo e stabilirsi in Sicilia, ove
il suo Avolo non aveva trovato se non
traditori, che l'avean fatto perire, e me-

no ch' egli avesse ivi acquistato un regno, fabbricato una superba Città, e formata una Monarchia formidabile a tutta l'Italia. In fatti non si legge in alcuno Storico antico, che i Cretesi tra il tempo della morte di Minosse, e la presa di Troja abbiano fondato alcuna Colonia nella Sicilia, fuorchè quelli che fuggirono con Teseo da Gnossa, ch' era allora la Capitale di Creta, e che scelsero in Re un Cretese nominato Brundusio sotto di cui fabbricarono una Città, che fu poi molto celebre, e cui diedero il nome del loro Re, chiamandola *Brundusium* che

Hor.
Ser.
lib. 1.
sat. 5.
Strab.
ib. 6. nominasi oggidì Brindisi. Orazio ci descrisse scherzevolmente il viaggio, che vi fece ad essa, e Strabone nel lib. 6. parla di questa fondazione ne' termini seguenti. *Urbs a Cretensibus habitari dicitur qui cum Theseo a Gnosse venerunt.* Pare ancora che dica non essere stati i Cretesi che fondarono la Città di Brindisi, ma gli Etolj con Diomede, cui si congiunsero al ritorno della guerra di Troja. *Erat tunc temporis urbs Appullis Brundusium quam Ætoli secuti tum fama rerum*

Just.
l. 12.
c. 2. *in Troja gestarum clarissimum, ac nobilissimum Ducem Diomedem condiderant.* Questo mi dà occasione di parlare delle Colonie, che l'Autore del Romanzo dice essere venute da' Greci in Sicilia subito dopo la caduta di Troja. Io farò vedere che tanto in questa, quanto nelle altre cose egli dimostra di non avere alcuna cognizione della Favola, e della Storia.

Co-

COLONIE DE' GRECI NELLA SICILIA.

ECco in qual modo l'Autore del Romanzo fa parlare sopra questo proposito Idomeneo, ch' egli suppone aver condotto una Colonia di Cretesi in Sicilia, ed averci fabbricata la Città di Salento. *Fabbrichiamo una nuova Città; Noi siamo circondati da popoli, che ci hanno dato un bel esempio. Noi vediamo Taranto, che sorge qui presso di noi, e questo nuovo Regno è di Falanto co' suoi Lacedemoni. Filotette dà il nome di Petilia ad una gran Città, che fabbricò verso la medesima parte. Anche Metaponto è un' altra simile Colonia, che il Saggio Nestore ha fondato co' suoi Pilj qui presso . . . . . I Locri, gli Apulj, i Lucanesi, li Bruziani, i Popoli di Crotone, di Nevita, di Messapia, e di Brindisi altro non sono se non Colonie Greche.*

L'Autore ci rappresenta per tutto i Dauni come un popolo sottommesso ad Adrasto Re loro, e radunato da lui. E siccome non era noto presso gli antichi altro Adrasto che quello di cui parla Omero, che dice essere quegli stato il primo Re d'Argo, fa credere ch'ei sia stato quello che fondò i Dauni. Si può tener per certo che trattone Metaponto, che alcuni antichi dicono, o piuttosto fingono, essere stata fabbricata da Nestore, e da' suoi Pilj, non v'ha in tutto questo ragionamento una parola conforme a quello, che gli Storici, i Poeti, e le

Telem. To. 2.

ibid.

ibid.

H 3   Me-

Medaglie ritrovate nella Sicilia, ci hanno

Strab. fomminiftrato intorno alla fondazione del-
lib. 6. le Città di quefto Paefe. Perchè quantun-
Cicer. que fia veriffimo come notarono Strabone,
paffim Seneca, e Cicerone, che quafi tutte le Cit-
Senec. tà della Sicilia, come pure quafi tutte
b:lu.c.6 quelle d'Italia fieno ftate fondate da' Greci, e che fiafi chiamata la Magna Grecia,
Major Græcia tutto quel vafto paefe ove
fono le Città di Cuma, Pozzuolo, Sinvef-
fa, Capua, Nola, Nocera, e tutto il Regno di Napoli, la Campagna di
Roma, la Calabria, la Sicilia, e la Terra
di Lavoro; tuttavia è una craffa ignoranza il porre in bocca a Idomeneo, e a
Telemaco, che al loro tempo quefto paefe era abitato da' Greci, e che di già le
loro Colonie v'erano ftabilite; mentre ciò
avenne per la maggior parte folamente 5.
o 600. anni dopo. Noi abbiamo dimoftrato più fopra, che la Colonia de' Baftardi
Lacedemoni da Giuftino chiamati *Spurios*
Iuft. *Lacædemone profectos*, non venne a Taran-
lib. 20. to che verfo la fine della guerra di Mef-
cap. 1. fenia, che non accadde fe non 500. anni
dopo quella di Troja. Lo fteffo è di tutte
le Colonie Greche, che fi ftabilirono al
mezzo giorno, e all'occidente d'Italia. Sono effe tutte molto moderne; ed il più ridicolo anacronifmo che fi leggeffe giammai
è il confondere l'Epoca della fondazione
di quefte ultime, con quella delle Colonie
Greche pofte al fettentrione, ed all'oriente dell'Italia; quantunque poi anche la
maggior parte di quefte fia pofteriore alla
cadu-

caduta di Troja, come esattamente ha offervato il Cavaliere Marshamo . *Vetuftio-* *Marſ.*
res iſta Græcorum in Orientali Sicilia Latere *Can.*
funt . Quæ ad Auſtrum Inferioris funt æui . *Chron.*
Ed aggiunge lo ſteſſo Autore che le Colo- *ſæc. 16.*
nie poſte al mezzo giorno ſono, ſenza paragone più numeroſe di quelle a Levante
e a Settentrione. Le prime ſono certe, e
ben provate dalle medaglie, e da' più eſat-
ti Storici, e le altre al contrario ſono quaſi tutte favoloſe, e non hanno altra autorità che quella d'una tradizione non ſcrit-
ta, e generale, che attribujſce la fondazione di quaſi tutte le Città del mondo a' Ca-
pitani Greci , che aveano preſo Troja.
Conſtat Græcos in Auſtrialiore Italia maxime *Marſ.*
verſatos . *ibid.*

Ora la maggior parte delle nazioni che
l'Autore del Romanzo ci nomina, e che
fa dire a Idomeneo eſſere ſtate fondate dai
Greci, e dagli Eroi che preſero Troja, ſono al Levante, & al Settentrione dell'Italia; dacchè ne ſiegue ch' eſſe non ebbero
origine da' Greci ſe non molti ſecoli dopo la morte d'Idomeneo, e di Telemaco.
Ma l'Autore del Romanzo raſſomiglia a'
Profeti, de' quali dice S. Gio: Griſoſtomo
che fanno come i Geografi che ſegnano
nello ſteſſo angolo della loro Carta le Città che ſono lontane più di cento leghe l'
una dall'altra, che confondono il preſente,
il paſſato, e l' avvenire parlandone, come
di coſe accadute al loro tempo , mentre
avvenir non dovevano ſe non molti ſecoli
dopo. Coſì l'Autore del Romanzo fa fon-

dare da' Greci tutte le Città della Sicilia
nel tempo medefimo, e fuppone che tutt
i loro fondatori fi ritrovaffero all' affedio
di Troja, o viveffero poco prima.

Quello che può aver ingannato M. de
Giuft. Cambrai è, ch' egli aveva forfe letto in
l.20.c.1 Giuftino la fondazione di tutti que' popoli
in una medefima pagina, e in uno fteffo
Capitolo, e perciò conchiufe, che il tempo della loro fondazione era un folo; e
ficcome ne trovò alcune del tempo della
prefa di Troja, ha perciò inferito che foffero tutte della medefima data. Ma per
poco ch'egli aveffe avvertito a ciò che leg-
geva, avrebbe chiaramente conofciuto, che
Giuftino parla in quefto paffo di ciò che
accadde nel tempo di Dionigio tiranno di
Sicilia; dicendo averfi quefto Tiranno pofto in penfiero di fterminare tutti i luoghi
d'Italia, ne' quali i Greci aveano ftabilito
Colonie. *Omnes Græci nominis Italiam pof-*
Iuft. *fidentes, hoftes fibi deftinat,,* e in ciò facen-
ibid. ,, do aggiunge Giuftino ,, egli voleva fter-
,, minare, e perdere l'Italia tutta, non ef-
,, fendovi quafi nè Città, nè Villaggio in
,, quefto paefe che non foffe a quel tempo
,, da' Greci abitato, ovvero che da' Greci
,, la fua origine non riconofceffe. *Que*
gentes (Græce) *non partem fed univerfam*
ibid. *fermè Italiam, eà tempeftate occupaverant.*
Plut.ad Quefte parole *eà tempeftate* fono decifive, e
Dion. vogliono dire, che folamente al tempo di
Dionigi, o poco prima quefte Colonie erano ftate fondate.

Ognuno fa che il Tiranno Dionigi viveva

veva nella 94. Olimpiade, che amava Platone, di cui abbiamo alcune Lettere a quefto Re, e che Aleffandro, fotto di cui viveva Platone, guadagnò la gran battaglia
d'Arbella l'anno 4384. del periodo Giuliano, 330. anni avanti G. C. D'altra parte
è cofa nota che Troja fu prefa l'anno 3505
del detto periodo più di 1400. anni avanti
G. C. Dacciò ne fegue che l'autorità di
Giuftino non è affatto concludente per provare che tutte le Colonie Greche delle
quali parla Idomeneo foffero di già fondate
al fuo tempo, ed a tempo degli Eroi della
guerra di Troja; effendocchè Idomeneo, e
quefti Eroi vivevano quafi 1000. anni avanti
il tempo di cui parla Giuftino, ch'è quello
della guerra di Dionigi. Ma per far vedere più chiaramente la falfità dell'Epoca,
e della data del tempo della fondazione di
quefte Colonie bafta efaminarle ad una ad
una.

L'Italia è fatta come una piramide, o
come uno ftivale, e le due parti fono bagnate da due mari. L'alto è molto largo
corrifpondente alla bafe della piramide ovvero alle ali dello ftivale & alla parte più
carnofa della gamba. Il baffo poi è molto
ftretto, e termina in punta raffomiglian-
do tanto al piede dello ftivale come alla
punta della piramide. La parte orientale
dell'Italia è limitata dal mar Jonio, e dal
Golfo Adriatico, e la parte che è al mezzo giorno e all'occidente, è chiufa dal mar
di Tofcana e di Sicilia. Ora ficcome dicemmo di fopra, le Colonie della parte
me-

meridionale fono più recenti che la presa
di Troja, e perciò Idomeneo non ha potuto parlare se non di queste, poiché egli
parla delle Città vicine a Taranto. Dal
che ne siegue ch'egli ha detto una falsità
quando ne ha parlato come d'una cosa
fatta a suo tempo da' Greci vincitori di
Troja.

In fatti quasi tutte le Colonie che questi ultimi stabilirono in Italia sono poste
da Giustino nella parte orientale, e verso
il Golfo Adriatico; non mettendone quasi
alcuna in Sicilia. I Veneziani dic'egli che
soggiornano sul Golfo Adriatico sono una
Colonia di Trojani da Antenore dopo la
presa di Troja, condotti in Italia, e la
Città stessa d'Adria che ha dato il nome
al Golfo Adriatico è una Città fabbricata
nello stesso tempo da' Greci. *Venetos expu-*
gnata & capta. Troja, Antenore duce misit.
Adria quoque, quæ adriatico mari nomen de-
dit, Græca urb, est. Diomede (siegue Giustino) dopo la presa di Troja fondò Arpi, *Arpos Diomedes exciso Ilio condidit*, e Pi-
sa che è nella Liguria vanta la sua fondazione da' Greci stessi, *sed & Pisæ in Li-*
guribus Græcos Auctores habent. I Latini ebbero la loro fondazione da Enea dopo che
Troja sua patria fu ridotta in cenere, *Quid*
Latinos populos, qui ab Enea conditi viden-
tur? si dice (aggiunge lo stesso Giustino)
che Filotetto fabbricasse la Città di Turio
vicina ad una sorgente d'acqua che Turia
si chiama, donde essa prese il nome; e in
questa Città vedesi ancora al giorno d'og-

Just.
l. 20. c. 1

gi

gi il sepolcro di quel famofo Eroe; e nel Tempio d'Apollo fi moftrano le Freccie d'Ercole che Filotette fteffo portò alla guerra di Troja, e che furono fatali a quefta Città. *Thurinorum urbem condidiffe Philo-&etes fertur, ibique adhuc monumentum ejus vifitur, & Herculis fagitæ in Apolinis templo, quæ fatum Trojæ fuere.* In fine i Metapontini fono fenz'alcun dubbio una Colonia del rinomato Epeo che fabbricò il Cavallo di Troja, e fi veggono ancora al giorno d'oggi nel Tempio di Minerva i Martelli, e gli Strumenti de' quali fi fervì alla fabbrica di quel famofo Cavallo di Legno che fu cagione della prefa di codefta celebre Città. *Metapontini quoque, in Templo Minervæ ferramenta quibus Epeus, a quo conditi funt, equum Trojanum fabricavit, offentant.* Ed ecco tutte le Città d'Italia che Giuftino dice effere ftate fondate dagli Eroi della guerra di Troja, nè oltre quefto folo paffo fa d'uopo di più, per moftrare evidentemente che le cofe tutte dette dall'Autore del Romanzo intorno alle Colonie Greche in Italia, ne' tempi d'Idomeneo e di Telemaco, è falfo: efaminiamole per minuto.

Falanto, dice Idomeneo, *poffiede quefto nuovo Regno di Taranto.*

Eppure egli non venne a Taranto co' Bafterdi Lacedemoni fe non 30. anni dopo la guerra di Meffenia nella 17., e 18. Olimpiade, più di 500. anni dopo la morte d'Idomeneo, come da Strabone, Paufania, Giuftino ed Eufebio fi può raccogliere.

re. Ciò fuppofto non vi è cofa più ridicola, che quella di far foccorrere Idomeneo
da Falanto, farlo uno de' Generali del fuo
Efercito, e far piangere la morte d'Arpia
fratello di Falanto da Telemaco. Quefte
contradizioni di Storia fanno pietà a coloro che ne hanno alcuna fperienza, o diletto.

Tel.   L'Autore del Romanzo innóltre fa dire
l. 2.   a Idomeneo, che *Filotette aveva dato il nome di Petilia ad una Città da efso fabbricata in que' contorni.*

Dion.   Quefto nome di Petilia fu incognito a
Halic. tutta l'antichità fino al tempo che fu in-
l. 2.   ventato dall'Autore del Romanzo. Noi
Strab. offervammo qui fopra, che Giuftino dice
l. 6.   che la Città di Turio fu quella che fab-
Livius bricò Filotette, e quefto è conforme a
l. 23. ciò che dicono Dionigi d'Alicarnaffo,
c. 24. e Strabone, e Tito Livio. Quefta è una
l. 25. Città della Lucania e chiamavafi un tem-
*c. 15. 2.*po Sibari, famofiffima fra gli antichi per
12.   il luffo, e per la fua morbidezza. Il nome di Sibari le fu dato a caufa del Fiume Sibari lungo il quale era fituata. Ella
ebbe poi quello di Turia perchè la fonta-
na vicina al luogo ov'era pofta così chiamavafi. I Romani vi fondarono molti fecoli dopo una Colonia, e cambiarono l'
antico nome della Città in quello di *Copia* che vuol dire abbondanza, a cagione
della fertilità del fuo Territorio. Si trovano molte medaglie di quefta Città co'
tre nomi di Sibari, Turio, e Copia, il
rovefcio delle quali è un Cornucopia che
                      al-

allude al nome Copia ; ma che faccia menzione del nome di Petilia alcuna non se ne trova.

L' Autore del Romanzo profiegue e dice , che Metaponto è stata fondata da Neftore e da' fuoi Pilj: Ma noi abbiamo per contrario veduto in Giuftino che il fondatore ne fu Epeo il famofo ingegnero e fabbricatore del Cavallo di Troja , e non già Neftore; Non deefi però negar fede a Strabone il quale a Neftore e a' Pilj ne attribuifce la fondazione. *Metapon-* *Strab.* *tium* , dic' egli, *urbs condita a Pyliis qui l. 6.* *cum Neftore ab Ilio navigarunt.* In tal modo fopra di ciò l' Autore del Romanzo è fcufabile: ma non così poi intorno a quello che aggiunge , che al tempo d' Idomeneo, e di Telemaco, li Locrefi erano una Colonia di Greci . Perchè Eufebio dice chiaramente che la Città di Locri Capita- *Eufeb.* le de' Bruzj non fu fabbricata fe non il *Chron.* fecondo anno della 24. Olimpiade cioè più di 500. anni dopo la ruina di Troja.

L' Autore s' inganna , continuando a far dire a Idomeneo, che Crotone, e Locria erano al fuo tempo Colonie de' Greci. E' vero che la fondazione di quefte due Città è del medefimo tempo , e fatta da' Greci fteffi , ma Paufania ci affi- cura che la Colonia de' Greci , che fab- *Pauf.* bricarono Crotona e Locri al promonto- *lib. 3.* rio de' Zefiriani, non fu condotta in Italia fe non al principio del regno di Polidoro Re de' Lacedemoni , molti fecoli dopo la prefa di Troja. Si trovano anco-

ra

ra al giorno d' oggi Medaglie di quefto
Polidoro coronato di Lauro. Era egli in
sì alta Stima apprefío i Lacedemoni, *che*
la moneta che ivi cotilavafì fu per lungo
tempo fegnata da un lato con l' effigie di
quefto Principe. Sia come fi voglia ; è
cofa certa ch' ei non regnò fe non dopo
la Guerra de' Meffeni e quella de' Tiri-
dati, e per confeguenza più di 500. anni
dopo che Idomeneo e Telemaco erano
morti, e putrefatti. *Polidoro regnum fufci-
piente Lacedemoni in Italiam deduxerunt
Coloniam; & Crotonem, Locrófque ad Ze-
phirium promontorium ædificaverunt.* Appreffo i Locri fiorì il gran Legislatore Za-
leuco. Il Poeta Pindaro chiama Locri la
Città de' Locrefi Zefiriani, πόλιν λοκρῶν ζεφυ-
ρίων. Eufebio mette la fondazione di Crotone nel fecondo anno della 19. Olimpiade. Dionigi d' Alicarnaffo nel terzo anno
della 17. e dice che fu fabbricata da Mi-
fcello; *Myfcelus Crotonam condidit anno tertio Olimpiadis 17.* Strabone pone la fua
fondazione 61. anno avanti l' Epoca fegnata da Dionigi, e 67. da quella d' Eufebio; affermando che il famofo Archia
di Corinto, il quale fabbricò la Città di
Siracufa il quarto anno della feconda O-
limpiade, l' anno 814. degli Atenieſi,
ajutò Mifdo a fabbricare Crotona. Ora
tutto quefto è pofteriore più di 450. anni almeno alla prefa di Troja; e in
tal maniera bifogna accordare che Idomeneo ha detto lo fpropofito maggiore che
dir fi poffa, dicendo che la Colonia de'

Gre-

*Pauf.
l. 3.*

*Pynd.
Olimp.
Od. 9.*

*Eufeb.
Chron.*

Greci venuti dall'assedio di Troja, fabbricò al suo tempo Crotone.

L'Autore del Romanzo gli fa aggiungere *Nevita*, e *Messapia*, ma queste sono sicuramente di più fresca data d'alcun'altra Città, perchè l'immaginazione dell'Autore le ha fabbricate in idea, non avendo esse giammai avuto reale esistenza. Non ci è antico Autore ch'io sappia che ne parli; non le trovo in alcun Geografo, nè furono certamente in alcun tempo Città di Sicilia, ma al più meschini Castelli in Ispagna.

Aggiunge poi che gli Apidi, i Lucani, e i Bruzj, erano altresì Colonie Greche al tempo Idomeneo, e di Telemaco, e ch'erano state fondate come le altre da' Greci ch'erano stati all'assedio di Troja. Per dimostrare ad evidenza la falsità di questa ipotesi bisogna esaminare distintamente la fondazione di tutte le Città di questo paese.

La Daunia, è l'Apulia sono la stessa cosa; la Lucania è la cosa stessa con l'Abruzzo, ovvero piuttosto i Bruzj sono i Paesani e Servi de' Lucani a' quali dieder tal nome per la loro stupidità, e per contrassegnare che furono i Bruzj quelli che volevano fuggirsene, e scuotere il giogo de' loro Padroni come Diodoro, e Strabone ce ne assicurano.

Juſt.
Var.
Diod.
Sic. l.16
Strab.
lib. 16

Ora la Lucania è la terza regione dell'Italia che si stende dal Fiume Silaro fino al promontorio di pietra bianca, ed al Golfo di Taranto. Ecco qui il nome di tutte le Città delle quali gli antichi Geografi, e Poeti ne fanno menzione.

Poſidonia ovvero *Netunia*, che fu ſopranominata dipoi *Poſtus* famoſa per le ſue belle roſe.

Velia, ovvero *Hyela* o *Elea*, della quale parla Vergilio, *portuſque require Velinos.*

Lajus fabbricata da un certo nominato Lajo, il quale non biſogna confondere con Lajo Re di Tebe, padre d'Edipo, e marito di Giocaſta. Era coſtui un Sibarita della Città di Turio chiamata altre volte Sibari.

Temeſa che fu nominata dipoi *Tempſa* della quale Omero loda il rame giallo. Per comperare dic' egli del buon rame giallo biſogna andare a Temeſa, ες τημέσην μετά χαλκόι

Pandoſa che fu un tempo il ſoggiorno de' Re d'Oenotria ove morì il Re d' Epiro Aleſſandro Moloſſo.

Terina che ha dato il nome al Golfo di Terina. Nella ſua Peniſola è il famoſo Acheronte di cui parla il Romanzo di Telemaco. I ſuoi abitanti ſono chiamati Acheronzj, e ſe ne veggono molte antiche Medaglie.

Hyppona fu chiamata dipoi Vibona, e da' Romani Valenza, nome che ritrovaſi dato ad eſſa nelle Medaglie.

Mamerto, i Mamertini ſi ſono reſi famoſi per il tradimento fatto ad Agatocle, che avendoli fatti entrare in Meſſina in tempo che i Cartagineſi l'aſſediavano con promeſſa di diffenderla e di farne levare l'aſſedio, ne cacciarono poi i Cittadini, e ſe ne reſero padroni.

Re-

Virg.
En.
l. 6.
v. 366.

Hom.
odos l. 1

Strab.
l. 6.

Rega ch' è nel Golfo di Sicilia all'eftremità dell'Italia vicina allo ftretto di Scil- *Juſt l.4*
la , e Cariddi; il cui promontorio ha faтto *c.1.n.7.*
dare il nome di *Rheghtum* alla Città, per- *8Strab.*
chè egli è feſſo e guaſto da terremoti; chia- *lib. 6.*
mandoſi da' Greci coſì, come dice Giuſti-
no, le coſe feſſe ed aperte. *Proximum Ita-*
lia promontorium, Rhegium dicitur, ideò qula
Grecè abrupta hoc nomine pronuntiantur
 απ δ τυ ρηγνυσθαι id eſt rumpi, dice Strabone.

Himera della quale parla Silio Italico, *Sil.6St.*
Armavere fuos quà mergitur Himera *Pomp.l.4Plin.*
Plinio, e Strabone fanno menzione di que- *l.31.c.8*
ſta Città della Sicilia, *Strab.*

Gaulone, & Scillatium della quale parla *lib. 6*
Vergilio defcrivendo la riviera di Taran-
to in queſti termini. *Attolit ſe diva Laci-* En.l.3.
nia contrà Caulonifque arces & navifragum v. 552.
Scylaceum.

Siri da Giuſtino, chiamata *Cere quid Ce-*
rem urbem dicam. Ebe eſſa il nome dal
Fiume Syris fopra cui fiede.

Heraclea vicina a Syri.

Hidronta che è di là dal promontorio
Japigio, che ftendefi per buon tratto in
mare. Da queſto luogo in Grecia il tra-
gitto è molto breve.

Metaponto Taranto, Brinda, Segeſta, &
Arpi, delle quali abbiamo parlato di fopra.

Queſte fono per quanto ho potuto raccorre dagli antichi Autori tutte le Città antiche degli Apulj, de' Lucani, de'
Bruzj, de' Calabreſi, de' Meſſapj, e de'
Dauni. Ora benchè foſſe già comune la
folia di tutte le antiche Città il vantarſi

I   di

di aver avuto la loro fondazione dagli Eroi
della guerra di Troja, e che fino i noftri
fteffi antichi popoli dell'Avergna voleffero
effer difcefi dal Sangue Trojano, come dice Lucano. *Avernique aufi Latio fe dicere*
fratres fanguine ab illiaca populi. Non oftante, eccettuate 3. o 4. Città della Calabria,
della Puglia, e della Lucania, niuna di
quelle di cui parla il Romanzo s' è mai
tenuta o riputata come opera de' Greci
della Guerra di Troja. Bafta offervarle con
quello fteffo ordine con cui le abbiamo di-
fpofte, e leggere intorno ad effe i Geografi, e i Viaggiatori moderni, come *il*
Baudran, lo Spon, il Miffon, il de Seine,
il Sanfon, e il Guilletiere.

Poffidonia ovvero la Città di Nettuno,
la quale non bifogna confondere col Net-
Solino tuno che il Sommo Pontefice Innocenzio
cap. 8. XII. di felice memoria, hà fatto così bene fortificare che è una Colonia di Doriefi fecondo il parere di Solino. *Poffidonia fi-*
ve Neptunia à Dorienfibus conflituta. Strabone dice chiaramente che tutte le Colonie da' Doriefi in qualfivoglia tempo fondate, fono pofteriori ad Omero come dice
Erodoto, e per confeguenza molto dopo il
Erod. tempo della guerra di Troja; perchè Ome-
Vita d' ro viffe quafi 200. anni, o almeno 168.,
Om. in dopo quefta famofa guerra. *Hæc autem Ho-*
fine Str. *merici funt recentiora temporibus.*
lib. 4.   *Velia* è una Colonia di Focefi ma in
vece che foffe fondata da effi al tempo
della guerra di Troja, edell'arrivo di Telemaco in Sicilia, non ne getturono le fon-
da-

damenta se non al tempo del Regno di Ciro in Persia nella 44. Olimpiade, e fu Orpago uno de' Generali dell' Esercito di Ciro, che prese Focea, ed allora i Focesi vedendosi scacciati dal loro paese, cercarono di stabilirsi altrove, e si ritirarono in Sicilia dove fabbricarono Velia, siccome afferma chiaramente Erodoto. *Veliam* *condiderunt Phocenses quo tempore. Herpagus* *Cyri dux Phoceam cepit.* Aulo Gelio dice la stessa cosa. I Focesi lungo tempo prima avevano fondato una Colonia a Marsiglia, e in Antibo, come nota Giustino, il quale mette la sua fondazione sotto il Regno di Tarquinio, *temporibus Tarquinii regis.*

Erodo-
to l. 1.
c. 176.

Aul.Gel
lib. 10.
cap.16

Laso è una Colonia di Sibariti, come afferma espressamente Strabone.

Strab.
lib. 6.

Io ho qui mostrato di sopra che la Città di Sibari chiamata altre volte Turio e dipoi Copia, è moderna, e ch'Eusebio ne colloca la fondazione nel secondo anno della 19. Olimpiade. Diodoro Siculo, meglio informato dell'origine delle Città del suo paese che alcun' altro, assicura che Sibari non era che una Colonia d'Achivi i quali furono gli ultimi ad abbandonare il loro paese ed a stabilirsi altrove lungo tempo dopo la ruina di Troja. Il loro nome sino a quel tempo era ignoto.

Eufeb.
Chron.

Diod.
Sicul.12

Temesa è veramente una Città, che pretendesi essere stata fondata da uno degli Eroi della guerra di Troja come dice Strabone, cioè dagli Eroi che seguirono il Famoso Toante Re loro a quella famosa guerra. Omero in fatti mette Toante Re degli Etolj nel numero di coloro che vennero all'assedio di Troja con Megeste Re di Dulichio ed Ulisse Re di Zacinto, Samo, ed Itaca. Ma l'autore del Telemaco, che ci promette di fare una continuazione dell'Odissea di Omero non ha probabilmente letto l'Iliade, e non ha conosciuto nè Toante, nè gli Etolj, nè Temesa.

Messapia non è il nome d'una Città, ma d'una Provincia. L'Autore del Romanzo di Telemaco parlando di Messapia come d'una Città, prese lo stesso sbaglio che piglierebbe chi dicesse che la Normandia, o la Picardia sono una Città.

Pandosia chiamata altre volte Mardonia al dire di Teopompo, e che si chiama oggidì *Castrofranco*, ovvero come altri vogliono *Mendicino*, è una Città della Lucania sul Fiume Acheronte, che i Poeti fingono essere il Fiume dell'Inferno.

V'è una Città ed un fiume ancora di questo nome nell'Epiro, che è una contrada della Grecia, ove regnò Pirro, e dacciò nacque l'equivoco della risposta dell'oracolo al Re d'Epiro Alessandro Molosso. Questo Principe ch'era Zio d'Alessandro il grande fratello carnale di sua Madre Olimpia, consultò sopra il suo futuro destino l'Oracolo di Giove Dodoneo, siccome suo nipote Alessandro di Macedonia consultato avea sopra il suo, l'Oracolo di Delfo; ma nè l'uno, nè l'altro comprese il senso dell'oracolo. Quello che Alessandro

il

Il grande consultò, gli promise la conqui-
fta di tutto l'univerfo; ed una lunga vita, s'egli avrà attenzione d'evitare le infidie
e le cofpirazioni, che fi trameranno in Macedonia contro la vita fua.

Questo gli fece affrettare la partenza da
quel paefe, e vagare per l'Afia credendo
che il vero mezzo d'evitare le infidie, e le
cofpirazioni della Macedonia foffe l'allon-
tanarfene; ma nel tempo medefimo ch'egli
era nelle più rimote parti dell'Afia, e che
ritornava in Babilonia, Olimpia fua Madre, ed Ariftotile fuo Precettore tennero
un fegreto configlio in Macedonia, nel
quale rifolvettero di farlo morire, e gli fpe-
dirono da colà un fottiliffimo veleno ritrovato da Ariftotile valente maeftro nell'av-
velenare così i corpi come gli animi, in un
corno di Mulo, e lo fecero paffare all'
altro mondo.

Quanto a fuo Zio Aleffandro Moloffo
la cofa accadde diverfamente perchè l'oracolo gli diede in rifpofta ch'egli farà un
gran conquiftatore fe potrà fchiffare d'effere
ammazzato a Pandofia fopra l'Acheronte; e
ficcome quefto Principe non conofceva altra
Città chiamata Pandofia nè altro Fiume nominato Acheronte fuorchè quello, ch'erano
in Epiro, egli credette, come fuo nippote,
che allontanandofi molto dal fuo paefe
avrebbe evitata la morte; ma ad incon-
trarla nella Sicilia egli venne. Dopo aver
colà guadagnato molte battaglie, e ridotte
molte Città fotto la fua ubbidienza, volle
innoltrare le fue conquifte nella Lucania,

I 3   ed

ed avendo trovato i suoi nemici accampa-
ti in un luogo molto vantaggioso, laddove aveano alla schiena una Città dalla
quale ricevevano continui soccorsi, ed un
Fiume al fianco per abbeverare i suoi Cavalli, volle sforzarli nel loro campo, e
dar loro la battaglia senza neppure informarsi prima del nome della Città, e del
Fiume, restò ferito nella battaglia, e nel
tempo che lo portavano alle sue tende
per medicarlo, lusingandolo che risane-
rebbe, ricercò il nome della Città, e del
Fiume, e dacchè egli seppe che si chiamavano *Pandosia ed Acheronte* gridò subito
sono morto, e morì in effetto. Leggete
Grust: lib. 12. cap. 2. Plut: nella vita d'
Alessandro. Tito Livio lib. 8. cap. 24.
Strab. lib. 3. e 6. e i Com: varj sopra
Giustino Ediz: di Lione 1670. p. 203.

Comunque siasi, poichè Scilace assicura-
ci che la Città di *Pandosia* non è che una
Colonia di Platei, e che il nome di costoro non era nemmeno cognito al tempo
della guerra di Troja, e che Omero, il
quale ha fatto un' esatta enumerazione di
tutti i popoli che spedirono soccorso a'
Greci per l'assedio di quella Città, non
fa alcuna menzione di que' di Platea, non
si può mettere in dubbio che la fondazione di Pandosia non sia di molto posteriore al viaggio di Telemaco nella Sicilia.
Pandosorum Civitas Platensium Colonia fuit.
Questi sono i propri termini di Scilace.

Terina è pure una Colonia di Crotonia-
ti come Plinio afferma. Ora la figlia non
            può

può mai effere tanto vecchia quanto la
madre. Ciò non oftante noi abbiamo offervato qui fopra, che Crotone fu fabbricata
nel tempo medefimo che *Sibari*, fecondo
Eufebio nel fecondo anno della 19. Olimpiade , e fecondo Dionigi d' Alicarnaffo *Plin.*
nel 3. anno della 17. e fecondo Strabone *l. 3.*
l' anno 814. del regno degli Ateniefi, tut- *c. 14.*
te date pofteriori di 4., o 500. anni all'
incendio di Troja .

Nerita difcendeva da Itaca ed apparte- *Hom.*
neva ad Uliffe come dice Omero *Neritum* *Ill.*
frondofum . *l. 2.*

Hippona Città de' Bruziani, non è che *v. 633.*
una Colonia de' Lucriani come dice Stra- *Strab.*
bone , ftabilita molti anni dopo la prefa *l. 6.*
di Troja .

Mamerta è altresì una Città di Bruzi,
della fteffa data , e della medefima origine che la Città di *Hipponium* . Ora non
bifogna confondere Locrefi della Sicilia
con que' che vengono ricordati da Ome- *Hom.*
ro, nè co' Locrefi Nariciani de' quali Vir- *ibid.*
gilio fa menzione in quefti termini. *Hic, Illiad.*
& Narici pofuerunt mœnia Locri. Quefti fo- *2. 528.*
no de' più antichi abitatori dell' Italia fu- *Virg.*
periore, e vengono chiamati i Locrefi d' *En. 3.*
Ozola. Gli altri poi fono i Locrefi della *v. 399.*
Magna Grecia che fono nella parte infe-
riore dell'Italia. I Locrefi Epizefiriani fono
moderni ftabiliti lungo tempo dopo il Sacco
di Troja. Quefti furono quei che reftarono
foggiogati da Dionigi il Tiranno, e che abbracciarono il partito di Pirro contro i Ro- *Juft.*
mani, apprendogli la via d' invadere la *l. 2. c. 5.*

I 4 Si- *l. 18. c. 1*

y

Sicilia. *Inter Cæteras civitates etiam, Locri*
prodito præsidio Romano ad Pyrham deficiunt,
dice Giustino; e Strabone mette il tempo
della loro fondazione dopo quella di Crotone; e di Siracusa. Noi mostrammo più
sopra che Siracusa non può essere stata
fabbricata se non 300. anni dopo la ruina
di Troja, ed il viaggio di Telemaco nella Sicilia; cosicchè il fargli parlare della
fondazione di questa Città è come se un
Romanziere ed un Paladino de' tempi di
Carlo Magno, avessero parlato del Castello di Versaglies, e del forte Luigi innal-
zati dall'attenzione di quel gran Monarca, e dal su Re Luigi il Giusto, suo
Padre.

Rhega ch' è all'estremità dell'Italia, e
alla punta della piramide, è una Colonia
di Messinesi che violarono le figlie di Sparta come dice Strabone. *Rhegium autem*
(dice egli) *a Chalcidensibus conditum fuit,*
quibus se adjunxerunt Messenii, qui Virgines
Spartanas in Limnis stupraverunt. Ora Siccome questo insulto, che i Messeni fecero
alle figlie de Lacedemoni non può essere
avvenuto prima della 9. Olimpiade, che
non ha cominciato se non 450. anni in
circa dopo l'assedio di Troja, così bisogna conchiudere, che quando Idomeneo non
fosse stato Stregone, egli non poteva prevedere che i Messeni del Peloponneso sarebbono venuti un giorno a fabbricare la
Città di Rega: e quando anche egli avesse ciò preveduto sarebbe stato un gran
sci-

Strab.
l. 6.

Ibid.

permutito a parlarne come una cosa accaduta a suo tempo.

Himera non è che una Colonia di Zanclo, e di quei Calcidionj, ch' erano stabi-
liti in Zanclo, come Tucidide nel lib. 7.
Himera Zanclis est Colonia a Calcidensibus
plerisque habitata, espressamente afferma.
Ora Zanclo è la cosa stessa che la Città
di Messina, ch' è oggidì la Capitale di
tutta la Sicilia, ed un famoso Arcivesco-
vato. Gli Antichi le avevano dato il nome di Zanclo, che significa una falce, *Leu*
come dicono Enrico Stefano, e lo Scapula *ne*
ne' loro Lessici, perchè la sua figura ras- *Scap.*
somiglia ad una falce. Questa è una Co- *Enr.*
lonia di quei di Calcide, come disse lo *Steph.*
stesso Tucidide, che cacciarono i Pirati
di Cuma che l'avevano fabbricata, *initio*
a Pyratis Cumæis condita, postmodum a Chal- *Tucid.*
cidensibus inhabitata fuit. Ma questo cele- *ibid.*
bre Storico aggiunge una cosa, che fa ben
vedere che la fondazione della madre e
della figlia fatta da que' di Calcide, voglio
dire Messina ed Imera, è molto recente
e posteriore di quasi 500. anni all' incendio di Troja, ed al viaggio di Telemaco
in questo paese; egli assicura che la prima
e la più antica Colonia, che sia giammai
stata condotta in Italia, fu quella, che vi
condusse Teoclo dal fondo dell' Eubea, e
fondò la Città di Nasso, di cui Tucidide
ne fa testimonianza. *Græcorum primi Chal-* *Tucid.*
cidensem cum Theocle Colonia deductore, con- *ibid.*
didere Naxum, ciò soggiunge il medesimo
Autore, fu fatto un anno solamente prima

Tucid.
Ibid.

ma della fondazione di Siracufa da Archia di Corinto. *Infequenti anno Archias condidit Siracufas.*

Ora i marmi d'Arondel fegnando positivamente, ficcome di fopra offervammo, che Siracufa fu fabbricata da Archia il 25. anno del regno d'Efchile, che fenza contrafto è l'anno 814. dell'Era Attica ed il 4. della feconda Olimpiade, come lo prova beniffimo il Marshamo nel fuo Can. Ægypt. Sæc. 16., è più chiaro dello fteffo giorno che Naffo fu fabbricata nel 20. anno del regno d'Efchile l'anno 81. dell' Era Attica e il 3. anno della 2. Olimpiade cioè 462. anni dopo la ruina di Troja, che accadde l'anno 374., e però la fondazione di Naffo precedendo lungo tempo quella di Meffina e d'Imera, poichè fu la prima che fondarono que' di Calcide, bifogna neceffariamente dedurre, che quefte due Città non fono ftate fabbricate che 500. anni in circa dopo la diftruzione del regno Trojano, e della ruina della loro Città; la qual cofa rende Idomeneo mentitore in fommo grado, fupponendo effo che la fondazione foffe fatta al fuo tempo. Ei farebbe ancora più bugiardo fe il

Eufeb.
Chron.
n. 128.

fentimento d'Eufebio non foffe dubbiofo che *la Città di Naffo non fu fabbricata che nel primo anno della* 11. *Olimpiade.*

Non è però lo fteffo di *Caulona*, e di *Scilacea.* Io vedo, che quefta, fecondo Strabone, è una Colonia d'Ateniefi i quali avevano feguitato il loro Re Menefteo all'affedio di Troja. *Scilacium, Colonia Athe-*

Strab.
l. 6.

niea

niénfium, qui Meneſtheum ſequebantur. Lo che
s'accorda beniſſimo co' Marmi d'Arondel,
i quali moſtrano chiaramente, che la guerra de' Greci contra di Troja cominciò il
13. anno del regno di Meneſteo in Atene.
Ex quo Græci in Trojam expeditionem fece- Mar.
runt anni 954. *regnante Athenis Meneſtheo an-* Arond.
no ejus 13. Queſto Re era figlio di Peteo
nipote d'Orneo e pronipote d'Erichteo.
In tal maniera Idomeneo avrebbe avuto
ragione di citare l'eſempio della Città di
Scilacea, e metterla nel numero di quelle,
che i Greci al ritorno dell'aſſedio di Troja
in Italia fabbricarono.

Per *Caulona, e Lavinia* che non ſono
ſe non un promontorio del paeſe de' Cro-
toniati, io temo, che quantunque Vergilio ne abbia parlato come di un paeſe,
ch' Enea coſteggiò viaggiando, ch' eſſe non
portaſſero allora queſto nome, e che quel
Poeta le abbia nominate a quel modo,
perchè in quel modo ſi nominavano a ſuo
tempo. Comunque ſiaſi niun' Autore le ha
ſuppoſte fabbricato dagli Eroi della guerra di Troja, e per conſeguenza l' Autore
del Telemaco non ha potuto fiſſare l'Epoca della loro fondazione nel tempo che
queſt'ultimo venne in Sicilia.

Siri chiamata in altro tempo *Sire* (ſecondo la diverſa maniera con cui i Greci
pronunciano la vocale *i*, che alcune volte come un *e* ed alcune altre come un *i*
proferiſcono, alcuni dicendo Atene, altri
Atini) è una di quelle antiche Città che
riconoſce la propria fondazione da' Greci
vit-

vittoriofi di Troja come afferma Strabone. *Ferunt Sirin a Trojanis conditam*. Ivi fi moftrava un tempo l'immagine di Minerva, e la Statua famofa di quefta Dea, che fi diceva effere il Palladio di Troja, pretendendo i Siritani, che i loro fondatori l'aveffero falvata dall'incendio di quella Città e trafportata feco loro a Siri; *Illiacæ Minerva fimulacrum ibi dedicatum proferunt, quafi ab Ilio allatum*: Giuftino compilatore di Trogo, e Tito Livio dicono che i Metapontini loro vicini, gelofi della gloria, e delle ricchezze di quefta Città gli dichiararon la guerra, e che avendola prefa dopo un lungo affedio paffarono a fil di Spada tutti gli abitanti fenz'alcuna diftinzione d'età nè di feffo; non confervando alcun rifpetto per Minerva loro protettrice; che 50. giovani che abbracciarono la Statua della Dea per falvarla in un facro afillo furono crudelmente fcannati, e che il loro fangue afperfe il Simulacro. Coftoro fecero ancora di peggio, e che doveva molto più iritare la Dea; perchè il gran Sacerdote di Minerva per guardarfi dalla violenza di quefti furiofi, fi vefti degli ornamenti Sacerdotali, e d'ogni divifa della fteffa Minerva, prefentandofi in tale ftato a loro, e credendo con ciò d'imprimere nell'animo d'effi fommo rifpetto verfo la propria perfona. Ma i Metapontini che pochiffima riverenza preftavano alla Dea non fecero che ridere dello ftravagante veftimento di quefto Sacerdote, e lo fcannarono fopra l' Altare fteffo.

Ir-

Irritata Minerva, e vendicarſi volendo delle ingiurie de' Metapontini, mandò la la peſte nelle loro Campagne, le quali ſarebbono tutte ſtate rovinate ſe coloro non uveſſero avuta attenzione di placare la Dea offerendogli alcune picciole foccaccie fatte di ſino doſe di farina, di puro frumento, *paniſiciis.*

Ora come Giuſtino aggiunge, che tutte queſte coſe avvennero al principio della fondazione di Metaponto e di Siri *principia originum,* e come l'Autore del Romanzo pretende, che Neſtore ſia ſtato il fondatore di Metaponto; mentrecchè alcun altro Eroe di que' tempi fondò Siri, così io rimango ſorpreſo, che Minerva che ſotto la figura di Mentore era maſcherata, non abbia partecipato il ſuo riſentimento a Neſtore; e che in tutto queſto lungo diſcorſo, che l'Autore del Romanzo fa tenere a Minerva parlando a quel bel vecchio greco, non le abbia fatto dire una parola dell'oltraggio che egli e i ſuoi Pilj, e Metapontini avevano fatto al ſuo ſimulacro, ed al ſuo gran Sacerdote. Ma apparentemente egli non ne ſapeva il principio, e non ha giammai letto nè Giuſtino, nè Tito Livio dove queſta Storia molto a lungo è deſcritta; e quello che ritrovaſi degno di biaſimo nell'Autore del Romanzo è ch'eſſendoſi egl' impegnato a ſcrivenne uno non abbia avuto attenzione di leggere eſattamente tutti gli antichi Autori che hanno trattato le materie delle quali egli diviſava di ragionare.

Era-

Eraclea non è che una Colonia de Tarantini, quali avendo presa, e saccheggiata la Città di Siri fabbricarono sulle ruine una nuova, Città che Eraclea nominarono, come dice Strabone nel lib. 6. *Tarentini illius Oppidi (Siris) incolis migrare coactis, suorumque Colonia deducta urbem condiderunt Heracleam .*

Hidrunta è similmente una Colonia di Tarantini come afferma Plinio nel lib. 3. cap. 11. Così come l'Autore del Romanzo fa fondare Taranto da Falanto, e come noi abbiam provato più sopra che Falanto non venne al mondo se non 300 anni dopo la ruina, e la presa di Troja da' Greci, ne siegue ch' è uno sproposito così grande il far dire a Idomeneo che Hidrunta, che non è che un picciolo Castello in Sicilia sia stata fabbricata al suo tempo dagli Eroi della guerra di Troja; come se il Tasso avesse detto essere stato fabbricato da Goffredo Buglione a Parigi il Palazzo di Buglione sopra la strada de' Teatini 300. anni prima che i Teatini fossero venuti al mondo, e che l'Architetto che ha fabbricato questo Palazzo fosse nato. Il Tasso non ha sicuramente preteso di fare che un Romanzo nella sua Gerusalemme Liberata, ma egli s'è pure guardato d'urtare in sì fatti sbagli, ed in così ridicoli anacronismi.

Non si può vederne uno più difficile a sostenersi, quanto quello di porre alla testa de' Dauni, che contro Telemaco combatterono, il famoso Adrasto, che fu prima Re di

Si-

Sicione e poi Re d'Argo, perchè oltrecchè nessun Autore antico non ha detto
ch'egli sia mai passato in Sicilia, e che
abbia condotto una Colonia, ovvero fondata qualche Città nella Puglia, e nella
Calabria, è indubitato che Adrasto visse
lungo tempo pima dell'assedio di Troja,
Poichè Omero parlando di Sicione, come
d'una Città dipendente da Agamennone,
e ch'era una parte de' Stati di esso Re
dice, ch'ella era stata un tempo un Regno, e che Adrasto fu il primo a regnare
in codesta Città Καιωνών, ἢ ἡ Ἄδρηστος πρῶτον
ἐμβασίλευεν. Non ci è cosa più antica ne'
tempi favolosi quanto i Re di Sicione.

*Hom.
Ill. I. 2.
v. 572.*

Il Bucholcer gli crede tanto antichi che
li suppone uguali alla prima di tutte le
Monarchie del Mondo, che è quella degli
Assiri, e crede che il primo de' Re di
Sicione vivesse avanti Abramo, e fosse
contemporaneo a Taran suo Padre ed a
Ninò Re d'Assiria negli anni del mondo
1880. quasi 1000. anni avanti G. C.; ed
Eusebio stesso pone il primo Re di Sicione prima ancora, perchè lo fa vivere 33.
anni avanti Abramo. Egli è ben vero che
Eusebio non nomina *Adrasto* ma *Egialto* il
quale fu primo Re di Sicione; ma l'autorità d'Omero ha dovuto essere di maggior
credito appresso un facitor de' Romanzi,
ed un continuatore dell'Odissea, che quella d' Eusebio; oltrecchè dicendo questi
chiaramente che Polofido, che regnava in
Argo, ed a Sicione al tempo che Troja
fu presa, non era che il 24. Re di questo

*Buch.
Ind.
Chron.
p. 3.*

*Euseb.
Chron.*

Pae-

Paolo, fa conoscere quanto basta ch' egli
era persuaso, che il primo Re che regnò
in queste due Città viveva 3., o 400. anni avanti la rovina di Troja.

Secondo gli altri Autori citati dal Marshamo bisogna che Adrasto abbia regnato
più di 200. anni avanti Foroneo, figlio
d'Inaco, e fratello di Iò cambiata in Vac-
ca che furono tutti e due Re d'Argo, e
di Sicione; anzi Anticlide citato da Plinio
dice, che Foroneo è il più antico di tutti
i Re de' quali s' abbia contezza. *Anticlides*
Phoroneum antiquissimum regum appellat.

Non si può però tacere che gli antichi
scrittori, e i Cronologi più esatti, sono op-
posti ad Omero in questo, e fanno Adrasto Re d'Argo, e di Sicione molto più
recente e più vicino al tempo della guerra di Troja. I Marmi d'Arondel lo fanno
vivere l'anno 325. dell'Era Attica cioè 50.
anni solamente avanti la presa di Troja,
poichè come abbiamo detto tante volte
Troja fu presa l'anno 375. del regno degli Ateniesi. Ma tuttociò non fa che l'Autore del Romanzo non abbia commesso un
grossissimo errore di Cronologia intorno
Adrasto facendolo sopravivere alla presa di
Troja, e rappresentandolo alla testa de'
Dauni come un giovine che combatte contro Telemaco, e che ammazza il fratello
di Falanto chiamato Ippia di sua propria
mano; perchè avendo egli fiorito, e regnato 50. anni avanti la presa di Troja, ed
essendo stato contemporaneo di Teseo che
viveva a' tempi d'Ercole, ed a Minosse Re

di

Plin.
lib. 7.

di Creta dove ammazzò il Minotauro, vi
è tanto sbaglio nel rappresentarlo 10., o
12. anni dopo la presa di Troja, combat-
tendo come un Giovine contro il figlio d'
Ulisse, come ve ne sarebbe a rappresenta-
re Teseo, Minosse, ed Ercole, ovvero
qualch'altro Erce de' tempi loro, che com-
battesse contro quello Giovinetto, di cui essi avrebbero potuto essere i Trisavoli; come in fatti Minosse lo era d'Idomeneo amico di Telemaco. Non si vieta ad un facitore de' Romanzi di fingere, ma non però
gli si concede di mentire sfacciatamente e
dir bugie tali, la falsità delle quali sia vi-
sibile a segno che si distruggano da loro
medesime.

V'è un passo ove l'Autore del Romanzo
dice, che *Polinice figlio d'Edipo e di Gioca-*
sta sposò la figlia d'Adrasto Re d'Argo, e ch'
egli sucedette alla Corona e lo fa regnare con
Eteocle a Tebe. Io potrei far vedere la falsità di questa Storia, e mostrare che il Genero d'Adrasto e quello che gli succedette
alla Corona, & al regno d'Argo, non era
figlio d'Edipo e non si nominava Polinice,
nè Eteocle che furono i due figli d'Edipo;
ma bensì Tideo padre del prode e famoso
Diomede, come espressamente nota Teocrito nel suo Idill. 24. v. 118.

Οὐδαμε πὰρ Ἀδιάςοιο λάββαν ἰππηλάτοι Ἀργος

Ma senza arrestarmi su questo, e suppo-
nendo pure che la cosa sia in quella maniera che l'Autore del Romanzo la racconta,
doveva egli accorgersi da se stesso, se cier-
co non era, che facendo Adrasto Suocero

K   di

di Polinice figlio, e Fratello d'Edipo, egli
lo faceva contemporaneo e quasi della stessa
fa età di Lajo Re di Tebe, marito di Gio
casta: sfortunati Genitori d'uno più sfor
tunato figliuolo. Ora la Storia di Lajo, e
d'Edipo anteriore essendo più d'un se
colo intero alla presa di Troja, e per con
seguenza alla guerra de' Dauni contra Ido
meneo e Telemaco; come dunque può
Adrasto essere Autore di questa guer
ra, e comandare i Dauni contro il figlio
d'Ulisse; e lungo tempo dopo che Troja
fu presa, combattere con lui, con la lan
cia, ed essere ammazzato?

Io certamente conosco che M. de Cam
brai Autore delle Avventure di Telemaco
comparisce molto mal informato delle av
venture d'Adrasto, del quale tante volte
ragiona. Egli lo fa Re d'Argo come se fos
se sempre stato pacifico possessore di que
sto regno, e non ne avesse giammai avuto
altri, mentrechè Pausania, e Pindaro dico
no ch'egli godette per poco tempo la Co
rona d'Argo, che fu sempre inquietato da
gl'intrichi del suo genero Tideo, il quale
aveva sposata sua figlia, e che in fine egli
rimase oppresso sotto la malizia del Gene
ro inhumano, e sotto la perfidia de' suddit
ingrati; che fu deposto dal Trono, scaccia
to d'Argo, e che se ne fuggì a Sicione do
ve ebbe assistenza dalla generosità di Poli
bo che n'era il Re, dal quale fu ricevuto
con tutta la tenerezza, e la magnificenza
immaginabile. Egli si rese dipoi sì agrade
vole a' Sicioni pel suo valore, per la su

pie-

pietà, e per la servitù che a loro pretto,
tanto nella pace che nella guerra, che do-
pò la morte di Polibo lo elleffero in Re,
e gli pofero la Corona ful Capo, nel qual
potto egli refe la Città una delle più ricche,
e di trafico, che ci foffer giammai. *Adraftus,* *Pauf.*
dice Paufania nel lib. 2. *Argis ejectus Sicio-* lib.2p.96
nem confugit ad Polibum eoque mortuo ipfe
regnum adeptus eft.

Comunque fiafi è cofa certa che l'Autore del Romanzo, il quale ragiona ad ogni
tratto di Adrafto, non ha faputo la Storia
di quefto Re, perchè avvido di far fempre
paralleli degli Eroi antichi, che hanno
qualche correlazione con quelli del noftro
fecolo, e di raccontare le avventure del
paffato, che hanno qualche raffomiglianza
con quelle del tempo prefente, egli non
avrebbe mancato, fapendola, di efporre con
lode la Storia di Polibo Re di Sicione, che
accoglie ne' fuoi Stati con generofità veramente eroica un Re sfortunato, e scacciato dal fuo regno dal proprio genero. Ma
fcorgefi aver avuto l'Autore poca premura
di conformarfi agli antichi, e di leggerli,
e che nelle cofe fteffe che da quefti ha ca-
vate s'è prefo piacere di cambiare le circo-
ftanze, ed alterare i fatti per foftituirne
degli altri, che portano feco loro carattere di falfità, e fono vifibilmente oppofti a
quello che li più autentici e i più antichi
monumenti della Storia ci riferifcono come fin quì s'è veduto e fi vedrà in appreffo.

La Storia di Lajo, d'Edipo, de' suoi due Figliuoli Polinice ed Eteocle, e d'Anfiarao di Tebe, ha tanta relazione a quella d'Adrasto, che dopo aver parlato di questo ultimo bisogna necessariamente che sopra gli altri diciamo qualche cosa.

LA

LA STORIA

DI

LAJO, D'EDIPO, E D'ANFIARAO,

Scolpita sopra le Armi

DI

TELEMACO.

solito costume di Omero per dimostrare il proprio sapere nella Mitologia, e nella Storia, il descrivere come intagliata sopra le armi e gli Scudi de' suoi Eroi, la Storia de' loro Avi, ovvero quella degli Dei à' quali portavano maggior riverenza; affinchè la vista delle loro più memorabili azioni essendogli sempre dinanzi agli occhi, li animasse nelle battaglie ad imitare il valore, e la prudente condotta di quelli. L'Autore del Telemaco ha voluto fare la stessa cosa, perchè vestendo il suo giovine Eroe delle Armi di cui Minerva gli aveva fatto un ricco

dono

dono, non manca in questa occasione di fa
pompa di tutto quello che sa intorno l'an
tica Storia Greca de' tempi favolosi, suppo
nendo che Minerva avesse ciò intagliate
sull'armi di Telemaco; descrivendo poi
sulle medesime molte bugie contrarie alla
verità della Storia. Questo è quello che ci
conviene dimostrare in poche parole. Egli

Telem. dice *che sopra queste armi si vedeva scolpita*
lib. 7. *la famosa Storia dell'assedio di Tebe, ov'era*
l'infelice Lajo.

Egli s'inganna; perchè Lajo era morto
quando avvenne *la famosa Storia di Tebe.*
Anfione cognato di Pelope, del quale egli
aveva sposata la sorella nominata Niobe,
aveva scacciato Lajo di Tebe lungo tem-

Appol. po prima che quest'assedio cominciasse co-
Rod.l.2 me si può vedere negli argonauti di Ap-
polonio di Rodi.

Quest' è quel famoso Anfione che per-
suase li abitanti di Tebe con la sua eloquenza a fabbricare le mura di Tebe, e
fortificare questa Città con Torri, e Terrapieni; quegli che suonava a meraviglia
la Cetra, il Liuto, ed il Flauto, d'onde
venne la favola ch' egli fabbricasse le mura di Tebe col suono armonioso de' suoi
strumenti; perchè in fatti egli persuadeva
a tuttociò che voleva, incantando con la
sua armonia gli uditori.

Si contradice l' Autore stesso del Romanzo, perchè nello stesso passo ov' egli
afferma che Lajo era presente all' assedio
di Tebe, dice poi due pagine più sotto,
che la guerra di Tebe nella quale tutti gli

Eroi

Eroi della Grecia erano radunati, che non Tel.
sembrava meno sanguinosa di quella di Tro- Ibid.
ja ,, non si fece se non per occasione del-
,, la contesa de' due fratelli Eteocle , e
,, Polinice figliuoli d'Edipo , per decide-
,, re a qual d'essi appartenere dovesse il
,, regno di Tebe ; *e che Adrasto vi conduf-*
se delle truppe innumerabili per soſtenere il
partito del genero Polinice. Ora egli aveva
già notato che nè Polinice nè il Fratello
Eteocle non erano ancora venuti al mondo allorchè Lajo fu ucciſo da Edipo loro
padre, poichè egli li ebbe da Giocaſta la
quale non iſposò ſe non dopo la morte
del ſuo primo marito Lajo.

II. Quello che l'Autore del Romanzo aggiunge che non fu ſe non dopo la naſcita
d'Edipo *che l'infelice Lajo padre di lui*
ſepe dall'oracolo che queſto figlio novamente
nato ſarrebbe un giorno il ſuo ucciſore, è una
falſità aperta. L'Oracolo avea predetto la
coſa lungo tempo prima della naſcita d'
Edipo ; ed eccovi le proprie parole che
Euripide mette in bocca a Giocaſta moglie di Lajo, ed il modo con cui fa raccontare tutta la avventura. *Io mi chiamo* Eurip.
dic'ella Giocaſta, perchè queſto è il nome in
che mio Padre mi diede naſcendo. Lajo mi Phœn.
ſposò, ma egli viſſe molti anni meco, ſenza
poter avere figliuoli ; la qual coſa, increſcen-
dogli molto ſi portò perſonalmente a conſulta-
re l'oracolo per ſapere ciò che fare dovea
per averne, e nello ſteſſo tempo offerì voti,
e preghiere al Dio Apollo pregandolo di vo-
lergli

K 4

lergli dare in un fanciullo maschio il frutto
del nostro amor conjugale; ma Apollo rispose
a lui ne' termini seguenti.

,, O Re de' Tebani guardatevi d'avvi-
,, cinarvi alla vostra moglie, e statevene
,, lontano. Li Dei ve lo dicono per vo-
,, stro bene, perchè se una sol volta vi
,, avvicinarete ad essa avrete un figliuo-
,, lo, che vi ucciderà, e tutta la vostra
,, casa sarà innondata dal sangue che si
,, spargerà in essa.

Vocant verò me Joacstem, hoc enim nomen
pater indidit, duxit vero me Lajus. Cum
autem sine liberis esset, diu habens connu-
bium meum in domo veniens interrogat Phœ-
bum, & poscit simul liberorum in œdibus
masculorum communem prolem. Ille respondens
ait.

Da queste parole dell'Oracolo, riferite
da Giocasta stessa, è evidente, che
non già dopo la nascita d'Edipo su predetto a Lajo suo padre, che sarebbe ucci-
so, ma molto tempo avanti che quegli
fosse concepito nel seno di sua madre;
così intese il dotto Origene nella Storia
de' Greci. ,, Era dic'egli cosa non diffici-
,, le a Lajo abbandonare il letto ma-
,, trimoniale dopo la predizione fatta-
,, gli, che se nato fosse un fanciullo da
,, lui, e da Giocasta sua moglie, egli uc-
,, ciso sarebbe, ed il letto contaminato
,, da un orribile incesto, del quale due
Orig. ,, scellerati figliuoli sarebbono il pernicio-
cont. ,, so frutto ,, *Hic quoque intelligitur pos-*
Celf.l.2 bile fuisse Lajo non serere sulcos procrean-

iis liberis, quod nicaveret fatale erat cum patè tragica illa mala quæ feruntur de ipso, & Iocasta communibusque liberis.

E di qui è, come si vede, che Origene suppone come cosa certa che la predizione delle sventure, che accader dovevano a Lajo, ed a tutta la sua Casa per motivo della nascita d'Edipo, gli fu fatta molto tempo prima che questo nascesse, e prima ancora, che concepito fosse nel seno di sua madre. Tutti gli Autori convengono con Euripide, nè v'è se non l'Autore del Telemaco che abbia voluto distinguersi con una bugia; io dico bugia perchè si tiene la Storia d'Edipo come certa. Atenagora, Tertuliano, e Latanzio la credono indubitata, e sopra tutti Origene.

L'Autore del Romanzo dice che avendo Lajo dato ordine, *che il fanciullo nato novamente fosse esposto alla discrezione delle bestie salvatiche, e degl'uccelli rapaci, gli furono forati i piedi, e con un vincastro appeso ad un albero.*

Tutto questo è pura finzione e non v'è altro fondamento di nominarlo Edipo che l'enfiatura delle gambe cui fu soggetto da fanciullo, perchè i Greci chiamano così coloro, che hanno le gambe grosse, corte, e gonfie. Ma questo non fa alcuna prova che sieno stati forati i piedi d'Edipo con una spada, indi passati con un vincastro; perchè egli poteva avere le gambe corte e grosse fin dalla nascita; essendo innoltre difficile a comprendere che forandogli i piedi con una spada gli si fosser gonfiati.

E' dun-

E' dunque un torto ragionare, il conchiudere che perchè erano stati forati i piedi ad Edipo gli avesse gonfi, e lividi; è peggio ancora il dire, che perchè egli aveva le gambe enfiate, e livide gli erano stati forati i piedi, ed in fine pessimo il conchiudere che perchè aveva nome *Edipo*, e perchè i Greci davano questo nome a quelli che hanno le gambe forate e gonfie, egli le avesse tali; perchè può essere, che per un'altra ragione gli sia stato dato questo nome, come in fatti si dava appresso i Greci il nome d'Edipo generalmente a quelli, che dal ventre della madre uscivano-co' piedi inanzi; può essere che il figlio di Lajo sia venuto al mondo in tal maniera, e che perciò il nome d'Edipo gli sia stato imposto.

IV. Bisogna osservare un'altro sbaglio preso dall'Autore del Telemaco raccontando la Storia di Lajo ed è, ch'egli fa sempre chiamare *Beozia* la provincia ov'è Tebe, da Telemaco, da Mentore, da Lajo, da Edipo, e da Forbante il supposto Pastore del Re di Corinto. E' ignoranza incompatibile in un Uomo, che pretende insegnare la Geografia, la Storia, la Favola, e le Scienze de' Greci agli altri, il non sapere che la Beozia, della quale Omero parla, è tutt'altra cosa, che il paese ov'è Tebe, nè si chiamava in alcun tempo Beozia, ma bensì la *regione Cadmea Cadmia*, ovvero il paese di Cadmo, e che solamente molto tempo dopo la presa di Troja le fu dato il nome di Beozia. Quest'è un errore in
qui

cui l'Autore non sarebbe caduto se osservato avesse Erodoto, Tucidide, e Strabone.
Eccovi le parole medesime di quest'ultimo,
Cadmus, dic' egli, *Cadmejam munivit, &* ***Strab.***
regnum posteris reliquit. Tucidide segna pu- ***l. 9.***
re il tempo preciso, nel quale il paese con-
quistato da Cadmo cominciò a chiamarsi
Beozia, e dice che ciò avvenne alloracchè
» i Beosj popoli stranieri, e di lontano ve-
» nuti de' quali parla Omero nel secondo
» dell'Illiade, si resero i padroni, e vi si
» stabilirono; lo che accadde 60. anni do-
po la ruina di Troja: *Regio Cadmeja voca-* ***Tucid.***
ta est usquè ad annum sexagesimum post ca- ***l. 1. p. 5.***
sum Trojæ quo tempore a Bœotis occupata,
Bœoticæ nomen obtinuit. Ed Erodoto dice
che il paese in cui Cadmo a stabilirsi venne, è quello che noi chiamiamo adesso
Beozia; *cum Cadmo in terram quæ nunc vo-* ***Herod.***
catur Bœotia, devenerunt. ***l. 5. c. 4.***

Foccio parla però d'un Autore antico nominato *Conone*, il quale dice che Cadmo
(che anche il Cavaliere Marshamo vuole
che sia Egizio e non di Fenicia) nato a
Tebe d'Egitto, e non a Sidone diede il
nome della sua patria alla Città che fece
fabbricare in Beozia; *in Bœotia locum mu-*
nivit Cadmus, quem a Patria Thebas voca-
vit. Ma ciò non prova altro se non che il
nome di Tebe è antico, non già quello di
Beozia. Del resto questo sentimento non
è stato osservato dall'Autore del Telemaco, poichè parlando della Città di Tiro,
dice, che *Cadmo,* n'era nativo, così s'egli
avesse dato il nome della sua patria alla
Cit-

Città, che fabbricava, doveva chiamarla Tito, e non Tebe.

V. L'Autore del Romanzo *fa regna e un dopo l'altro i figliuoli d'Edipo Eteocle, e Polinice* un' anno uno, & un' anno l'altro. Questo ancora è favola. Eteocle regnò in Argo e fu pacifico possessore del più grande, e del più florido regno della Grecia, e come Appollodoro Autore antico ed esatto c'insegna, succedette ad' Iside. Acrisio dice egli fu Re d'Argo, Megapente fu suo successore cui succedette ,, il figlio Anas- ,, sagora; dopo di cui venne Aletore che ,, lasciò morendo il regno ad Iside, e que- ,, sti ad Eteocle. *Acriso succeffit Megapentes, illi Anaffagoras ejus filius, dein Aleftor, Iphu, Eteoclus.* Omero dice che la figlia d'Aletore sposò il bastardo del Re Menelao che Megapente si nominava. *Qui natus et erat è serva.* Ma lasciando ad altri a raccontare le avventure di questo Iside che fu uno degli Argonauti celebre ne' Romanzi di quel tempo, io non parlerò se non di quello, che con la razza d'Edipo e di Lajo ha relazione.

Fa d'uopo adunque sapere che Iside Re d'Argo non ebbe che una sola figlia, e che la maritò con con Eteocle fratello di Polinice, figli tutti due d'Edipo. Ella si nominava Evadne & è molto rinomata nella Storia favolosa de' Greci, nè con Eteocle ebbe figlio alcuno; ma maritatasi in seconde nozze con *Capaneo*, uno ne ebbe nominato *Stenelo*, che fu alla guerra di Troja, e comandò il campo volante de-

Ap. l. 2. p. 62.

Hom. Odiff. l. IV. 10

egli Argivi. Omero ne parla e lo nume-
a fra i Principi della Grecia, e fra i Luo-
otenenti Generali d'Agamenone, che pre-
larono soccorso per far l'assedio di questa
elebre Città. Capaneo si segnalò nell'asse-
io di Tebe, e Stazio ne parla a lungo.
Oltre la mentovata figlia Evadne, Iside eb-
e ancora due figli, Schedio uno chiama-
o, ed Epistrofo l'altro, i quali furono, sic-
ome ancora i loro nipoti, all'assedio di
Troja, e vi condussero i Focesi, de' quali
ivisero le truppe in due, e le comanda-
ono. Iside loro padre dispose del Regno
d'Argo in favore de' suoi generi Eteocle,
Capaneo, i quali si succedettero l'uno
all'altro, il primo regnando in Argo fino
alla sua morte, e l'altro a Tebe come dice Pausania; gli altri due regnarono in
Focea.

VI. L'Autore del Romanzo suppone che
il Pastore Forbante, che conduceva a pascere il gregge di Polibo Re di Corinto,
mosso a compassione del fanciullo, lo stac-
casse dall'albero ov'era appeso per i piedi,
e lo desse ad un altro Pastore, che a Merope Regina di Corinto e moglie di Polibo lo portò, e che quelli allevar lo facessero come proprio figliuolo.

Quando si vuole fingere, bisogna fingere
con arte e coprire le bugie in maniera che
non possano così di leggeri esser convinte
di falso; ma la falsità di questo racconto
è vergognosa, e cade per fino sotto gli occhi di coloro, che poco sanno, ed i quali
ignorare non possono che in Corinto non
ha

ha cominciato ad offervi Re se non più d'
200. anni dopo la nascita d'Edipo e ch
tra tutti i Rè, e' Pritàni, che a' Rè fuc
cedettero, non c'è stato pur uno, che i
nome di Polibo abbia portato. Ciò è faci
le a provarsi.

I primi Rè di Corinto sono stati gli Era
clidi; ovvero i discendenti d'Ercole, e que
sti non ci vennero se non l'anno 476 dell'
Era attica, cioè 161. anni dopo la ruina di
Troja. Alete fu il primo, ch'ebbe il nome
di Rè di Corinto; i suoi discendenti di
padre in figlio succedettero gli uni agli al
tri per il corso di 326. anni, e secondo il
Sincello 330. *Corinthiorum reges duravisse an
nis* CCCL. i quali in due razze vengono
divisi Aletti, e Bacchidi; non perchè di
fatto sortiti sieno da due differenti stirpe,
poichè discendono tutti per diritta linea di
maschio in maschio, e di Padre in figlio
dal grand'Ercole; ciò che gli fece nomina
re Eraclidi, ma perchè Bacchide od Alete
furono i due più gran Principi che si vedes
fer giammai, e che si distinguessero in fin
golar modo dagli altri discendenti da Al
cide: la qual cosa fece affettare gli altri
Rè a prendere il loro nome.

Egli è certo per altro che i Rè di Co
rinto finirono avanti la prima Olimpiade,
Euf.
Chron.
1238. come dice Eusebio; *Hoc tempore Corinthio
rum reges defecerunt:* E bisogna senza dub
bio che abbiano finito molto prima di que
sto tempo, poichè era molto, che Corinto
non era governato da Rè, ma da un Pri
tano annuo, quando Corebo riportò la ce
lebre

lebre vittoria, che lo fece coronàre ne'
giuochi olimpici. Tutti i più valenti Cronologi cominciano a contare il tempo da
Corebo, ánzi dal tempo del vincitore, che
precedette Corebo, che 4. anni prima gua-
dagnàto aveva il prezzo ne' giuochi olimpici, & Eusebio affermà che Automeno
era Pritano di Corinto. Dopo i Re vennero come ho detto i Pritani, i quali a
niuno meglio si possono paragonàre quanto
a' Dogi della Republica di Genova, perchè il Pritano era come il capo de' Ma-
gistrati ed il Principe del Senato, che si
cambiava di tempo in tempo, ellegendose-
ne un nuovo ogni anno secondo l' uso. A-
veva questi tutta l' Autorità de' Re suoi
predecessori, con questo però ch'ei non era
perpetuo; come si legge in un' eccellente
estratto di Diodoro Siculo conservatoci dal *Diod.*
monaco Giorgio Sincello. *Ex iis autem Sic. ap.*
unum Pritanim, qui loco Regis isset annua- *Sinc.*
tim elegerunt. *p. 179.*

Questa sorta di governo non durò che
90. anni sino al Tiranno Cipsello, così
chiamato, perchè essendo fanciullo sua Madre lo nascose in una madia di Farina ove
si fa il pane, che in greco Cipsella si chiama, per salvarlo dal furore del popolo al
quale l'oracolo predetto avea che sarebbe
il loro Tiranno. In fatti essendo cresciu-
to egli usurpò il regno, e la dignità per-
petua del Pritanato in Corinto, e col mezzo delle sue carezze e delle sue liberalità,
si rese padrone d'un popolo che lo aveva
voluto affogare nella culla, e farlo morire,
come

come dice Ariftotile che sovente ne fa menzione ne' suoi scritti. Questo accadele nell' anno 928. dell' Era attica 4059. anni del Periodo Giuliano, l'anno secondo della 31 Olimpiade, 84. anni avanti il regno di Crefo come chiaramente si può raccogliera da Diogene Laerzio, e da Eusebio.

Non contento Cipselo d' aver regnato tranquillamente per il corso di 30. anni interi, secondo il sentimento d' Erodoto, trasmise la Corona alla sua posterità e fece mentire l'oracolo il quale predetto avea, che i beni de' Tiranni non passerebono a' suoi nipoti, nè alla terza generazione, e che non vi sarebbe se non egli, e suo figlio che avessero ad essere sovrani di Corinto esclusone ogn'altro lor discendente Ἀυτος Καὶ παιδες παιδων γε μη ἔκετι παιδὶς Ariftotile, che, secondo alcuni è infallibile in tutte le cose, dice, che l'Oracolo stesso assicura, che la razza de' discendenti di Cipselo regnò dopo lui senz'alcun torbido per il corso di 73. anni, e 6. mesi. *Cypseliderum Tyrannis firma permansit annos 73. & 6. menses.* E per il dubbio poi che fosse intefo, che il regno di Cipselo e di Periandro suo figlio avesse consumato questi 73. anni e che fosse dipoi la Corona tolta alla sua razza, ed i suoi nipoti cacciati dal regno, egli espone ordinatamente i nomi de' discendenti di Cipselo col numero degli anni che regnarono. *Cipselo, dic'egli regnò 30. anni, Periandro figlio di lui 40., Gordia suo figlio, e Psamitico suo nipote non regnarono in tutti due se non trè anni.*

Ma

Ma comunque siasi, non avendo cominciato gli Eraclidi a regnare in Corinto,
come ho detto di sopra se non 200. anni
dopo la ruina di Troja, ed i Pritani, se
non verso la prima Olimpiade, cioè 407.
anni dopo la presa di Troja secondo Eratostene, che visse al tempo di Tolomeo
Evergete; ed il primo anno di Cipselo essendo stato il 928. dell'Era attica, e per
conseguenza 546. anni dopo la presa di
Troja, che fu nel 374. degli Attoniesi, ne
siegue evidentemente che il supporre Polibo Re di Corinto al tempo della nascita d'Edipo sia il maggior errore che si
leggesse giammai; poichè non ci furono
mai in Corinto se non tre sorta di sovrani, gli Eraclidi, i Pritani, ed i Cipselidi.

Polibo non ha potuto essere degli Eraclidi, perchè avendo vivuto al tempo di
Laio fa d'uopo ch'egli sia vivuto prima
d'Ercole, al cui tempo gli Eraclidi cominciarono; nè puote essere de' Pritani,
poichè questi si mutavano ogni anno. L'
Autore del Romanzo suppone ch'egli abbia regnato sino alla morte dopo la quale
Edipo, ch'era stato allevato come suo figlio, pretese come ereditario la Corona.
In fine non si può supporre che fosse neppure de' Cipselidi, essendochè noi non co-
nosciamo se non il terzo de' discendenti
di Cipselo, ed avendo la sua Linea finito
nel pronipote, ed innoltre perchè i
Cipselidi tutti sono mentovati soltanto fra
i Tiranni e non come Re di Corinto, in
questa Città ed in tutta l'Acaja, non vi

L   so-

fono ftati altri Re, che gli undici Eracli,
i quali di Padre in figlio fi fuccedettero
Eccovi i nomi loro fra quali però Polib
non è numerato. Il primo è il figlio di
Ippote cioè *Alele*, *Jlione*, *Agelao*, *Pru-
mo*, *Bacobide*, *Agelao* fecondo, *Arifode-
mo*, *Telefto* ed *Aggmone*, *Telefte* fecondo
ed in fine *Autamene*. Tutto quefto rica-
vafi dall'eftratto che ci ha confervato i
Sincello, di Diodoro Siculo, e fi conforma
affatto con il fentimento di Paufania e d'
Eufebio.

　　Un folo rifugio rimane ancora all' Autore del Romanzo ed è, di foftenere che
più di 200 anni prima della prefa di Troja, e nel tempo che Lajo regnava in Tebe
ci foffero i Re in Corinto, e che regnaf-
fero fovranamente in tutta l' Accaja; ma
ciò è appunto quello che non fi può dire
con la menoma verifimilitudine, perchè
non folamente non rimane veftigio nell'
antichità di quefti pretefi Re di Corinto,
e d' Acaja avanti l' affedio di Troja, ma
al contrario vi fono prove indubitate, che
Corinto in quel tempo non era picciol cofa, e che traeva i fuoi Re da Sicione e
da Micene. Omero che fi ftudiò di com-
Hom. parire eccellente Geografo, nell'Illiade, e
Illiad. nell' Odiffea dice, che Corinto traeva la
l. 2. fua origine da Micene, e non fa neppure
v. 572. una parola de' fuoi Re. Fa l' enumerazione efatta di tutti i Greci, e popoli vicini della Grecia, che andarono a quefto
famofo affedio, come ancora di quelli ch'
ebbero ragione di non andarci. Parla di
　　　　　　　　　　　　　　　　　　tutti

tutti i Re e Principi di tutti i piccoli
Vbghi e Borghi che si posero in armi a
quella petizione; ma del Re di Corinto
non ne fa alcuna menzione; dove per lo
contrario e nell'Illiade, e nell'Odissea po-
no visibilmente tutto quel paese che Aca-
a vien chiamato, poi Carinta; e ch'era lor-
ro l'impero e gli stati del Re Agamennho-
ne, e di Menelao dice, che quelli comandavano a molte isole, ed a tutto il Peloponneso, ovvero Morea, πολλῇσι νήσοισι, xg
Ἄργεϊ παντὶ ἀνάσσειν ἀνάσσειν ἴμεν ἄρη. Inoltre Tucidide dice, che il più antico di
tutti i combattimenti, nel quale i popoli di Corinto abbiano fatto comparsa, fu
quello, che fecero contro gli Abitanti dell'Isola di Corfù; prælium omnium,
quæ navibus vetustissimum, inter Corinthios
& Corcyreos commissum est. Ora egli assicura nello stesso tempo, che questa battaglia
fu data 260. anni solamente avanti la fine
della guerra del Peloponneso, che avvenne nel primo anno della 89. Olimpiade l'
anno 4050. del periodo Giuliano; poiché
la guerra del Peloponneso terminò l'anno
4310. del medesimo periodo ch'è il primo
anno della 94. Olimpiade 795. anni dopo
la presa di Troja, accaduta, come tante
volte ho detto, l'anno 3505. del periodo
medesimo.

Dibattete 260. anni, restano 555. anni
fra la presa di Troja, e la battaglia di
Corinto contro Corfù. Dunque se questa
battaglia è il più antico monumento, in
cui si parla de' Corinti, ne siegue, che sarebbe

L 2

rebbe vaho cercare al tempo di Lajo, e
d' Edipo cioè più di 100. anni avanti la
presa di Troja, le memorie del preteso
regno di Polibo a Corinto; e che quanto
l' Autore del Romanzo di Telemaco ci
racconta è una supposizione direttamente
opposta a tutti i lumi della Storia.

VII. Egli aggiunge, che *la Regina che*
prese cura del fanciullo trovato, *e che lo fe-*
ce allevare come suo, *fù la famosa Regina*
Merope la quale non avendo figliuoli del Re
Polibo suo sposo, *lo persuadette a voler ad-*
dottare Edipo, *e farlo suo erede e succeffere*
al regno di Corinto. In tre parole, tre errori massiccj. Primo la famosa merope,
celebre tanto nella Storia de' Greci, non
era Regina di Corinto, ma bensì di Pilo
e di Messenia, paesi di Nestore del Peloponneso. Secondo ella non era moglie di Polibo
ma di Cresfonte uno degli Eraclidi, che
conquistò questo paese con la sua spada,
e ne scacciò i discendenti di Nestore.
Terzo Merope non viveva al tempo di
Lajo, nè d' Edipo, ma più di 100. anni
dopo, poichè suo marito era nipote d' Illo figlio del grand' Ercole. Questo Illo
ebbe per figlio Clodeo, il quale generò
Aristomaco, che fu padre di Cresfonte;
come si può raccogliere da Pausania; Appollodoro, Erodoto, Pindaro, Diodoro Siculo, Strabone, & Eusebio, ed in tal maniera Ercole era il trisavolo paterno della
Regina merope.

Ora noi abbiamo fatto vedere più sopra
che Lajo viveva al tempo d' Amfitrione

pa-

padre d'Ercole e quarto avolo paterno di
Cresfonte, e che questa illustre Regina
era figlia del Re d'Arcadia nominato Cip-
felo al quale il matrimonio di sua figlia
con uno degli Eraclidi, procurò la con-
fervazione de'suoi stati nel tempo ch'eglino quelli de' vicini distruggevano. Minerva sapeva molto male la Storia, facendo
questa gran Regina balia d'Edipo, ed ella avrebbe avuta quasi la medesima ragione di dire che la stessa figlia di Faraone,
che ritirò Mosè dalle acque nelle quali
era esposto, e ch'ebbe cura della sua educazione, preservò pure Edipo nel monte
Citerone sul quale egli era parimenti esposto, e sospeso ad un albero, e ch'ella
lo fece allevare congiuntamente a Mosè.
Merope ebbe un figlio del suo maritaggio
con Cresfonte il quale fu come suo padre
Re de' Pilj, e fu suo successore nel trono
e nel suo valore, questi si chiamava *Æg-
ptus* e fu la schiata de' Re d'Egitto, il- *Pauf.*
lustre ramo degli Eraclidi, come in Pausa- *l. 4.*
nia si legge.   *p. 221*

    Queste non furono però le sole falsità
che Minerva e Vulcano incisero sopra lo
scudo di Telemaco, ma com'egli era largo si prevalsero dello spazio per aggiunger-
vi un'ultima bugia, ch'è la morte de' due
Fratelli Polinice ed Eteocle, di rabbia,
mordendosi, stracciandosi, e mangiandosi
l'un, l'altro spirando.

    *La loro rabbia & odio non finirono colla
morte, per quello che dice l'Autore, va
ancora nel rogo ove furono posti i loro corpi*

per abbracciare, e come più forte ragione
nell'Inferno ove Filidip condannò, le loro
anime conservarebbe l'avverfione medesima
ch'aveano vivendo; e la fiamma che gli ab-
bruciava, in due parti si divise, e una por-
zione del fuoco allontanossi dall'altrui. Questo avvenimento io lo racconto per una no-
va falsità.

La decima è ch'egli aggiunge, che lo
stesso Edipo prima delle sue sventure di-
pinte nello scudo, aveva ammazzato la Sfin-
ge, Mentre la Storia dice, che questo Mostro ebbe tanto dispiacere di vedere il suo
enigma scioto di Edipo, che si precipitò
per disperazione dall'alto della rocca, ov'era
sempre, e s'ammazzò da se stesso di quella morte medesima della quale era solito
Papyr uccidere coloro, che non potevano sciorre
Stat. i suoi enigmi. *Victa cadit Sphinx.* Suppo-
Theb. sero infine Minerva, e Vulcano contra la veri-
lib. 11. tà della Storia, che l'infelice Edipo per pu-
nirsi d'un incesto e d'un parricidio com-
messi per ignoranza e per accidente, si cavò da se stesso gli occhi per pentimento o
per furore; e per contrario la Storia dice
solamente che vergognandosi d'avere ammazzato suo padre e sposata la sua propria
madre, si giudicò indegno di comparire più
fra gli uomini; rinunziò il suo regno, e si ritirò nel bosco per vivere fralle fiere errante e
vagabondo, senza vedere persona, come fece Caino dopo avere ammazzato il Fratello.
Senec.   *Seculi crimen vagor*
Oedip.   *Odium Deorum: juris exitium sacri,* lui fa
Act. 4. dire un autore, che ha copiato quelli di
Sc. 3. Sofocle   I par-

I partigiani di M. de Cambrai dicono che la maggior parte delle circostanze qui sopra mentovate, si trovano nella Tebaide Sacra di Stazio e nell'Edipo di Seneca, come pure in quello del Cornelio; e che questo è abbastanza per aver dato dritto a quest'illustre scrittore di farle incidere da Minerva, e da Vulcano sulle armi di Telemaco. In fatti questi due Poeti Latini fanno memoria de' piedi d'Edipo trapassati da un ferro.

Trajectum vulnere plantas Oedipoda di- **St. l. 1.** ce Stazio; e Seneca dice che **Teb.**

Ferrum per ambos tenue transactum pedes
Ligabat artus Vulneri innatus **Sen. Oe-**
Puerile fetu corpus urebat lue **dip. ac:**
4. Sc. 3.

Gli stessi Stazio e Seneca chiamano Polibo padre putativo d'Edipo, e lo fanno Re di Corinto; e Seneca dà il nome di merope a sua moglie; e fa anch'essa Regina di Corinto; eccovi come Stazio fa parlare Edipo

Possem tibi degere falso **Stan.**
Contentus Polibo. **Teb. l. 1**

Seneca dall'altra parte fa dire ad Edipo che non poteva essere, se non egli l'uccisore di suo padre ed il contaminatore del Letto di sua madre sposandola, poichè era nota a tutti la buona fama di suo padre, e che Merope non solamente non aveva giammai sospettato d'esser moglie del proprio figlio, ma che ella era per la sua castità e fedeltà una donna distinta

Thoris jugalis abnuit Merope nefas **Senec.**
Socera..... **Att. 3.**
Sc. I.

L 4 *Sof-*

Saepes cruore Polybus absoluit manus.

Il posseffo del regno di Tebe un dopo l'
altro, ciascuno un anno, tra Eteocle, e
Polinice figliuoli d'Edipo, come pure il
loro odio e gelosia, non solamente ci vengono da Stazio certificati, ma sono ancora
tutto il fondamento del suo Poema della
Tebaide, e della famosa tragedia de' due
Fratelli Tebani: eccovi come si spiega Stazio sul principio del suo Poema.

Fraternas acies, alternaque regna profanis
Decertata odiis, sontasque evoluere Thebas
Pierius mentis calor incidit.
　　　Inde regendi
Saevus amor, ruptaque vices, jurisque secundi
Ambitus impatiens & summo dulcis unum
　Stare loco.
　　Alterni placuit sub Legibus anni
　Exilio mutare Ducem
　　Jam sorte carebat.
　Dilatus Polinicis honor.

Il medesimo Stazio è pure d'accordo rispetto all'odio che i due fratelli dopo la
morte si portavano ancora, e dice che i
due cadaveri non puotero sopportarsi nel
rogo, e che la fiamma, che dovea consu-
marli si separò in due parti con orrore:

Nec furiis post fata modum flammasque re-
belles Seditione regi.

E qual cosa è più chiara in Seneca, in
Stazio, ed in Cornelio, dello strappamen-
to degli occhi di Edipo fatto colle proprie
mani?

Impia jam merita scrutatus lumina dextra
Merserat aeterna damnatum nocte pudorem
　　　　　　　　　di-

dice Stazio. Edipo si lagna appresso lo stesso Poeta, che i suoi figliuoli per crudeltà ricusino di prestargli le loro mani, e condurlo nella sua cecità, per non cadere in alcun precipizio.

Orbum visu, regnique parentem

Non regere.

Un testimonio oculare, che veduto aveva Edipo strapparsi gli occhi da se per furore, viene a raccontarlo sul Teatro nella Tragedia di Seneca in questi termini.

   Scrutatur avidus manibus uncis lumina   Sen.
   Radice ab ima funditus vulsos simul   Oedip.
   Evoluit orbes. Haeret in vacuo manus: Act. 5.
   Et fixa penitus unguibus lacerat cavo   Sc. 1.
   Alte recessu luminum, & inanes sinus:

Dippa nell'Edipo del Cornelio racconta Corn.
pure con qual furore questo infelice Prin- Oedip.
cipe si strappò gli occhi, e lo stesso Cor- Act. 5.
nelio parla molto chiaramente di Polibo, Sc. 8.
e del suo regno di Corinto; e dice, ch'
Edipo si supponeva figlio di questo Re, e
credeva succedere alla Corona e comandare a' Corinti. Ma che Isicrate suo Gover- Ibid.
natore venne ad annunciargli due triste Act. 5.
nuove, una ch'ei non era figliuolo di Po- Sc. 5.
libo, e l'altra ch'era escluso dalla sua successione, e dal regno di Corinto.

Adrasto è nominato da Stazio Suocero e
la moglie di Polinice, è chiamata da questo Poeta Argia, che molto conviene con
Agria. Ecco come Giove parla quando ha
stabilito di sterminare, e d'opprimere la
schiatta di Lajo, e d'Edipo.

   Belli mihi semina sunto   *Adra.*

Ecco le parole con le quali
Stazio rappresenta il dolore della sfortu-
nata Argia in tempo ch'ella ricevette la
trista nuova della morte del suo caro Sposo, e com'ella lo piange alla sepultura.

Qualis inops Argia viris. Non Regia vordi,
Non pater: una fides: unum Polynicis amaci:
Nomen in ore sedet.

viene a riconoscerla *... ...*

Nunc ego te infausti dubia regina profundi,
Ductorem belli, genitumque potentem in armis
Aspicio?

Ride e non rammenta di... da...

In questo Stazio è mallevadore, che li due
fratelli Eteocle, e Polinice s'ammazzaro-
no d'un colpo sùbito e scambievole:
Ma egli riferisce la cosa un poco diversamente, perché dice che uno avendo ferito
l'altro mortalmente ed essendosi abbassato
per dargli mille colpi anco dopo morto,
il furore rinvigorì lo spirito del semivivo,
e gli fece fare lo sforzo di cavargli la spada dal core, ed immergerla in quello del
fratello. Ma...

Utque superstantem, pronamque in pectore sensit
Evigilat occulte ferrum: ultraque latentis
Relliquias tenue ...lli supplevit ... enscis
Jam lætus fratris, non ... Pater vorde rellisti.

Da tutto questo converrà conchiudere
che l'Autore del Romanzo sia stato molto male informato facendo raccontare da
Mentore tutta la Storia d'Edipo con le
... circostanze, in questa maniera ch'egli
ha fatto, e d'inserirle sopra le armi di Telemaco.

Et

...... dico ch' è contro il buon senso il far prendere a Minerva, a Vulcano, a Mentore, ed a Telemaco le memorie intorno alla vera Storia d'Edipo nelle opere degli Autori, che fiorirono più di mille anni dopo la morte di Telemaco, e di appoggiare la verità di questa sull'autorità de' Poeti che hanno sempre avuto libertà d'alterarla, e falsificarla colle infinite immaginazioni loro. Bisogna come ho detto di sopra porre una grandissima differenza tra il racconto d'un'iscrizione incisa sopra i pubblici monumenti, come sono le armi d'un Principe, o lo scudo d'un Re, e le finzioni d'un Poeta, il quale per abbellire il suo poema col maraviglioso ed il sublime, finge tutto ciò ch'ei vuole, e trae dal fondo d'un'antica Storia tuttociò che gli piace. Ma un'artefice che incide le battaglie, o le azioni memorabili d'un Eroe ovvero alcuni famosi fatti Storici conosciuti a tutto il mondo, per conservarne la memoria alla posterità, deve farlo senza finzioni, senza aggiunte, senza mescolarvi bugie, e nella stessa maniera ch'erano conosciute, e ch'erano raccontate nel tempo ch'ei le scolpiva. Uno Scultore è responsabile al pubblico della sua fede, e della sua sincerità.

M. de Cambrai ha fatto appunto così, mentre non ha fatto menzione sopra lo scudo di Telemaco se non di mille particolarità che Stazio, e Seneca, ed il Cornelio hanno aggiunte all'antica Storia d'Edipo, e di loro capriccio inventate. Per esem-

esempio egli non fa parola d' una singolarità tanto notabile offervata da Stazio, ed è ch' Edipo cavati avendofi gli occhi li pofe in mano a' fuoi figlioli Eteocle, e Polinice, e che quefti per manifeftare l' odio che contro il loro padre nodrivano li gittarono a terra, e fotto i piedi li calpeftarono ; ciò che con ragione Stazio chiamò il più efecrando, ed il più moftruofo misfatto che fia giammai ftato commeffo.

In nati (facinus fine more) cadentes
Calcavere oculos.

L' Autore del Romanzo non parla niente più della tragica morte d' Edipo, d'Argia, e di Giocafta, & ha rigettato come falfo il teftimonio di Stazio il quale fa condurre Edipo cieco da Antigona fua figlia fopra i corpi morti d' Eteocle, e Polinice, ove poi colla madre ancora s' uccife; ed Argia moglie di Polinice fece lo fteffo. A' Poeti tanto cofta il far morire cinque perfone quanto una fola; bafta che trovino più poetico il far ammazzare padre, madre, figliuoli e la moglie ancora, per poi abbrucciarli tutti nel medefimo rogo, ed accertare la cofa come vera; ma l' Autore del Romanzo ha veduto che una fimile licenza non gli farebbe ftata perdonata. E perchè dunque vuol egli che fe gli lafci correre tutte le altre finzioni con le quali ha alterata la vera Storia d' Edipo, poichè egli non ha altra cauzione de'fatti che avanza, fe non l' autorità d' alcuni moderni poeti fopra le

avven-

avventure d'Etéocle e di Polinice, i quali, lasciarono de' fanciulli che regnarono dopo di loro come Terfandro figlio del primo, che andando all'assedio di Troja nella Misia fu ammazzato? Perchè s'è egli presa la libertà di mutare il nome appellativo d'*Argia*, che donna d'*Argo* vuol dire, in quello d'*Agria* che una *rustica, e selvaggia donna significa?* e quello d'*Irifile* che spiega *una donna amata dalla Dea Iride* Iris, ovvero che ama i colori dell'arco celeste, o il fiume detto Iri, del quale Appollonio di Rodi ne parla ne' *suoi Argonauti*, con quello d'Erifile che altra cosa non significa se non una donna contenziosa che la discordia, e lo strepito ama?

Infine Vulcano fabbricatore delle armi di Telemaco, e Minerva che ne lo rivestì (che non solamente gli serviva di precettore, ma ancora di Cameriera e di Scudiero,) dopo aver mentito a suo capriccio intorno al fatto d'Edipo; mentiscono, non meno sopra quello d'Anfiarao, rappresentandocelo come uno sciocco, che fu giuoco di sua Moglie Irifile; non solo lusingandosi pazzamente d'avere una donna molto saggia, fedele, e che perdutamente l'amava, mentrechè ell'era una libertina che amava molto Adrasto Re d'Argo, ma ancora affidandogli il suo secreto, e scoprendogli il luogo ove si nasconderà quando a cercarlo verranno per condurlo forzatamente alla guerra di Tebe, d'onde gli era stato detto che doveva perire, se avessero a-

vuoi la maniera di farvelo andare. Tanto
appunto desiderava la traditrice acciocchè il
povero uomo avesse a lasciare la pelle.
Così appena Adrasto gli ebbe fatto vedere
la bella Collana d'oro, della quale volea
fare a lei un dono, quando gli scoprì il
luogo ove Anfiarao era nascosto; ch'ella,
la quale aveva ancora più voglia di dirlo
di quello che Adrasto ne aveva di saperlo,
e tal un segreto confidato le dava troppo
affanno al cuore se con la bocca non se ne
liberava, si compiacque di contrassegnare
con l'occhio, e col piede al suo amante il
nascondiglio di suo marito. Questo vedendosi scoperto geme come un Vitello, e si
fa strascinare per non andare alla guerra,
perchè il buon Uomo era un gran poltrone, ed amava daddovero la vita; *ma siccome egli era un grande Astrologo, & indovino,* dal volo degli uccelli, e dall'aspetto
degli Astri, avea rilevato, che infallibil-
mente perduto si sarebbe nella guerra di
Tebe, se andato vi fosse. Nulla però gli
valse ritirarsi, piangere, e far vedere gli
uccelli e gli Astri che predetta la sua morte gli avevano. Adrasto lo fece strascinare
dianzi a lui per forza, e gli convenne andarci; dove appena arrivato si scaricò la
collera del Cielo, la terra s'aperse, e lo
inghiottì come uno scellerato per ordine
degli Dei. Ecco a un di presso l'idea che
l'Autore del Romanzo ci dà di questa Storia e quello che rappresentava la pittura
dello Scudo di questo Eroe fatto da Minerva stessa. Io lascio a pensare se gli Antichi

erchè Pagani avevano un simile sentimento sopra Anfiarao; essi che lo fanno il più
saggio, il più virtuoso, & il più compito
di tutti gli Uomini, secondo Omero, uno *Hom.*
de' loro maggiori numi, e lo chiamano il *Odiſſ.*
Salvatore de' popoli σωτήρ Αμφιαραoς al qua- *lib. 5.*
le alzarono un tempio magnifico in Tebe, *v. 244*
ove asseriſcono che la ſua Statua dà riſpo-
ſte; e dicono che ivi, ſi vegono continui
miracoli in favore di coloro, che vi fanno *Tert.lib.*
deſ pellegrinaggi di divozione, e ch'offro- *de ani-*
no i biſi. Tertuliano, e S. Clemente *mad.*
Aleſſandrino dicono che gli oracoli d'An- *cap.46.*
fiarao ſono celebri in Oropa Città della *Clem.*
Beozia. *Oraculis Anphiarai apud Oropum.* *Alex.*

Origene ancora parla nella ſua Apologia *oraz.*
della Religione Criſtiana contra Celſo, di *ad Gen.*
queſto Tempio, che Anfiarao avea a Te-
be e della grande fiducia, che queſta Città
aveva nella protezione di queſto preteſo
Dio, come pure ne' ſuoi preteſi miracoli.
Celſo li credeva coſì autentici, ſì ſtraordi-
narj, e coſì bene avverati, che arrivò
all'inſolenza, ed alla pazzia di paragonar-
li a quelli di G. C., e dire con una be-
ſtemmia quanto ridicola, altrettanto eſe-
cranda, che li Tebani ſono tanto ſicuri,
& hanno tanta ragione di rendere un culto divino, e d'offerire il Sagrifizio al loro
Dio tutelare Anfiarao, come noi altri
Criſtiani a G. C. *Poſt hæc Celſus opinatur
nos, qui comprehenſum, damnatunque ſuppli-
cio veneramus & adoramus (Θρησκεύοντας) idem
facere quod Getas qui Zamolxin venerantur,
& Cilizas qui Mopſum, & Thebanos qui Am-
phiaraum.* Le

Le saggie, giudiziose, sode, e dotte ri-
sposte d'Origene, e degne d'un gran Teologo, fanno vedere chiaramente che non
v'ha alcun rapporto nè alla maniera della quale noi veneriamo Cristo, con quella
con cui i Tebani Anfiarao onorano, nè a'
miracoli, & il merito delle loro persone;
ma oltre tutto elleno provano evidentemente che l' Anfiarao del quale è quistione,
era riverito come un Dio fra' pagani: e
però elle ci danno una manifesta dimostrazione che il ritratto fattovi da M. de Cambrai è intieramente falso. In fatti qual ap-
aparenza v' è che i Tebani abbiano come
ad un Dio fabbricato un magnifico, e superbo Tempio ad Anfiarao, se creduto lo
avessero come uno scelerato inabissato vivo dagli Dei stessi nelle viscere della terra? qual probabilità che abbiano reso un
culto divino ad una persona, che non aveva potuto guardarsi dalla malizia d' una
femmina, e dalle mani d'un Uomo? e qual
probabilità infine che loro abbiano preso
per prottettore, e per Dio tutellare, un
nimico, ed un Uomo morto con le armi
alla mano contra di essi nel tempo medesimo che gli faceva loro la guerra e che
in compagnia di Adrasto e degli altri Argivi assediava la loro Città?

Vi sono pure de' Contraditorj nel racconto che fa l'Autore del Romanzo intorno all'Astrologia d'Anfiarao; perchè s'egli
era un così eccellente indovino ed astrologo, che predetta s'aveva la morte, e con-
trasegnato il luogo ed il tempo onde morire

rire doveva; come non previde poi *che le*
femmine non sono amiche del segreto, ch'elle- Hom.
no amano le ciarle, e ch'egli non doveva con- Od. 11.
fidare il suo penfiero alla sua? A questo pro- *v.* 440.
posito si potrebbe dire all'Anfiarao di M. *& seqq.*
de Cambrai ciò che Tertuliano diffe per-
ischerno ad un Aftrologo che aveva abbrac-
ciata la Religione Criftiana, e che voleva
continuare il suo meftiero dopo il Battefi-
mo. *Nihil scis, Mathematice, si nesciebas te* Tertul.
futurum Criftianum. Si nsciebas hoc quoque sci- lib. *de*
re debueras nihil tibi futurum cum ista pro- Idol.
feffione. Ipfa te de periculo suo inftruent quæ cap. 9.
aliorum climaterica præcavit.

O che Anfiarao era un grande Aftrologo, ed un eccellente indovino, o ch' egli
nulla s'intendeva del suo meftiero. S'egli
niente se ne intendeva, non è meraviglia che
abbia accōfentito d'andare alla guerra di Tebe non avendo potuto prevedere che la terra
l'avrebbe ingojato, per lo contrario se
molto era eccellente nel suo meftiero, e se
prediffe le cofe più recondite, come è poffibile ch'egli non abbia preveduto, che una donna non manterrebbe il fegreto nè la fedeltà
che promeffa gli aveva fpofandola? Credeva egli forfe d'effere nel fecolo di Saturno,
nel quale le femmine erano fedeli, e che
la caftità del maritaggio non era ancora
bandita fopra la terra?

Credo pudicitiam Saturno rege moratam
In terris.   'Jur.

Non fapeva al contrario ch' egli vive- Sat. 10.
va in un fecolo il più corrotto che ci
foffe mai ftato? non conofceva il potere

       M che

che l'oro, l'argento, ed i doni hanno sopra le giovani donne, e non aveva sotto gli occhi, e nella famiglia stessa di sua moglie (che era della schiata di Danae, che Giove sedusse per mezzo della pioggia d'oro nella quale egli s'era mutato) un esempio in casa, che doveva farlo temere della debolezza del sesso? quest'era senza dubbio un molto cattivo astrologo, & aveva degl'infedeli uccelli, che non gli avvisarono quello che tutto il mondo sapeva. *Nihil scis, Mathematice, aut hoc scire debueras* ; il sopracitato Tertuliano. Ma la verità della Storia, e la conforme opinione degli antichi Autori intorno il fatto d'Anfiarao, c'illumina d'una cosa che M. de Cambrai non ha fatto che imbrogliare; & eccovi qual è.

I. Irifile sua moglie non era l'Adultera di Adrasto Re d'Argo, ma bensì sua sorella. Omero dice ch'ella amava teneramente suo marito come io farò vedere in appresso. Ella discendeva come Danae dall'antico *Danao* Re d'Argo, il quale ebbe per figlio *Linceo* di cui nacque *Aba* che generò Acrisio, e Preto gemelli i quali cominciarono le loro contese nel ventre della Madre *Ocalia*, e si batterono ivi assieme; cosa che predisse una futura divisione, che in fatti durò sino alla loro morte. Essi fecero due rami differenti, Acrisio non ebbe che una figlia della quale nacque Perséo dell'adulterio di Giove con essa, e questa è la famosa Danae della quale parla Orazio nella sua ode 16.

Per-

Perfeo ammazzò il suo avolo Acrifio, ficcome l'Oracolo l'aveva predetto, ed il fuo Zio continuò la pofterità mafcolina e riprefe il regno d'Argo dal quale fuo fratello l'aveva altre volte fcacciato. Ebbe per figlio *Megapente*, che fù fuo fucceffore alla Corona d'Argo il quale ebbe un figlio chiamato *Anaffagora*, che fuccedette pure a *Megapente*, ma che fece parte del regno co' figli di fua forella, *Melampo e Illia Biante*; e queft' ultimo che non aveva fe non una terza parte del regno d'Argo, ebbe un figlio chiamato *Talao*, che poffedette tutta la fua fucceffione, e lafciolla a' fuoi nipoti Adrafto, ed Irifile, moglie d'Anfiarao, con le guerre e tumilti; che gli eredi collateralli gli fufcitarono, come fi può vedere in Appollodoro, in Paufania, ed in S. Clemente Aleffandrino.

Hom.
l. 2.
Apoll.
l. 2.
Paufa-p. 67.
Pauf.

II. E' falfo che la terra fiafi aperta per ingojare Anfiarao vivo come uno fcellerato. Il buon uomo cadde per fua difgrazia in un precipizio, e s'ammazzò; perchè in vece di guardare il fuo cammino, egli fi divertiva come Aftrologo ad efaminare gli aftri, e come augure a vedere volare gli uccelli, così gli avvenne la difgrazia di quel famofo Filofofo, che cadde in un pozzo riguardando il Cielo, e le Stelle ov' egli non aveva che fare.

Argol.
Clem.
Allef.
Strom.
i.

III. E' vero per altro che fua moglie fu caufa ch' ei fu condotto in Tebe colle mani, e piedi legati ov' egli aveva predetto che morirebbe, e che fu ella pure la vera cagione della morte di fuo marito;

ma per due ragioni l'Autore del Romanzo non ne ha fatto parola. La prima perchè Irifile amava più gl'interessi della sua patria, e di suo fratello, che quelli della patria di suo marito, cioè Tebe. Era l'ultima premura degli Argivi il far perire Anfiarao, perchè egli era non solo l'ornamento, e la gloria di Tebe, ma ne era pure il consiglio, il sostegno, ed il protettore, e prediceva agli abitanti suoi compatrioti tuttociò che doveva avvenire. La seconda ragione che obbligò Irifile a sagrificare suo marito, fu l'oro, e l'argento del quale le donne d'Argo la ricolmarono, come Omero nella sua Odissea ricorda. Ma quest'oro le costò molto caro, perchè il figlio, ch'ella aveva avuto d'Anfiarao, e che si nominava *Alcmeone* concepì una tale indignazione contro sua madre per aver fatto perire il padre suo, che l'ammazzò di sua propria mano, e divenne furioso. Così l'oro degli Argivi costò la vita a queste tre persone, e fece perire la madre, il padre, & il figliuolo; questo è quello che ha voluto dire Orazio ne' versi seguenti.

Hom.
odif.
15.
v. 247.

Hor.   ————— *Concidit auguris*
l. 3.   *Argivi Domus, ob Lucrum*
Ad. 16. Demersa excidio,

M. de Cambrai non avrebbe mancato d'abbellire il suo Romanzo di tutte queste particolarità, e farle incidere da Vulcano sopra lo scudo di Telemaco, s'egli le avesse sapute; ma tanto peggio è per lui l'averle ignorate ed essersi impegnato a

par-

parlarne, quando poteva leggerle in Omero, che fa comparire l'anima d'Irifile,
in Plinio, in Filoftrato, e nel Poeta Stazio, ove elle sono molto diffusamente de-
scritte, come pure in Valerio Flacco. Vi
fosse almeno qualche cosa di vero, e con-
corde agli antichi Storici, in ciò che l'
Autore del Romanzo di Telemaco dice in
proposito d'Amfiarao; ma posso assicurar-
vi (e lo proverò) che una sola parola di
verità non v'è in tutto quello che dicesi
intorno al seguente personaggio, e che
questo è un intero rovesciamento di tutta
la Storia dell'Egitto.

M 3   Sto-

STORIA DELLA NASCITA
Vita, e Morte
D I
BOCCORI RE D' EGITTO
che regnò in Tebe.

Ffinchè io non venga tacciato come falsificatore de' fatti Storici, che M. de Cambrai riferifce nel fuo Romanzo, io rapportarò qui le fue proprie parole intorno fa nafcita, la vita, e la morte di Boccori Re d' Egitto, che foggiornava in Tebe.

I. Egli lo fa figlio di Sefoftri. II. lo dipinge come un moftro di crudeltà, di vanità, di avarizia d' ignoranza, e di bruttalità, e III. egli lo fa affaffinare da fuoi proprj fudditi contro lui ribellati.

Dopo aver riferita la morte di Sefoftri Re di Egitto, e l' univerfale defolazione nella quale tutti i fuoi popoli fi trovarono allorchè feppero la morte fua, aggiunge;

Ciò

Ciò che accrebbe il dolore della perdita di Sefoſtrì fu che ſuo figlio Boccorì non aveva nè umanità per i foreſtieri, nè curioſità per le ſcienze, nè ſtima per gli uomini virtuoſi, nè amore per la gloria. La grandezza di ſuo padre aveva contribuito a renderlo indegno di regnare. Egli era ſtato nodrito con dilicatezza e con una fierezza da belva; non conſiderava niente gli uomini, credendo che queſti foſſero fatti ſola per lui, & egli eſſere di una natura differente: non penſava ſe non a contentare le ſue paſſioni, a diſſipare gl' immenſi teſori che ſuo padre con tanta attenzione aveva ammaſſati, a tormentare i popoli, ſucchiare il ſangue degl' infelici, ed infine a ſeguitare i luſinghevoli conſigli della pazza gioventù che lo circondava. Queſt'era un moſtro, e non un Re; tutto l'Egitto fremeva, e quantunque il nome di Sefoſtrì tanto caro agli Egizj faceſſe loro tollerare la rilaſciata, e crudele condotta di ſuo figlio; un Principe coſì indegno del Trono non poteva lungo tempo regnare, e correva da per ſe ſteſſo incontro alla propria rovina.

Egli fa dipoi la deſcrizione della ſua morte e dice, che i ſuoi ſudditi ſi ribbellarono e preſero le armi contro lui, e che chiamarono in loro ſoccorſo gli ſtranieri, i Fenicj, e' Ciprioti; e Telemaco fa fede d'avere veduta dalla Torre ov'egli era prigione, tutta la rivoluzione, e la battaglia; eccovi le proprie ſue parole.

Queſto giovine Re (Boccori) era come un bel Cavallo ſenza briglia (bel paragone di un Re figlio di Re ad un bel Cavallo!) la

M 4 ſa-

*faviezza non moderava il suo valore . . . .
tutti i buoni erano coſtretti a deteſtare la ſua
folle condotta. La ſua furioſa ſuperbia lo faceva una beſtia feroce; (eccovi quante volte
onorato del nome di beſtia) egli fu oppreſſo,
io lo vidi perire dal dardo d'un Fenicio che
lo ferì nel petto; caddè dal ſuo carro, e fu
roveſciato ſotto i piedi de' Cavalli. Un Soldato dell'Iſola di Cipro gli tagliò la teſta e
prendendola per le chiome la moſtrò come in
Trionfo a tutto l'eſercito vittorioſo. Io non
ebbi fatica a credere che l'inſenſato Re Boccori aveſſe colle ſue violenze cauſato una rivoluzione tra' ſuoi ſudditi ed acceſa una guerra civile. .*

. In tutto queſto ragionamento una ſola
parola di verità non ſi trova.

Boccori non era figlio di Seſoſtri, ma
del Re Gneſatto, che Plutarco per una
licenza che è molto ordinaria a' Greci di
raddolcire i nomi barbari degli Egizj col
mezzo d'alcuni termini Greci, chiama Tec-
natis, & Ateneo *Neochabis*. Queſta diver-
ſità di nomi nulla impediſce che tutti gli
Autori non s'accordino che foſſe un ſolo.
Molti lo deſcrivono dicendo che Boccori
era figlio e ſucceſſore immediato di queſto
famoſo Re d'Egitto, il quale conducendo
la ſua armata in Arabia ſi trovò in una
eſtrema careſtia di viveri, per non avere potuto prima di lui arrivare i ſuoi forieri,
nè aſpettarli per mancanza di buoni Cavalli e di Camelli, e ſi contentò di poche
frutta di Palma e di alcune cattive erbe
che trovò ne' deſerti dell'Arabia, le quali ei
man-

mangiò con appetito, & avendo cambiato
nel dormire, e nel mangiare intieramente
il suo costume, congedò tutti i suoi cuci-
nieri e provigionieri, e rissolvette di con-
tentarsi per l'avvenire, di quello che avrebbe trovato accidentalmente e di non fare
più provigioni. Quest'azione servì d'un
grand'esempio a tutti i Signori, ed Uffiziali della sua Armata, e gli obbligò di
fare la stessa cosa, anzi per impegnarli
magiormente ordinò un assemblea nella sua
tenda, e là in mezzo a' Sacerdoti, vestitosi
de' sagri abiti, fece un'esclamazione pub-
blica contro la memoria del Re Menete
che fu il primo ad introdurre il lusso, e
la dilicatezza de' cibi, nelle mense de' Re
d'Egitto, e che andando all'armata s'aveva fatto seguitare da' provigionieri e vivan-
dieri in buon numero. Egli fece poi incidere questa sua esclamazione sopra una
magnifica Piramide fatta fare a questo
fine, e la lasciò in mezzo a quel deserto
nel quale gli erano mancati in viveri, acciochè servir potesse di monumento alla
posterità, la vittoria ch'egli aveva ri-
portata contra l'intemperanza; il qual monumento poi fu trasportato a Tebe nel
Tempio di Giove. *Gnefactum regem Boc-* Diod.
coridis sapientis patrem, exercitum in Ara- l. 1.
biam duxisse certum est (dice Diodoro Siculo nel lib. 1.) *Technatis, Bochareos pa-*
ter, cum in Arabes expeditionem faceret,
morarenturque impedimenta, cibo obvio sua-
viter usus, cepit super thoro profundum so-
mnum: inde Menem execratus est: & Sacer-
do-

Plut.   *doibus approbantibus, execrationem in stella*
Isid.   *incisam posuit*, dice Plutareo nel trattato
p. 354. ch'egli ha fatto sopra Iside e Serapide.

Erodoto, e Diodoro Siculo dicono, che
Diod.   Sefostri ebbe quattro figli, cioè Ferone,
l. 1.   Nancoreo, Remsi, e Ramele, ma nes-
Erod.   suno di questi ebbe nome Boccori; e va-
l. 2.   ria è l'opinione degli Autori intorno al
nome di quello che gli succedette. Plinio
lo chiama Nancoreo e ne fa l'Elogio.
Plin.   *Nancoreus Sesostridis filius*. Erodoto, ne se-
l. 36.   guenti termini Ferone lo crede, *Sesostre*
Her.   *defuncto regnum suscepisse ferunt Pheronem*.
l. 2.   Diodoro Siculo dice che il figlio, e successore immediato di Sefostri si chiamava
pure Sefostri come suo padre, e ch'egli
fu il secondo di nome, *Sesostris habuit fi-*
lium in regno succedentem, & patris nomen
sibi assumentem; altrove però colloca Acti-
sane Etiopeo fra Sefostri e Remphi. Il
famoso Cronologo de'primi Cristiani Africano, chiama Lachare il successore immediato di Sefostri presso il Sincello nella
12. Dinastia de' Re di Diospolis; e dice,
che Lachare regnò 8. anni e fece fabbricare il monumento, ove si fece porre in
Man.   un labirinto. *Lachares qui Labyrinthum sibi*
op. Ios. *sepulchrum paravit*. Lo stesso pone per lo
cont.   meno cinque o sei Re d'Egitto tra questo
Ap.   Lachare e Boccori: da un'altra parte Ma-
p. 1052. netone, il più celebre degli Storici Egizj,
dice che il successore di Sethos ovvero Se-
Mars.   sostri fu Rhamses, *Seniur è filius Ramses*.
Can.   Costui si gloria d'avere imparato tuttociò
Cron.   ch'egli ha scritto intorno questo proposito
p. 412.   da'

da' Sacerdoti d' Egitto, e da' registri de'
pubblici originali che quelli gli avevano
comunicato. Il Marshamo è della medesi- *Marsh.*
ma opinione, e dice che Rhamses figlio *ibid.*
primogenito di Sesostri gli succedette alla *p. 463.*
Corona, e non mette Boccori se non il
sesto Re dopo Sesostri, quasi 300. anni dopo, perch' egli segna la spedizione di Sesostri in Asia nell'anno 1377. dell'Era Egizia, e la morte di Boccori nel 1600.; ed
in altro luogo egli lo chiama *Ammenemes.* *Scal.*
Lo Scaligero dice che Sesostri non lasciò *p. 310.*
alcun figliuolo nè erede; perchè comen-
tando un passo di S. Paulino, nel quale
questo Santo Vescovo dice che Sesostri re- *Paul.*
gnò senza nome: *& qui regnavit sine nomi-* *Ap.*
ne mox, Sesostri dice, che la parola *senza no-* *Auf.*
me vuol dire senza erede; ma questa è una *Ep. 19.*
pura visione di questo sapiente Omero, *Euseb.*
ch' è dimenticato da tutta l' antichità; ed *ap.*
Eusebio dice che il Re Labari fu quello *Sinc.*
che succedette a Sesostri. *p. 59.*

La differenza de' nomi che tutti questi
Autori danno al figlio ed al successore di
Sesostri, non impedisce punto che non sieno uniformi in due cose. La prima in esclu-
dere Boccori facendolo molto posteriore a
Sesostri suo preteso padre: e la seconda
nella chiara descrizione che fanno del vero figlio di Sesostri rispetto a tre cose, le
quali a Boccori non convengono punto,
anzi provano al contrario, che questo figlio di Sesostri non può essere altri che
Ferone. La prima, ch' egli fu cieco; la
seconda che ricuperò la vista col mezzo

d'

d'un rimedio dall'oracolo indicatogli quando egli si portò a consultarlo ; e la terza
che fabbricò i due famosi obelischi de' quali Sisto V. P. M. ne fece alzare uno dirimpetto alla chiesa di S. Pietro in Roma,
che ancora al giorno d'oggi si vede . Ecco le stesse parole di Plinio : *Obeliscum cen-*
tum cubitorum post cæcitatem , visu reddito
ex Oraculo soli sacravit . Ejusdem remanet
Plin. 36 *& alius Romæ in Vaticano Caii & Neronis*
c. 11. *Principum Circo .*

Erodoto osserva queste tre circostanze ,
ma egli ne aggiunge una affatto piacevole, e che merita luogo in un libro fatto
per esaminare un Romanzo. Egli pretende che la perdita che quegli fece della
vista per il corso di dieci anni , accadde
non per qualche ordinario accidente ò
malattia, ma per un empietà da lui com-
messa contro il Dio del fiume d'Egitto ;
perchè essendo questo fiume oltremodo cre-
sciuto di giorno in giorno fino all' altezza
di 18. cubiti, ed inondato perciò avendo
tutto il paese, spinto il Re dal furore , e
dalla collera, lo maledì come se fosse stato una persona vivente, e vibrando rab-
biosamente una freccia , nelle sue acque
aggiunse *che nel cuore glie l'avrebbe scoccatá*
se trovarglielo avesse saputo . Una tale empietà fu seguita da un pronto acciecamento per volontà espressa degli Dei, i quali
vollero punirlo così della sua bruttalità, e
dargli il castigo del suo delitto. Portossi
tosto il Re a consultare l'Oracolo per sapere qual rimedio fosse opportuno per ri-

cu-

cuperare la vista, e n'ebbe la seguente
risposta. Che la vista gli farà restituita
subito ch'egli si farà lavati gli occhi con
urina di femmina casta, e virtuosa che
non avesse mai violato il Letto maritale.
Parevagli facile a trovare il rimedio e lu-
singavasi d'acquistare ben presto la sua sa-
lute; ma egli restò soprafatto riflettendo
che in un paese così popolato e così este-
so come l'Egitto, fosse necessario il corso
di dieci anni per ritrovare urina di donna
casta. Non indugiò la Regina sua moglie
a presentargli la sua protestando per tutti
gli Dei dell'Egitto che giammai conta-
minata non aveva la fede maritale; ma
ella, siccome ancora tutte le altre Dame
della Corte, che somministrato inutilmente lo stesso rimedio gli avevano, rimase
confusa e confessare gli convenne la sua
infedeltà; sicchè il meschino Re non meno di lei confuso, dovette senza vista re-
starsi.
Finalmente in capo a dieci anni si trovò una povera donnicciuola, che presenta-
tasi coraggiosamente al Re, protestò a
lui medesimo *che si contentava d'essere ab-*
brucciata viva se la sua urina risanato non
lo avesse. In fatti il lavarsi, ed il ricupera-
re la vista fu un punto medesimo, e nientemeno la ricompensa fu del merito. Ferone (o se si vuole il figlio di Sesostri)
non contento d'averle data una grossa
somma la sposò e la fece Regina. Riguardo poi alle altre femmine, che non
l'avevano potuto guarire e che avevano
da-

dato con ciò vivi testimonj della loro infedeltà, le fece tutte rinserrare in una
Città del suo Stato, e porre il fuoco a
quattro lati, facendo dire a loro continua-
mente di provare se con le loro urine
poteffero eftinguere le fiamme, che le in-
ceneriroro ben prefto. La vifta ricuperata
di quefto Re fu l' unico motivo della fabbrica de' due famofi Obelifchi poco fa mentovati, e de' quali uno ne ho io veduto a
Roma; ma tra l' infinito numero di perfone che li vedono, credo che molto pochi fappiano effere ftato il figlio di Sefoftri quello che fecegli innalzare, e molto
meno l' avventura del fuo acciecamento
ed il curiofo motivo della fua guarigione.
Il Sig. Maffimiliano Miffon Inglefe, Autore del novo viaggio d' Italia con figure
ftampato preffo Van Bulderen a l' Haya,
non lo feppe certamente, perchè, parlando di quefto Obelifco, avrebbe fatto il
racconto di quefta Storia; effendo uomo
che nota fino le ultime minutezze, e che
fi compiace di raccorre le notizie più frivole, e più ridicole.

Comunque fiafi, quefta fola Differtazio-
ne della vita del figlio, e fucceffore di Sefoftri è una chiara prova che non è ftato
Boccori, effendocchè quefto era già attualmente Re d' Egitto lungo tempo inanzi
che diveniffe cieco; e viffe ancora molto
dopo aver ricuperata la vifta. Ora fecondo l' Autore del Romanzo Boccori non
viffe appena cinque o fei mefi nel regno,
poichè lo fteffo Telemaco, che veduto l'ave-

va

va a proclamare Re ed afcendere il Trono
di Sefoftri nel tempo della fua prigionia,
egli medefimo lo vide dall'alto della fua fteffa prigione ove non iftette un intero anno: Noi offervammo più fopra come Diodoro Siculo lo chiama Boccori il faggio :
Gnephactum regem Boccoridis *SAPIENTIS*
patrem. In altro luogo lo fteffo autore dice ch' egli aveva il corpo debole ma l'
anima grande, e fublime, e ch' egli fu un
faggio e prudente Legislatore ; *corpore qui-*
dem debilis fed animo præftantiffimus. Legi-
lator erat prudens & folers. Eufebio parlando di Boccori dice che quefto è il grande
Legislatore degli Egizj. *Boccoris Ægyptis*
jura conftituit, e finalmente parlando de'
fuoi coftumi Eliano Storico, dice che non
folo per la giuftizia e per l'efatezza de'
giudizj, Boccori fi rendeva ftimabile ; ma
ancora per la fua eftrema pietà, per la
Religione verfo gli Dei, e per la innocenza e purità de' coftumi fuoi. *Extimaba-*
tur iuftus in judiciis & puro in Deum animo.

Eccovi quale fu quel Re, che M. de
Cambrai chiama una beftia feroce, un
Cavallo sfrenato, un moftro d' uomo. E'
più ragionevole chiamarlo a mio credere un prodigio di virtù, di faviezza, di
luce, e di giuftizia, nè poffo credere che
l' autore abbia qualche apparenza di fcufa, fe non in quello ch' ei dice del fuo
furore nell' opprimere i fuoi fudditi, fuc-
chiando loro per un' avarizia eccelliva tutto l' oro e l' argento che poteva, perchè *Dido.*
in fatti il citato Diodoro Siculo dice, che *S. l. 1.*
fu

fu avaro all'eſtremo. *Moribus autem fuit avariſſimus*. Ma non reſta che leggere quanto precede, e che ſegue queſto paſſo di Diodoro per riconoſcere ch'egli ha voluto dire che queſto Re era molto oconomo, e grande riſparmiatore delle ſue ricchezze, e che non ſolamente egli non profuſe nella ſontuoſità de'feſtini e nel luſſo degli abiti, ma che ſi aſteneva da tutte le ſuperfluità, e da tutti i piaceri, togliendo per così dire il vivere a ſe ſteſſo per impiegare i ſuoi teſori a mantenere la guerra che gli Etiopi altre volte ſottomeſſi da Seſoſtri gli tenevano acceſa, i quali finalmente, malgrado ogni ſua attenzione, ſi reſero aſſoluti padroni di tutto l'Egitto.

Sabbaconè fu la cauſa della perdita di queſto Re, perchè eſſendo arrivati in poderoſiſſimo numero gli Etiopi lo ſuperarono, e condotto prigione al mentovato Principe, fu abbrucciato vivo per ſuo ordine, ed in tal maniera rimaſe eſtinta con la vita dello ſventurato Boccori, la gloria di tutto l'Egitto. Tutte queſte coſe eſſendo accadute nel tempo ch' Oſea ultimo Re d'Iſraele regnava, non puotero per conſeguenza accaddere certamente ſe non verſo il tempo della prima Olimpiade, cioè l'anno 807. dell'Era Attica, e per conſeguenza 400. anni almeno dopo il ritorno di Telemaco in Itaca. Da tutto queſto ſi vede quanto il racconto, che l'Autore mette in bocca al figliuolo d'Uliſſe della morte di Boccori ucciſo da un ſoldato

dato

dato in una rivoluzione generale di tutto
l' Egitto contra questo supposto malvagio
Re , sia una favola mal inventata e dia-
metralmente opposta alla verità della Storia ; e quanto sia impossibile che Telemaco dalla sua Torre sia stato spettatore di
questa tragedia , quand' anche fosse accaduta nella maniera ch' ei la racconta ;
ma così appunto dilettasi l' Autore di ro-
vesciare la Storia antica egualmente che
il sentimento comune . Eccone un' altro
esempio toccante ciò ch' ei pretende, essere
stato padre di Boccori , il famoso Sefostri .

SESOSTRI RE D'EGITTO.

Stato di quel regno.

RE cose ci dice l'Autore del Romanzo.

I. *Che Sesostri regnava in Egitto quando Telemaco arrivò colà accompagnato da Mentore.*

II. *Che questo Re era allora fieramente irritato e pieno di sdegno contro i Tirj; perchè avevano somministrato truppe a suo fratello per ucciderlo, ed avevano ricusato di pagargli il tributo, e che egli faceva loro la guerra per terra e per mare; la qual cosa fu causa, che Telemaco, ch'era in un Vascello Fenicio sotto lo stendardo de' Tirj, fu fatto prigioniero, e condotto in Egitto in schiavitù.*

III. *Ch' egli morì di morte repentina in età molto avanzata. Aggiunge poi che l'Egitto era il più bello, il più sano, il più temperato clima, e la più florida regione del mondo; che i Re d'Egitto risedevano in Tebe; ch'essa era d'un immensa estensione; la più popolata città del mondo; in confronto della quale le più fiorite città della Grecia nulla erano; che v'erano in Tebe cento por-*

te,

te, e 22000. Città nell' Egitto; che navigando ful Nilo fino a Menfi, Telemaco e Mentore furono forprefi in vedere tutto il paefe pieno d'opulenti Ifole, e di magnifici Tempj, che al di fuori erano molto femplici, ma nell' interno maeftofi, e che i popoli che ivi fi trovavano, erano pieni di Religione, e di timore verfo gli Dei, e che ogni padre l'ifpirava a' fuoi figliuoli con l'amore delle arti e delle Lettere affieme: Che il venerabile vecchio Termofiri ch' era eccellente nella fcienza degli Egizj, e ch' era Sacerdote del Tempio d' Apollo, le infegnò tutte a Telemaco in que' fpaventofi deferti ed ardenti arene, e in mezzo alle pianure, nel tempo ch' ei pafcolava i greggi fotto il crudele Buffo il quale aveva l' autorità fopra gli altri fchiavi.

Ora tutte le fcienze che Termofiri infegnò a Telemaco fi riducono a quefte tre:

A comporre verfi; a cantar Inni; ed a fuonare così bene il Flauto e la Lira, che le Tigri, i Lioni, e gli Orfi vennero ad accarezzarlo e lambirgli i piedi, ed i Satiri ufcirono dalle forefte per ballare intorno a lui.

Eccovi quanto Telemaco apprefe nella Scola d' un così dotto Maeftro, con la picciola e giocofa Storia d' Apollo paftore, e cuftode della greggia del Re Admeto. Ma il mirabile è, che Telemaco non avendo in alcun tempo imparato a cantare, nè a fuonare alcuno ftrumento, nè poftofi mai Flauto alla bocca, non s' ebbe appena avvicinato quello di Termofiri, che divenne ne tosto maestro di musica, e la sua voce (che era rauca) *acquistò un' armonia celeste, che attrasse i pastori del deserto a venirlo ad ascoltare , i quali diventarono immobili e stupidi intorno lui per maraviglia*. Telemaco insegnò a tutti coloro a cantare ed a ballare, perchè il flauto del quale Termosiri gli avea fatto dono era incantato, e suonava da se stesso come quello di Flotino; sicchè non faceva d' uopo che avvicinarselo alla bocca per diventar subito musico, e bravo suonatore di Flauto.

Sarebbe far troppo onore a cose tanto ridicole, il trattenersi a farne una confutazione seria; elle non ne vagliono la fatica, e non v'è fanciullo così credulo ed innocente, che non s'avvegga sentendo un così fatto racconto, che non v'ha in esso il minimo principio di verisimiglianza. Io m'impegno solo a mostrare che tuttociò che ci ha detto M. de Cambrai intorno all'Egitto, alle sue Città, al suo Clima, a' suoi Re, a' suoi Tempj ed a' suoi costumi, è contro la verità; e che per quanto sia dotto questo grande Arcivescovo, egli parla di tai cose come se fosse un barbaro, e un Indiano, e come un Uomo cui manca ogni tintura di Geografia, e di Storia.

I. Il Clima dell'Egitto non fu giammai sano, nè temperato. Quest'è un paese affatto meridionale e aridissimo e caldo, le cui strade sono rese impraticabili dagli ardori del Sole, e dalle Sabbie ardenti della

Li-

Libia; ed è una chimera il dire, che vi
si veggano *nevi che mai finiscono & un in-*
verno perpetuo. Il gran numero di Laghi,
Stagni, Fosse, Paludi, Canali, Argini de'
quali gli antichi Re hanno riempito tutto
il paese per farvi scorrere le acque del Nilo, e portarle ne' luoghi che restano una
gran parte dell'anno asciuti, e così pure
i ponti è le sponde essendosi col progresso del tempo mezzo rotti, e spezzati,
ed arrestando il corso delle acque, fanno un orrido fettore & un aria densa, e
grossa ed i vapori che n'escono infettano tutto
il paese, e vi producono continue malattie.
La peste vi è quasi sempre; e Diodoro,
e Strabone fanno testimonianza che non
vi è quasi altra Città che quella d'Aleffandria che ne vada esente; e si sa ch'ella non fu fabbricata se non molti secoli
dopo il tempo di Telemaco. *Urbes aliæ ad* **Strab.**
Lacus sitæ in æstivis ardoribus aerem habent **lib. 17.**
gravem, & præfocantem, Lacum enim cre-
pidines exsicantur propter exalationes a sole
excitatos. cænoso autem ejusmodi vapore ex-
halante, aer morbis & pestilentia contrahitur.

Egli è vero però che il paese ch'era
vicino al Nilo era oltremodo fertile, e
che i Romani lo chiamavano il loro Gra-
najo, perchè facevano ivi le provigioni di biade, ma questa è la maniera
che tutta l'Africa è fertile. Niun paese
è tanto abbondante quanto quello che sulle coste del mare è situato, ma la parte
interna è deserta, incolta e non abitata

N 3 . che

che da' moſtri. Lo ſteſſo è dell' Egitto ; la vicinanza del Nilo e la campagna, che n' è irrigata è un belliſſimo paeſe , molto forte e popolato, e particolarmente tale era ne' tempi ſcorſi ; ma il reſto è ſempre ſtato molto ſterile, deſerto, e ſenza abitatori.

II. E' falſiſſimo che al tempo di Telemaco vi foſſero nell' Egitto 22000. Città, perchè, oltrechè Diodoro Siculo con tutte le ſue eſagerazioni ordinarie dice che ne' tempi andati non ſe ne contavano ſe non 18000., è incontraſtabile che tutte queſte Città non erano che piccioli Villaggi e Capanne. *Sedes quas aliquis incolit* , che gli Egizj chiamavano nomi νομοὶ. Plinio intende pertanto da queſta parola Governi, *Præfecturas* : ma ſi uniforma al primo ſenſo con S. Dioniſio Aleſſandrino, ch'era Patriarca di tutto il paeſe, col Geografo Tolomeo, Erodoto e Diodoro. *In ſanis litteris* , dice Diodoro, *notatum eſt Ægyptum antiquis temporibus habuiſſe urbes pagoſque inſignes ultra* 18000., & il poeta Teocrito che niente traſcura per innalzare la potenza de' Stati del ſuo Re Tolomeo Filadelfo dal quale aveva penſione , avanza la ſua poetica eſagerazione ſino a dire che egli 300. Città dominava: τρεις μὲν δι πολίων 'εκατοντάδες ἐν δεδμηντω . Io sò che il *Lungapietra* che ha tradotto queſto paſſo dice, che Teocrito non intende parlare ſe non delle Città che Tolomeo aveva di nuovo fabbricato; e immediatamente dopo ſoggiunge, che *queſto Re aveva* an-

Scap. Lex. in νμω
Dion. Alleſ. ap.Euſ. Hiſt. Ed. l. 16.
Diod. lib. 1.
Teot. Idill.17 v. 37.
Teocr ibid.

è ancora 33000. Città e Villaggj che l'obbedi-
vano; ma io sostengo ch' egli ha mal esposto il sentimento del poeta, e che Teo-
critò parla in questo secondo passo delle
Città, ch'erano fuori dell'Egitto e che
dipendevano dal Re Tolomeo suo Padrone.

III. M. de Cambrai ha non meno male
inteso ciò che gli antichi inteso hanno per
le 100. porte della Città di Tebe.
Theba vetus centum jacet obruta portis dice Juv. *Juv.*
Iuvenale, dopo Omero che la chiama *Heca-* *Sat.* 15.
tompyle la Città di 100. porte; e Ammiano Marcellino dice *Hecatompylas Thebas ne-* *v. 6.*
mo non novit. Questo Prelato credette, *Am.*
che effettivamente essa avesse avuto 100. *Mar.*
uscite, dalle quali si potesse sortire di Te- *lib. 17.*
be; e che le mura onde questa Città era
circondata fossero forate in cento parti,
in ogn' una delle quali vi fosse un magnifico portone per cui gli abitanti sortire potessero. Questa tuttavia non è quello che
Diodoro Siculo dice, al quale si dovrebbe
prestar fede; essendoche si trovò in Tebe
come egli stesso racconta, nella 180. O-
limpiade 30. anni in circa prima che questa Città fosse rovinata da Cornelio Gal-
lo, che fu il primo Governatore ivi mandato da Augusto 3. anni dopo, la battaglia *Eus. n.*
d'Azio come dice Eusebio. Egli è vero 1989.
ch'essa era stata diroccata molto tempo
avanti da Tolomeo Filometore, come afferma Pausania, ma le vestigie di queste 100. *Pauf.*
porte restavano ancora al tempo di Dio- *in Attic.*
doro, che personalmente le esaminò.

N 4

Egli

Egli dice dunqe, che gli antichi Re di
Tebe e particolarmente Menete, Orifide,
la Regina Nitocri, ed il Re Meride per
avere sempre una Cavalleria di 20000. Uomini pronti a marciare al primo cenno,
fecero erigere ne' Borghi di Tebe sopra
la strada che a Memfi conduce, cento belle e magnifiche scuderie 50. per parte del
Nilo, ciascuna delle quali era capace di
200. Cavalli ed altrettanti Carri apparecchiati per la guerra co' quartieri per gli
Offiziali. Queste Scuderie erano isolate e
separate da picciole stradelle; che facava-
no il più bell' effetto del mondo passando il Nilo; & oltre a ciò elle erano d'
una estraordinaria grandezza e larghezza,
incrostate di marmo granito nelle parti
di Siena ritrovato, che è del più bel colore che vedere si possa e che non si
smarisce mai; come si può vedere nella Piramide ch' è vicina alla Piazza di
Spagna a Roma alla porta del popolo, che non ha perduto la sua bellezza
& il suo colore, sebbene sono quasi 3000.
anni che è fatta, Non v' è dubbio per
altro, che quando questi 20000. Cavalli
con gli Offiziali è Carri armati sortivano
da queste 100. separate scuderie nel circui-
to di Tebe, si poteva dire con ragione,
che questa era una Città con 100. porte
da ognuna delle quali uscivano 200. Uomini armati a Cavallo, e tanti Carri da
guerra: questi sono i suoi due versi parola a parola tradotti.

Thebæ centum portarum sunt, Ducenti autem
                                        Per

Diod.
Sic.
lib. I.

Per unamquamque virt egrediuntur cum equis
& curribus. Hom. Il. lib, 21. v. 385.

Ed ecco innoltre il comentario di questo
passo d'Omero fatto da Diodoro, testimo‑
nio oculare della cosa; *Viginti millia cu‑*
rium recurà inde ad bella exire. Centum e‑
nim erant Equilia ad ripam Fluvii a Mem‑
phi usque Thebas Libicas unaquaque ducento‑
rum equorum capace, quorum fundamenta
etiamnum ostenduntur.

Se le belle Scuderie, e le sontuose fab‑
briche ov'erano i Carri da guerra, e gli
appartamenti degli offiziali disposti in for‑
ma d'Isole, sono quelli de' quali M. de
Cambrai ha inteso parlare, quando ha fat‑
to dire al suo Telemaco, ch'egli fu sorpre‑
so vedendo lungo il Fiume, da Memfi sino a
Tebe, una quantità innumerabile di belle e
ricche Isole e di Case di Campagna magnifi‑
che, egli ha qualche ragione; perchè es‑
sendo le Scuderie, e le Case degli Offizia‑
li e loro Servi isolate, avevano esse l'ap‑
parenza di tante Isole, e formavano un
bellissimo spettacolo agli occhi de' spetta‑
tori; ma se ha inteso di parlare di vere
Isole fertili e di Case di delizia come ne
hanno le persone di qualità, egli s'ingan‑
na, perchè oltre il paese che è nel basso
Egitto, che si chiama il Delta dell'Egit‑
to, perchè ha la figura della lettera gre‑
ca chiamata Delta, come pure la celebre
Isola di Faro e le vie ove sono le sette
foci del Nilo, che formano in queste par‑
ti tante Isole mettendo foce per sette di‑
verse boche nel mare; io non conosco
pae‑

prese al mondo, che sia meno abbondante
di ricche Isole, e di belle Villereccie Case, quanto l'Etiopia ove gli antichi hanno sempre situato Tebe; o Menelao in
Omero volendo dire ch'egli era andato
da Memsi a Tebe, dice a Telemaco. *io
me ne andai d'Egitto in Etiopia*; similmente Omero disse la cosa stessa d'Ulisse nella sua Odiss. lib. I. v. 22.

Intorno a questo proposito il Cavaliere
Marshamo ha spacciato un grande Anacronismo. Intende egli per le 100. *porte di
Tebe* le 100. piazze d'armi, che Sesostri
avea fatto colà fabbricare, le quali erano
come 100. Palagj, o Cittadelle militari,
dov'egli teneva la maggior parte delle sue
truppe di riserva, e faceva imparare loro
l'arte della guerra; cosicchè quando questi Soldati uscivano di Tebe per andare
contro il nimico aveasi ragione di dire che
uscivano per cento porte; e che questa
grande Città gli mandava fuori del suo
seno da 100. uscite. Questo è molto veri-
simile; ma Sesostri (secondo il Marshamo) non avendo vissuto che molto tempo dopo la ruina di Troja, tempo in cui
la Città di Tebe aveva già cento porte,
è cosa ridicola attribuirne a Sesostri la
fabbrica. Non ostante però non è meraviglia che ci siano state 100. piazze d'armi
e 100. spezie di Cittadelle nella Città Capitale del suo regno, perchè in quel tempo non v'era altro mestiere, altra impie-
go, o altra occupazione che quella della
guerra; ed essendo una spezie d'obbligazione,

zione, e di Religione il feguitare il fuo
Re alla guerra, ognuno vi concorreva
tofto che era capace di portare le armi.
Per quefto non è da ftupirfi che ci fieno
ftate Cafe o Cittedelle onde apprendere e
ftudiare tal' arte.

E' cofa foprendente che vi fiano cento
Conventi di Religiofi, o cento Capitoli,
o Seminarj di Preti a Parigi? La Cafa de'
Certofini, quella de' Celeftini, di S. Vet-
tore, e di S. Lazzaro, non fono efle men
vafte e men ripiene che il Palagio degl'
Invalidi di Parigi? La Religione Criftiana
ha mutato faccia in molte cofe, e le picciole Città di divozione ch' ella occupa al
prefente, erano in altro tempo occupate da'
figliuoli del fecolo, ficcome a' Soldati di
Faraone fuccedettero i folitarj della Tebaide.

IV. Una tale rifleffione mi conduce in-
fenfibilmente ad offervare un errore di
molta maggior confeguenza intorno a quello, che M. de Cambrai ha fatto dire al
fuo Telemaco fopra i Tempj d' Egitto.

Dic' egli che erano femplici al di fuori, e
maeftofi al di dentro.

Appunto tutto al rovefcio. E fe M. de
Cambrai avefle tanto letto i Santi Padri
della Chiefa com' egli ha letto i Romanr-
zi, avrebbe facilmente veduto la gran differenza che i S. S. Padri mettono fra la
Religione Criftiana, e quella de' Pagani,
e che tutta la bellezza, e la maeftà della
Religione di quefti ultimi è nel di fuori,
e che quella della Criftiana Religione è
nell'

nell'interno e nel cuore. Niente v'è di più augufto, e di più magnifico, come affermano Tertuliano ed Origene, de' Tempj degli Egizj; perchè del più fino marmo, del più diftineo diafpro, e del più fcelto porfido fono fabbricati. Niente che infpira più il timore ed il rifpetto de' facri folti bofchi, e le tenebre ofcure delle ftrade de' loro Tempj. Niente di più maeftofo delle loro cerimonie, proceffioniy Sagrifizj, purificazioni, Geroglifici, e degli abiti de' loro Sacerdoti. Si direbbe, che la divinità che adoravafi in quefti augufti Tempj con tanta pompa e grandezza, foffe qualche cofa di grande e molto degna di riverenza; ma tutto all' oppofto; un Gatto, un Bue, un Serpente, un Moftro di bizzara figura, ed un Cane erano i Dei, da loro adorati.

Iuv.
Sac.15.

Quis nefcit qualia demens
Ægyptus portenta colit? Crocodilon adorat
Pars hæc. Illa pavet faturum ferpentibus Ibim.
Effigies facri nitet aurea Circopithæci.
Illic cæruleos, hic pifcem fluminis, illic
Oppida tota canem venerantur.

Niente di più femplice al contrario, di più povero, di meno fontuofo, e meno brillante al di fuori che la Religione Criftiana, ma non v'è cofa così maeftofa al di dentro. Niente più grande, più magnifico e più efficace de' fuoi mifterj; e i fuoi Tempj quanto più fono femplici, e fenza pompa all'efterno, fono tanto più venerabili, maeftofi, Religiofi e divoti internamente. Eccovi dice Tertulliano la gran

dif-

differenza che paffa fra la Religione de'
Pagani e la noftra. Il pregio della loro
Religione è quel fuperficiale fplendore, o
quel magnifico efterno prodotto dalle im-
menfe fpefe che fanno per accrefcere la
propria gloria al di fuori, e nulla al di *Tert:*
dentro. *Idolorum folemnità vel arcana de lib. de*
fuggeftu, & apparatu deque fumptu fidem & Bapt.
authoritatem fibi adftruunt? *c. 2.*

„ Al contrario la noftra Religione, con-
„ tinua lo fteffo Tertulliano, niente ha
„ che occupi i fenfi, che rifplenda agli
„ occhi mondani, e pure nulla perde per
„ la fua povertà, e per la fua femplicità:
„ ma quel che la rende maravigliofa e di-
„ vina fi è, che non fervendofi fe non
„ di baffi iftromenti, e di cofe comuni e
„ triviali, ella porge a quefti forza, e
„ virtù di produrre effetti non ordinarj;
„ e ch'effendo così femplice al di fuori
„ ella è altrettanto efficace, e potente al
„ di dentro. *Humilitas in actu: magnificen-* *Tert.*
„ *tia in effectu . . . Simplicitas & poteftas.* *ibid.*
Quefto è quello, che l'accennato Tertu- *c. 2.*
lliano chiama le proprietà effenziali ed il
carattere della vera Religione di Dio, *pro-*
prietas Dei.

La Storia Ecclefiaftica c'infegna che nel
tempo che Teofilo Zio di S. Cirillo, era
Arcivefcovo d'Aleffandria, l'Imperatore,
avendo permeffo agli Egizj di convertire
gli antichi Tempj de' loro predeceffori pagani in Chiefe Cattoliche, fi cominciò ad
atterrare tutte le porte de' più fecreti fan-
tuarj ed a fcoprirne i tetti affine di farvi
en-

trarve 'ogni perfona ed efporre alla visita comune tutte le brutture, e fciocchierie dell' antico Egiziano Paganefimo, e che quando ne furono tratti tutti gl'Idoli, e fvelati i più fegreti mifterj, il Sole fi coprì con le nubi, nafcondendofi come per vergogna di vedere tanti, ridicoli Simulacri. I più faggi e modefti Criftiani trattenerfi non puoterono di ridere e piangere in un medefimo tempo fopra l'acciecamento, e la ftolidezza de' loro padri; che avevano refo omaggio a figure de' moftri degne di rifo, e di orrore. Ecco quelle opere d'Architettura e fcultura, e que' Tempj che M. de Cambrai ammira come femplici e maeftofi, e che ammirare fa al fuo Telemaco ed a Mentore.

Hor. Satyr. *Spectatum admiffi rifum teneatis amici?*

Egli non potrà nemmeno fcufarfi fopra la maniera di fabbricare offervata nell'efteriore de' Tempj, & altre opere d'Architettura e Scultura dagli Egizj al tempo di Telemaco: perchè è falfiffimo che foffero capaci di farlo con quella nobile fimplicità e naturalezza, che offervafi nelle opere de' Scultori ed Architetti Greci i quali poffedevano la maniera di lavorare a perfezione il marmo, e di animare per così dire, le pietre. Al contrario tutte le loro opere di Architettura, come fi può rilevare da' frammenti, che ci reftano, non hanno niente di fino nè alcuna di quelle gentili grazie mentovate fpeffiffimo da M. de Cambrai, ma fono d'una gran mole groffolano e rozze. Anzi in cambio che

tutto

tutto il loro pregio consista nella simplicità e maestà, consiste all'opposto nella
grandezza de' materiali che impiegavano,
e nella spaventevole ammasso di pietre, di
Colossi, e di terra che inalzavano per
fabbricare il più picciolo Tempio; credendo che il bello nella grandezza consi-
stesse.

Il Cavalier Marshamo pretende, che il *Marf.*
Tempio di Salomone non fosse che un *Chon.*
epilogo ed una picciola idea della larghez- *Egiz.*
za e lunghezza del menomo di questi ul- *p. 210.*
timi, e che oltre le tre parti componenti *Sæc. 9.*
il Tempio de' Giudei, cioè il Portico esteriore ove stava il popolo; il portico interiore ove i Sacerdoti si purificavano &
offerivano il Sagrifizio, ed il Santuario
ove il solo gran Sacerdote entrava una
volta all'anno, v'era nel più picciolo de'
Tempj d'Egitto un gran tratto di terra
che poteva essere lo spazio di cento campi lastricato di pietre, e che si chiamava
le Corti (Δρομος) il quale serviva d'adito a tre grandi vestiboli prima d'entrare
nel portico esteriore del popolo, e quest'
era il luogo ove camminavano i Buoi &
altri Animali al Sagrifizio destinati. Questa
gran Piazza era tutta circondata da piante
sagre che facevano ombra a certi ruscelletti
ne' quali il popolo si lavava; cose tutte le
quali occupar dovevano uno spazio & un
terreno oltremodo grande. Odansi le parole di Strabone. *Templorum apud illos* *Strab.*
(*Ægyptios*) *structura talis est. In fani in- l. 17.*
greffu pavimentum est, latitudine jugeri, aut p. 805.

pau-

paulominus, longitudine tripla, aut quadrupla, unde Callimacho (Cursus) dicitur. Postea magnum vestibulum, & ubi processeris, aliud vestibulum rursumque aliud. Post vestibula Atrium magnum & eximium. Delubrum vero mediocre.

Eccovi in che consisteva tutta la bellezza de' Tempj d'Egitto; nell'estesa del terreno, che occupavano, nel grand' ammasso di pietre, e ne' smisurati Colossi che vi si vedevano. Non era però lo stesso delle altre opere d'Architettura degli Egizj. Le loro Piramidi tanto decantate altro non erano che un ammasso mostruoso di terra, e di pietre senz'ordine senza simetria, e senza proporzione incassate. I loro famosi Obelischi niente aveano di gentile, nè osservabili erano se non per la loro smisurata altezza, e grossezza. Gli argini, i ripari, ed i canali de' quali i primi Re riempirono quel paese per trasportarvi le acque de' mari e de' fiumi, non sono sorprendenti per altro che per la moltitudine innumerabile delle persone, che al lavoro di così fatte operazioni convenne impiegare; quantunque però non impiegassero giammai a tali uffizj alcuno de' loro soldati o paesani, nè alcuna persona libera, ma solo i schiavi stranieri, e quelli che aveano vinti, e fatti prigioni di guerra: come in fatti nella scrittura vediamo che in tal maniera il Re Faraone impiegò il popolo di Dio fatto schiavo in Egitto.

Ma se non v'era alcuna finezza o dilicatez-

tezza, nè alcuna maestà e simplicità nella
loro Architettura, molto meno ve n' era
nel loro culto. Niuna cofa m' ha più for-
prefo nel Telemaco quanto il vedere che
l'Autore che è un virtuofiffimo Arcivefcovo, loda tanto la *Religione e la pietà degli
Egizj*. Che vi dica dunque in che confifte-
va effa? *forfe nell'adorare ferpenti ed ecam-
biare la gloria di Dio (come dice S. Paolo) nella forma d'un Coccodrillo?* erano colo-
rò tanto perfuafi che quefto vile animale
era Dio, che non contenti di nutrirne
fempre uno vivo nè' loro Templj, fin di-
pingerne la figura fopra la pofta del Santuario, d'offerirgli fagrifizj, e tutti quegli onori rendergli che a Dio Creatore del
Cielo e della terra erano dovuti; non tra-
lafciavano mai a loro voglia, per un empio inganno ma folito a pagani, di dare il
nome di Dio al loro Re, e dire che un tal
Principe era Dio e ch'egli era un Coccodrillo. Il dotto Bocarto prova con l'autorità di tutti i Leffici arabi che quefta parola Pharaon, che davano a quafi tutti i *Bo-
loro Re, Coccodrillo fignifica, & il Pro-* *anim.*
fefta Ezechielo al cap. 29., e 30. ne fa *l.fc.18.*
menzione.

Dopo averli lodati intorno la loro divozione egli li decanta per la loro ofpita-
lità. Telemaco dice che fu ricevuto con
onori eftraordinarj da Sefoftri, e che quefto Principe ad efempio de' fuoi predeceffori amava & accoglieva favorevolmente i Foreftieri. Ma la cofa è tutta al contrario,
e teftimonio ne è il famofo Re Bufiride,

O uno

uno de' fuoi antenati , che tutti gli am-
mazzava . E' un vizio generale di tutti i
Barbari (cioè di tutte le nazioni del mondo toltone la Greca e la Romana) il non
avere alcuna umanità per i Forestieri, come l'osserva molto bene Eratostene in Strabone . *Eratosthenes autor est*, dice Strabone,
consuetudinem esse omnibus barbaris commu-
ne ut hospites pellant, ed aggiunge, che
in ogni tempo sono stati accusati gli Egizj come i più crudeli, ed i più perfidi verso i
Forestieri che vanno nel loro paese, di tutti gli altri popoli barbari, *Ægyptios verò*
accusari inhospitalitatis, lo stesso Strabone.

Strab. lib. 17.

Il gran Pompeo lo provò più di qualunque altro, perchè appena fu egli en-
trato nell'Egitto che il Re di questo paese, il quale gli era per ogni modo obbligato a segno *di essergli debitore della Coro-*
na stessa, lo fece empiamente assassinare .
In fatti Pompeo lo predisse, perchè entrando nel Vascello, che questo Re spedi-
to gli aveva per venire a lui, egli disse
ad alta voce queste parole di Simonide.
Ognuno ch'entra nella Casa d'un tiranno de-

Plut. in Vit. Pomp.

ve determinarsi a lasciare la sua libertà alla
porta, e pensare ch'egli divione schiavo di
quello che lo riceve; e sua moglie Cornelia
che non meno di lui conosceva la mala fede degli Egizj, e che sapeva che avevano
l'anima più nera del volto, s'oppose alla
sua andata tra loro, e fece ogni sforzo per
distorvelo; nè ci fu alcuno di quelli che
lo seguirono dopo la rota di Farsaglia che
non lo configliasse ad affidarsi piuttosto a'
Leo-

Leoni, ed alle Tigri dell' Africa, che al
Re ed al popolo dell' Egitto, ed a coloro
che avevano avuto il governo nel tempo
della minorità.

Non ulli comitum scelleris præsagia deerant. Luc.

Ma come dice Lucano, Pompeo cedet- Pharf.
te alla sua mala forte, e fù costretto dal lib. 8.
suo perverso destino alla perdita della vita, v. 572.
che bene prevedeva di aver a perdere frà
gli Egizj.

Fotino capo del Consiglio della Corte
d'Egitto non ebbe sì tosto promosso il disegno di far morire Pompeo, che tutti i
Consiglieri di Stato & il Re (seguendo
l'inclinazione naturale & ordinaria della
loro crudeltà contro li stranieri) appro-
varono questo sentimento, e conchiusero
tutti la sua morte, protestando ad alta voce con Fotino, che era massima trà loro
stabilita in ogni tempo di non dare asilo
agl' infelici, e di procurare sempre d'ammazzare coloro, che i Dei cominciato a-
vevano a maltrattare.

Nulla fides unquam miseros elegit amicos. Luc.
Assensere omnes scelleri. Pharf.

Achilla fu scelto per esecutore del dise- l.8.536.
gno ed egli fù il primo che d' un colpo 537.
mortale ferì nel cuore Pompeo quando
montò nel Vascello dell' Ammiraglio per
entrare ne' Stati del Re suo Padrone.

Phariamque ablatus in alnum.
Perdiderat jam jura sui. Tunc stringere ferrum
Regia Monstra parant . . .

Ed eccovi in qual maniera gli Egizj trat-
tavano i loro ospiti, e come esercitavano

O 2 l'osl'ospitalità. M. de Cambrai ha un bel vantare questa virtù in Sesostri, e negli Egizj, che al tempo di Telemaco vivevano. Io non vedo che il giovine Eroe del suo Romanzo, sia stato niente meglio ricevuto alla Corte d'Egitto, di quello che si fosse dipoi Pompeo, volendo anche attenersi a quanto egli medesimo racconta. Non v'ha persona nobile che non trovi la servitù più aspra, assai della morte, e senza dubbio Telemaco avrebbe amato meglio, che Sesostri lo avesse fatto ammazzare, piuttosto che impiegarlo a guardare le capre nelle Montagne e nei deserti dell'Etiopia con un branco di peccore e sotto il comando d'un Pastore, come egli stesso narra a Mentore. Che importa che Sesostri stesso non abbia dato immediatamente l'ordine di sua propria bocca di trattarlo in così strana maniera? fu bene un nuovo Fotino nella persona del crudele & artificioso Metofi suo primo Ministro, il quale con la sua violenza e brutalità ingannò il Re, facendogli credere che Telemaco e Mentore fossero Fenicj e non Greci, e colpevoli di delitti di Stato. Non furono perciò meno maltrattati, e Sesostri meno colpevole non fu del delitto d'inospitalità e di crudeltà verso gli stranieri. Questa è la maniera con la quale i figliuoli de' Re vengono ricevuti nelle più polite Corti? e questo è il modo con cui tratta un Re saggio i Principi stranieri che vengono a vedere i suoi stati? Si cambia contegno dalla sera alla mattina, e dopo averli ricevuti il giorno pre-

precedente con' tutta la pompa immaginabile, si permette che i Ministri il giorno
dietro facciano loro sofferire tutti i più barbari trattamenti, e le più villane ignomi-
nie che all'ultimo de' suoi schiavi non si
farebbono tollerare?

Non ci può essere cosa più atta a confermare quello ch'io intendo di provare,
cioè che gli Egizj antichi non conoscevano
no la virtù dell'ospitalità; perchè se co-
nosciuta l'avessero, in vece di porre in ca-
tene e in servitù le persone di qualità,
che il giorno prima il loro Re colmato
avea di onori, avrebbero avuto sommo
piacere di fare ad esse vedere tutte le cu-
riosità dell Egitto, e di regalarle nella miglior maniera che avessero potuto, invi-
tandoli da se stessi a porre il piede in un
paese in cui ognuno era pronto a ben ri-
ceverli, e vago di far loro le più fine ac-
coglienze.

Quippe fides si pura foret, si Regia magno
Sceptrotum autori verà pietate pateret,
Venturum tota Pharium cum Classe Tyrannum.
Dice Lucano in simili occasioni. Ma
non puotero nascondere la loro naturale
indole, ed essendo della razza di Busiride
il quale dopo aver ingannato con belle parole i forestieri, che giravano il suo regno,
li strangolava il di seguente e li mangia-
va dipoi. Fecero dapprima buon viso a
Telemaco ed al suo Precettore Mentore,
ma il giorno dopo spedirono l'uno in prigione, e l'altro in esilio. Eccovi qual era
la disposizione degli Egizj per i Greci al

tem-

tempo che Telemaco andò frà loro. Ma
questo varia molto da quello che M. de
Cambrai fa dire a Sesostri, che amava i
forestieri e voleva vedérli e parlar ad eſſi.
Io amo i Greci (dic' egli) *Io amo grandemen-
te le perſone di queſta nazione*. Ciò nemmeno s'accorda con le familiàri converſazio-
ni, nè con i pranzi che Telemaco fece con
Termosiri il gran Sacerdote d' Apollo , e
co' Paſtori ſuoi amici entro il deſerto nel
tempo della ſua ſchiavitù; perchè gli Egizj non mangiavano mai co' ſtranieri , nè
davano loro giammai da mangiare; tenendo come profanati tutti i cibi che i foreſtieri toccavano. *Ægyptus illicitum fuit co-
medere Hebræis & profanum putant bujuſmo-
di convivium*, nella ſcrittura Gen. 43. 32..
Tutti gli antichi autori accordano la ſteſ-
Cher.
ap.
Porp.
lib.4.de
abſt. ſa coſa, e Cheremone in Porfirio dice chiaramente ch' era legge inviolabile fra gli
Egizj di non mangiare giammai con un
foreſtiero. *Nemini cultus oſtraneis convivebant*.
Ma ſe il non poter mangiare co' ſtra-
nièri era legge univerſale per tutti gli
Egizj, quanto più ſi dee credere oſſervata
da' loro Sacerdoti ? Non avrebbono eſſi
parlato con un foreſtiero per tutte le ricchezze del mondo. Fuggivano da chiunque non era della loro Religione più che
dalla morte, e la ſola condizione d'abbracciare la Religione degli Egizj e circon-
ciderſi , poteva ammettere uno ſtraniero a
converſare co' Sacerdoti dell'Egitto. Queſto
fu il mezzo con cui Pittagora , che ardeva di
brama di apprendere le ſcienze degli Egizj,
s'in-

s'introduffe e fi fece ftrada appreffo i
Sacerdoti, che erano i loro Teologi, e
Mitagogifti. Si fece egli circoncidere per
effere ricevuto nella loro fcuola (come
S. Clemente Aleffandrino afferma) *Ut cum Clem.*
Ægyptorum Sacerdotibus congredi poffet Py- Allex.
thagoras per eos circumcifus fuit. Ciò però *Strom.*
non effendo abbaftanza, fù d'uopo ancora *l. 1.*
per poter trattare con un Sacerdote intorno la Teologia e le fcienze degli Egizj, purificarfi in molte maniere, ed aftenerfi da una moltitudine di cofe delle quali i Sacerdoti medefimi comandavano la
privazione, ficcome dice Cheremone in *Cher.*
Porfirio. *Qui enim illos accedebant, fefe ap-*
prius purgare, & a multis abftinere opporte- Porp.
bat. Mos ifte apud omnes Ægypti Sacerdotes l. 4. de
receptus eft. Abft.

Per quefta ragione adunque convien di- s. 7.
re neceffariamente che effendo a Telemaco permeffo di converfare e familiarizarfi
con Termofiri Sacerdote del Tempio d'
Apollo, fi foffe fatto circoncidere. Ma che
dico io circoncidere? bifogna che col ferro
e col rafojo egli fia ftato meffo in quello
ftato medefimo, che il Zio d'Eloifa mife
Abailardo per avere violata la oneftà della nipote di lui; perchè i Sacerdoti Egizj
volevano che tutti que' foreftieri che de-
fideravano d'effere ammeffi a' loro mifterj, ed entrare nel loro commercio fi faceffero in tutto fimili a' loro. Ora effendo eglino non folamente circoncifi ma ancora Eunuchi per divozione: *Aliis virilia*
relinquunt. Ægyptii autem virilia circumci-

O 4 *dunt,*

dunt, bifogna dunque, che Telemaco fog-
giaceuto abbia alla Legge, e che l'onore
di contentare col Termofiri gli abbia co-
ftato l'effere Uomo; e dir conviene che
nè Calipfo, nè la giovane Echari, nè
la belliffima Antiope figlia del Re Idomeneo, nè alcuna delle belle Ninfe dell'Ifola d'amore e di Cipro, nè Venere medefima, abbiano fcoperto la fua fegreta
infermità; perchè è ragionevole il credere, che elle non fi farebbono tanto affa-
ticate per averlo o per ifpofo o per ina-
morato, e non fi farebbono moftrate tanto premurofe come il Romanzo le rapprefenta. Che fe almeno per ricompenfa d'
una sì violente & ignominofa mutilazione
avefle ancora il gran Sacerdote Termofiri
infegnato a Telemaco le fcienze degli
Egizj, e fpiegato gli avefle tutti i più fegreti mifterj della Religione, e tutti i
fuoi fagri Geroglifici, ovvero gli avefle fatto
un dono del libro originale di Trimegifto
fcritto di fua propria mano, come il nuovo Re di Creta gliene fece uno delle Leggi di Minofle fcritte di proprio pugno di
quel Re; quefto povero ftorpio fi farebbe un poco confolato nella fua difgrazia,
come fece Pitagora, che fe ne ritornò al-
legro nella Grecia, arricchito di tutte le
fcienze de' Sacerdoti d'Egitto. Ma tutto il
regalo che Termofiri diede a Telemaco con-
fiftette in alcuni *Poeti Egizj*, *in moftrargli*
alcuni verfi da lui compofti, *fuonare per di-*
vertirlo, *alcune ariette vecchie*, *fopra la*
fua Lira d'oro, *cantare certe canzoni Egizie*,
e far-

Tel.
l. 1.

e fargli un dono d'un dolce Flauto che gl'insegnò a suonare. Per altro questo vecchio
aveva una gran barba bianca che gli pendeva
fino alla cintura , e la fronte calva ; ma
non la testa; era Sacerdote d'un Tempio che
gli Egizj in un oscura foresta avevano fabbricato ad Apollo; e portava indosso una ve-
ste candida come la sua barba. Egli era valente musico, ed aveva una voce così dolce capace d'intenerire, fino a chiamare dagli
alti monti gli uccelli per ascoltare i suoi divini accenti. Esortò questi Telemaco a coltivare le Muse e ad insegnare a' Pastori il
coltivarle, e portossi poi con loro a sagrificare nel Tempio ad Apollo .

Le femmine, i fanciulli e gl'ignoranti,
che alcuna cognizione non hanno delle maniere de' costumi, e de' studj degli antichi Egizj, nè de' loro Sacerdoti, rimango-
no sorpresi da questo passo del Romanzo;
ed io gli ho veduti apprezzarlo assai; ma
le persone illuminate, come ancora quelle,
che non sono che mediocremente dote, e
che forse hanno alquanto letto Erodoto ,
Plutarco, Diodoro Siculo, Strabone; e fra
gli altri il singolar frammento dello Stoico
Cheremone conservatoci da Porfirio; intorno alla dottrina, ed alla maniera di vivere de' Sacerdoti Egizj, non possono trat-
tenere le risa, vedendo che v'è tanto poca
correllazione tra il sentimento di questi autori, e quello che M. de Cambrai ci racconta; come v'è fra la maniera di vivere;
di trattare, e di vestirsi ne' boschi dell'Ar-
menia, con quella d'un Gentiluomo allevato

to nella Corte di Francia ; e questo è
quello ch' io voglio provare distintamente .
Ci parla egli con troppo crassa ignoranza *di Musica, di Poesia, d'Apollo, e delle sue
Muse frà gli antichi Egizj, d'un Tempio di
Marmo, che a questo Dio era fabbricato e d'
un Sacerdote Egizio che con un Greco gli fa
Sacrifizio* . Non conoscevano gli Egizj nè
Apollo , nè le sue Muse , ed era proibito
dalla Legge a questi di studiare e d' imparare la Musica, come Diodoro Siculo nel
I. libro ne fa testimonianza , *Musicam disce-
re prohibentur,* nè sapevano altresì cosa fosse Poesia, e versificazione . Tutte le iscrizioni antiche che abbiamo negli Obelischi,
e nelle Piramidi , sono in prosa , nè ci è
a notizia alcun Poeta Egizio, come nemmeno la misura de' loro versi: anzicchè i Dotti stessi della lingua Copta ed Egizia pretendono che incapaci siano , come la Chi-
nese , di versificazione . Non così però dell'
Ebrea , e dell'Araba, nelle quali abbiamo
un gran numero di Poesie ; e non ha gua-
ri che s' è rilevato che i loro versi a somi-
glianza de' Francesi , e degl' Italiani sono
rimati .

Al tempo di Mosè e di Giobbe ci erano
Poeti Ebrei celebri, ed il Cantico già can-
tato all'uscir del Mar Rosso, come pure
una gran parte del libro di Giobbe erano
in versi . Davide fu eccellentissimo Poeta ; ma giammai non trovasi fatta menzione di Poeti Egizj, poichè chiunque in
quella nazione aveva genio e talento per
la Poesia, apprendeva il Greco e componeva

neva verfi in quefta lingua, non éffendo-
gli poffibile comporne nella fua propria
quantunque nativa. Lino e Mufeo nativi
tutti due della Città di Tebe in Egitto ,
furono i primi in quel Paefe che inven-
taffero la Mufica e la Poefia, ma non
ofando di fuonar colà la Lira e l'Arpa e
di compor verfi fe n'andarono a cercare
altrove fortuna. Lino s'acquiftò tanta ri-
putazione, che il grand'Ercole volle ftudiare fotto di lui, e lo elleffe fuo Maeftro
di titolo folamente; ma comecchè quefto
Eroe, quantunque foffe un Semideo, era
molto feroce, avvenne che un giorno non
fuonando fecondo il volere del fuo Maeftro effendo corretto, Ercole fu trafportato dalla colera in tal modo, che gli gittò
la fua Cetra nel Capo, e mife a morte il
povero Lino. Ciò però non fu d'impedi-
mento alla buona fama di quefto famofo
Poeta, e Mufico, perchè Orfeo, e Tamiri fuoi Difcepoli, molto più di Ercole gli
fecero onore. Ognuno fa il merito del
primo di cui M. de Cambrai molto fpeffo
parla nel fuo Romanzo; e Tamiri (dice
Omero) fuonava così mirabilmente ogni
forta d'inftrumento e componéva verfi
con tanta pulitezza, che le Mufe ingelo-
fite e temendo di non poter fuonare il
liuto e comporre verfi così belli come
quelli di Tamiri, alla prefenza degl' Dei
gli fi rivoltarono contro, e gli fecero perdere la vifta e la memoria; togliendoli
con ciò il dono ch'elle medefime fatto
gli aveano. *Et Dotion, ubi Mufa occurren-*
tes

tes *Thamyrin Threicium fpoliarunt cantu, Af-*
ferebat enim gloriabundus fe fuperaturum,
ettamfi ipfæ, Mufæ canerent fecum, filiæ Io-
vis. Illa autem iratte cæcum illum fecerunt,
& ei cantum divinum ademerunt, & oblivi-
fci fecerunt artem pulfandi Cytharam: così
Omero lib. 2. della fua Illiade. Quefto
Tamiri lafciò un figlio che fu non menò
di fuo Padre eccellente Poeta, perfetto
Mufico, & abile fuonatore d' ogni ftro-
mento; quefti è il celebre Mufeo tanto
rinomato fra' Greci. Egli era come fuo
Padre nativo di Tebe in Egitto, e fe O-
mero dinomina Tamiti *abitante della Tra-*
cia, ciò fu a cagione del foggiorno ch' ivi
fece dopo che fua madre, la Ninfa Ar-
giope, abitante del Parnaffo; s' era ritira-
ta a Odrifa di Tracia, dopo la morte di
fuo marito Filamone di cui ne parla il
marmo d' Arondel.

Io non ho riferito qui tutte quefte cofe
fe non per dimoftrare quanto poco cafo
facevano gli Egizj della Poefia e della
Mufica, e che coloro che avevano inclinazione e talento per quefte belle arti,
come pure gl' inventori, abbandonavano
il loro paefe, nel quale non v' era alcun
diletto nè ftima per effe. Non facevano
alcun ufo di una lingua afpra, e non con-
facente alla coftruzione, all' armoniofa
cadenza della Mufica, e de' verfi, come
farebbero la Polacca, e la Mofcovita a'
noftri dì, e andavano a ftudiare la Greca
che pare fatta appofta per tai cofe, come
anche la Francefe, e la Latina.

Græ-

—————*Gratis dedit ore retundo Musa loqui.*

Ma se i Sacerdoti d'Egitto non istudiavano nè la Musica, nè la Poesia, e nulla si curavano di compor versi, nè di cantare; molto meno si saranno applicati alla danza studiando l'arte di fare graziosi balli? Erano costoro le persone del mondo più gravi, più serie, più modeste, e più applicate alla contemplazione delle cose celesti, di qualunque altra nazione; e se Cicerone ha creduto che non è possibile danzare senza essere riscaldato dal vino, *nemo saltat sobrius*, bisogna necessariamente concludere che giammai i Sacerdoti Egizj non ballassero, nè suonassero il loro Liuto, nè il loro Flauto per far ballare i Pastori, le Capre, gli Alberi, e le Montagne; poichè religiosissimi essendo, fuggivano il vino e qualunque altra cosa, che ubricarli avesse potuto. Ecco il ritratto che il Filosofo Cheremone fa al naturale dopo averli lungamente praticati. *Renuntiantes omni occupationi & negotiationibus humanis, per totam vitam contemplationi rerum divinarum se tradunt. Inter simulacra Deorum semper versantur. Ex habitu gravitas: incessus aequabilis: aspectus stabilis, risus rarus: manus semper intra vestem... Victus tenuis est & simplex. Vinum alii omninò non bibunt, alii parcissimè degustant.* Veramente questo ritratto rassomiglia molto ad un suonatore di Flauto e ad un mastro di ballo, come il Romanzo di Telemaco ce lo rappresenta! Egli non dà altra occupazione a Termosiri che quella di suonare la Lira, far ballare i Pastori,

ftori, lodare la felicità d'Apollo divenuto
Mufico e Suonatore, e Maeftro di ballò
preffo Admeto; ma quefto è un conofcere male i Sacerdoti Egizj. Lo defcrive innoltre
con gran barba bianca che giungevagli fino al-
la cintura. Due confiderabili errori, perchè tutti i Sacerdoti dell'Egitto fi facevano radere accuratamente la barba, i capelli e generalmente tutti i peli del corpo; ed
al contrario di tutte le altre nazioni, dal
momento che erano in lutto fi facevano
radere la tefta. è la barba per palefare
la loro triftezza. Gli Egizj lafciavanfi cre-
fcere i capelli e la barba, quando fi trovavano nelle aflizioni, e nel tempo delle
pubbliche calamità; ma in ogni altro tempo
non tolleravano neppure un capello fopra la
tefta, nè il menomo pelo ful mento. Queft'era il loro iftituto, il loro ufo, e la loro religione, e con ciò un Sacerdote ed un
Filofofo d'Egitto fi diftinguevano da un
Sacerdote e da un Filofofo della Grecia, i
quali lunghi capelli e lunga barba affetta-

Horat.
Sat.
vano di portare, come dice Orazio nelle
fue Satire... *Barbatum crede magiftrum*
dicere.

Il coftume di portare la tefta ed il mento rafo confervavafi ancora fra' Sacerdoti
Egiziani al tempo di Giuvenale, poichè
egli nella fua Satira 6. v. 534. chiama i
Sacerdoti Egizj *beftie fenza pelo, gregem cal-*
vum, perciò non v'è dubbio che fe Termofiri fi foffe prefentato al Tempio per fagrificare con *quella gran barba bianca che*
fino alla cintura gli pendeva come (M. de
Cam-

Cambrai lo defcrive), i fuoi Confratelli
l'avrebbono cacciato come un Caprone, ovvero l'avrebbono rafo ful punto iftefflo ;
nello iftefflo modo che i Canonici della Cattedrale di Clermont in Avergna fecero un
tempo al loro Vefcovo Antonio Duprat, la
cui ftoria nella mia Prefazione ho accennata.

Iṇ tal maniera certamente i Sacerdoti
Egizj avrebbono trattato il Sacerdote Termofiri s'egli avefle avuto ardire di prefen-
tarfi con una barba, come l'Autore del Romanzo lo fuppone, e fe per ifcufarlo fi di-
cefle, ch'ella era pofticia ed artificiale, è
da credere, che non oftante quefto, i Sacerdoti mancato non avrebbono di ftrap-
pargliela entrando nel Tempio, e come un
Commediante rimproverarlo. In fatti l'Autore lo vefte niente diffimile da un Commediante, con una grande, e larga vefte
candida, fenza nemmeno dirci che quefta
bella vefte d'altra cofa non era che di fina
tela di lino; effendoche è indubitato che
la regola e l'iftituto de' Sacerdoti Egizj non
permetteva di portare altro abito nè fopra
nè fotto che di tela di lino; e non avevano altra vefte di feta, o di qualunque altra cofa. Leggendo l'elogio che M. de Cambrai fa della Lana de' Montoni d'Egitto e
delle Capre di Creta e della Betica, fembra ch'ei dir voglia che la vefte del fuo
Termofiri fofle di bianchiffima e finiffima
lana; ma egli deve fapere, che i Sacerdoti Egizj, come pure i Difcepoli di Pitagora avevano in abborimento la lana e le
car-

Juron. carni degli animali canuti. *Lanatis anima-*
Sat. 15. *libus abstinet omnis*, ed Apulejo in termini
v. 11. chiari dice, che, riguardavano come abiti
profani e impuri le vesti tessute di Lana.
Lana Orphei & Pitagoræ scitis, prophanus
Ap. *vestitus est, sed mundissima lini seges indutui*
Apol. *& amictui Sanctissimi Ægyptiorum sacerdotibus*
p. 506. *usurpatur.*

M. de Cambrai è caduto innoltre in un
altro grossissimo errore intorno a Termosiri rappresentandolo come sagrificante unito
a Telemaco e agli altri Pastori, e dicendo
che dopo aver molto suonato il Flauto seco loro *li conduçe nel Tempio d' Apollo del*
quale egli era Sacerdote, e che là tutti assieme
offerirono Sagrifizj a questo preteso Dio. Non
sa egli, che tanto fra gli Egizj come fra'
Giudei era un enorme delitto il lasciar sagrificare chichesia che Sacerdote non fosse,
e che a' soli Sacerdoti un tal potere era
conceduto? *Nemo Ægyptiorum Diis sagrifi-*
Jos.con.cat præpter Sacerdotes, dice Gioseffo nel suo
Ap.l. 2. singolar trattato contro Appione; e lo stesso nel medesimo passo aggiunge che i Re
dell'Egitto due cose sole a' Sacerdoti ri-
servarono; il Sagrificio, ovvero il culto di
Dio, e la Predicazione, ovvero l'insegne-
mento della Teologia e della Filosofia
Sacerdotes Ægyptis dicunt, duo sibi a Re-
gibus ab initio præcepta fuisse, cultum Deo-
Jos. ib.rum & sapientiæ tractandæ studium. Come adunque non sarà cosa ridicola il rap-
presentare Termosiri, che a Telemaco, e
a' Pastori guardiani di Capre e Peccore dà
la libertà di predicare la Dottrina e la Teologia

logìa degli Egizj, al popolo nel suo Tempio d'Apollo? e come non farà meno massiccio sproposito far condurre da Termosiri le medesime persone al Tempio, e dar loro libertà d'ascendere all'altare, e sacrificarvi? Ah che bisogna avere attenzione a quel che si dice, e particolarmente quando si tratta di scrivere. Poca applicazione gli avrebbe fatto vedere essere contro il buon senso, dire che in Egitto v'era un bel Tempio dedicato ad Apollo, e servito da' Sacerdoti Egizj . Questi avevano due sorta di Dei, gli uni, come dice Sanconiatone in Eusebio da loro nominati *Cabiri* cioè i Dei del primo ordine che i Latini chiamano *Dii Majorum gentium*, ed altri da loro chiamati Semidei, e da' Latini *Dii minorum gentium*. V'erano altresì fra loro alcuni Tempj fabbricati a Vulcano, al Sole, a Cerere, a Pane, a Priapo, ed alla Madre degli Dei; ma Apollo suonatore di stromenti, e compositore de' versi non era numerato nè fra gli Dei maggiori nè fra gli minori, nè ad esso v'era chi si degnasse rendere il menomo di quegli onori, che pur si rendevano a' gatti, a' topi, e ad altri animali ancora; anzi col suonare un Violino lo beffeggiavano.

Non si può negare per altro che nella Dinastia degli Dei che Mercurio Trimegisto inciso aveva sopra le Colonne tradotte da Manettone Sacerdote Egizio, e conservateci dal Sincello, non vi si leggesse fra' Semidei il nome d'Apollo posto *Sinc.* nel *p.* 18.

P

nel duodecimo luogo del Quadro. Gli viene dati 25. anni di regno; ma quefti tali
Dei altro non rapprefentano che i corpi
celefti, de' quali l'Egizia Aftrologia offervato aveva il corfo; e gli anni di regno
dati loro da Trimegifto, altra cofa non
fono che il tempo in cui fanno la loro rivoluzione, ovvero che comparifcono fo-
Man. pra il noftro Orizonte: ficcome Manetone
ap.Sinc preffo il Sincello fpiega quefto paffo a ma-
ibid. raviglia. Quefti fono quegli Dei, che la
Scrittura Santa chiama in molti luoghi la
milizia del Cielo, quelli a' quali effa dice
che Ifraello offeriva fagrifizio, e rendeva
un' idolatra adorazione all' efempio degli
*Hier.*19 Egizj. *Sagrificaverunt omni militia cœli, &*
13. *libaverunt libamina Diis alienis,* dice il
Profeta Geremia. Apollo era il nome d'
una di quefte coftellazioni, in quella maniera medefima che nel noftro Zodiaco
truovanfi il capro il Lione ec. accennati
con nomi arbitrarj inventati da' primi Aftro-
logi. Comunque fiafi però è evidente che
non già all'Apollo fuonatore e Poeta, li
Egizj alzarono Tempj e Statue, ma all'a-
ftro del Cielo chiamato Apollo, e refero
allo fteffo gli onori divini. Imperciocchè
li Sacerdoti Egizj fi ftudiavano fopra tutto,
come fecero dipoi li Maghi, e i Caldei,
d' effere grandi aftronomi; e come dicono
Giamblico, e Cheremone, ad altro non at-
tendevano fuorchè all' Auranographia. Paf-
-favano le intere noti con una Sfera, un
Aftrolabio, ed un Compaffo alla mano negli offervatorj a fpeculare le ftelle, e par-
tivano

tivano la loro vita in due occupazioni ;
una ad adorare gli Dei, e l'altra a studiare le Effemeridi, il Cielo folare, e Cani-
culare, il Periodo fotiaco, la Gnomonica,
la Geometria e l'Aritmetica; come chiaramente afferma il Filofofo Gheremone preffo Porfirio lib. ⅓ parag. 6. *Noctem deſlina-*
bant ad cæleſtium contemplationem, diem ad
Deorum cultum: Reliquam tempus in ſpecula-
tionibus Arithmeticis , Geometricifque occu-
pati erunt .

Così M. de Cambrai in vece di porre
una Lira d'Oro nelle mani del Sacerdote
Termofiri, ed un Flauto alla bocca , e
fargli fare lunghi difcorfi in vantaggio
della Mufica, della Poefia e della foave
vita de' Paftori , che impiegavano il tempo a cantare, a ballare e nelle occupazioni d'Apollo quando fervì Admeto; doveva all' oppofto rapprefentarlo del tutto
occupato all' Aftrologia, quefta fola fcienza laudando, e ponendogli in mano un
Aftrofabio, e una Sfera. Finalmente in
vece di rapprefentarlo offerente i Sacrifizj
al Dio de' Poeti e della Mufica , doveva
fargli adorare le Stelle erranti e le fiffe :
In fatti quefta è la maniera con la quale
S. Clemente Aleffandrino (che prima d'
effere Sacerdote Criftiano in Egitto , ftu-
diato aveva perfettamente il modo di vivere degli Egizj antichi idolatri Sacerdoti) li rapprefenta quando in pubblico e
proceffionalmente camminavano. Il paffo
è molto curiofo, e quefto gran Santo pro-
tefta averlo ricopiato parola per parola

da' libri originali di Mercurio Trimegisto, che al suo tempo si conservavano negli Archivj de' Tempj dell' Egitto : eccovi i proprj termini.

Uno de' capi, e de' primi Ministri del Colleggio de' Sacerdoti Egitj è il Cantore, che
precede sempre nelle loro Processioni. _ Primus
procedit cantor. Dopo il Cantore segue l'
Oroscopo, il quale tiene un Orologio in mano & un certo strumento d' Astrologia che si
chiama Phenix. E' necessario che quello che
ottiene questa dignità abbia intiera cognizione
de' libri dell' Astrologia di Mercurio che sono
quattro, uno tratta delle Stelle fisse che sono
sopra il nostro Orizonte, l' altro sopra la
congiunzione e sopra la luce del Sole e della
Luna, e i due altri sopra il loro nascere.

Dietro a questo viene il Segretario delle
cose sante, e de' Misterj. Egli ha un maz-
zetto di penne sul Capello, & un libro con
una riga nelle mani, e dell' inchiostro per
iscrivere. Egli è obbligato di sapere esattamente cosa siano Geroglifici, Cosmografia,
e tutte le rivoluzioni del Sole, della Luna,
e de' cinque pianetti; la Carta dell' Egitto,
tutto il paese che il Nilo divide e tutte le
cerimonie delle Feste, de' misterj e tutti i
luoghi Santi. Deve pure conoscere tutte
le misure, e tenerne un modello appresso di
sé, e finalmente saper deve tutto quello che
concerne l' amministrazione delle cose sante, e la spiegazione de' Misterj e de' Geroglifici.

Il Segretario è seguitato dallo Stolista;
quest' è il lavoratore degli Abiti, e delle
Sto-

Stole, ed il suo uffizio è di operare con giu-
stizia; il simbolo di cui sono il Compasso, la
Squadra, e la Misura, che il medesimo tiene in mano, come pure la Coppa che per
fare le libazioni ha nell' altra. Deve egli
essere appieno informato di tuttociò che riguarda la Disciplina; & a lui appartiene il
diritto di scegliere le vittime, e di porre il
sigillo a quelle, che devono essere sagrificate.
Suo uffizio è ancora il pensare al culto degli
Dei, e perciò deve sapere il contenuto de'
dieci libri di Mercurio; i quali trattano
degli Dei, della Religione cioè de' Sagrifizj,
delle Preghiere, delle Pompe, delle Feste, e
degli altri quattro ancora che versano intorno a somiglianti cose.

Dopo queste viene quello che chiamano il
Profeta, il quale porta un vaso d' acqua sopra il petto, ed è seguito da molti altri,
che in certi panieri portano del pane. Credesi ch' egli non meno del gran Maestro delle
cerimonie, sapia a fondo i dieci libri che Sacerdotali si chiamano, e generalmente tutte le
cose che le Leggi, gli Dei e la sacerdotale
disciplina riguardano. I libri di Mercurio
che sono intieramente necessarj ascendono al
numero di 42. 36. de' quali contengono tutta
la Filosofia degli Egizj. I Sacerdoti, e particolarmente quelli che hanno qualche dignità
nel Colleggio Sacerdotale, sono obbligati di
esserne appieno istrutti. Continent omnem
Ægyptiorum, & discuuntur ab iis quos di-
ximus. Sono parole tutte del mentovato
S. Clem. Alessandrino.

Se M. de Cambrai, che per la difesa

del suo libro delle Massime de' Santi, molto spesso cita questo Padre, avesse osservato questo passo, che è uno de' più belli de' suoi Stromati, non avrebbe parlato de' Sacerdoti d' Egitto in tal maniera, e rappresentato avrebbeci Termosiri in diverso modo di quello, che ha fatto; e del tutto privo dalla dilicatezza d' ingegno del Cornelio, e Racine i quali sempre fanno parlare i loro Eroi nel modo che si conviene, egli fa discorrere ed operare i suoi in una maniera opposta intieramente, vestendogli alla grotesca in vece di presentarli tali quali erano al loro tempo, e farne il ritratto in quella guisa che i più antichi ed i più esatti Storici li hanno a noi rappresentati.

Ma ci basti averne parlato fin qui del maggior Sacerdote dell' Egitto, vediamo ora cosa egli dica del più gran Re di questo paese, o per ispiegarci più chiaramente di Sesostri.

Continuazione dello stesso Argomento.

SESOSTRI RE D'EGITTO,

E

D'ETIOPIA.

RE non ci ebbe giammai al mondo maggior di Sesostri, uguagliato dagli Egizj medesimi al loro Dio Osiride. Le conquiste di Ciro d'Alessandro e di Cesare, non meritano di essere paragonate a quelle ch'ei fece in tutto l'Universo, e basta dire ch'ei fu quello che in una sola Monarchia riunì tutto l'Egitto, e l'Etiopia sin dallora divisi in differenti Dinastie. Egli è vero, che questa riunione cominciato aveva 200. anni circa avanti di lui sotto i suoi predecessori che avevano scacciato i Pastori ; che i suoi Avi gli lasciarono l'Egitto in uno floridissimo stato, e che a poco a poco avevano unito le parti di questa gran Monarchia già dalla debolezza de' loro antenati in molti pezzi smembrata; ma egli l'accrebbe di più di due terzi, poichè il suo Impero tutta l'Etiopa meridionale comprendeva, & un gran tratto di paese nell' Indie. Assoggetto

P 4

tò quasi tutta l' Asia e buoná parte della
Persia, e della Battriana; portò le suar-
mi sin nell' interno della Tracia e della Scitia; *Ut prima Sesostris insulugit ta*
bella Gestis Val. Flac., conquistò con ma-
ravigliosa prestezza la Siria, la Fenicia,
e la Giudea; sottopose alle sue leggi le
più rimote parti del mare Oceano; lo
strepito dello sue armi e del suo nome
tanto atterrivano i popoli, che prevenen-
dolo quando si portava all' assalto d' alcuna Città, gli spedivano le chiavi delle
porte primacchè egli cominciasse l' assalto; ed in somma tremar seco l' Europa,
l' Asia, l'Africa, & il suo nome non meno si
sparse nell' Occidente che nell'Oriente, al
Settentrione ed al mezzo giorno ancora
come Lucano afferma nel lib. 10. v. 276,
Venit ad occasum mundique extrema Sesostris.

Rese egli abbieti, e vili i più possenti
Re e Satrapi; anzi quando volèva fare
un superbo ingresso nelle Città, che per
assalto avea prese, si faceva strascinare in
un Carro d' oro massiccio, adorno di pietre preziose, da' Re attaccati e bastonati
come Cavalli. *Tyranì deridiculì ejus erunt*
& Pharios currus Regum cervice subegit. Il
soggiogare con troppa facilità le Cittadi
ch' assediava, era per lui l' unico dispiacere, che al mondo provasse. Abborriva
le persone che facilmente s' arrendevano,
nè altra soddisfazione sentiva che la resi-
stenza e gli ostacoli; sicchè molto stimava
coloro, che la vittoria gli contendevano
per molto tempo. Egli insultava i timidi
chia-

mandoli col nome di femmine, e facendo
dipingere sopra le loro porte il ritratto d'
una donna piangente, che la debolezza
del suo sesso scopriva; e per lo contrario
a quelle Città che valorosamente s'erano
difese faceva innalzare una Statua d'un
Uomo che fa pompa della propria virili-
tà e forza: ed Erodoto dice d'averne veduto alcuna. *Apud gentes pugnaces puden-
dum viri posuit: apud ignavas & timidas
fœminæ.* Uomo giammai non fu così celebre in tutte le Storie del mondo; e per
fino i Greci cioè Erodoto, Dicearco, Eratostene, Artemidoro, Ctesia, Diodoro,
Dionigi, Periegete, Menandro, Plutarco,
Eliano, Ariano, Appollonio, Aristotile,
e Teopompo che altro paese non cono-
scono che il loro proprio, nè altri Eroi
che i suoi, ne parlano come del maggior
concquistatore che mai vi fosse; ed i Romani e' Latini non meno, cioè Plinio,
Strabone, Valerio, Flacco, Trogo Pompeo, Giustino, Agatia, Lucano, e Tacito, ne fanno menzione come d'un Re
sommamente potente e vittorioso. Così
pure ne parlano Gioseffo, Manetone, i
Sacri libri Canonici, e i divini autori de'
libri de' Re, e de' Paralipomeni, e i
Barbari in fine da Gioseffo citati.

Ma niun altro Storico però più di Dio-
doto Siculo merita fede, nè altri più di
esso ne fanno così distinti gli elogi, e raccontano sì grandi meraviglie di questo
Re. Egli protesta, che non contento delle relazioni de' Sacerdoti d'Egitto, e delle

le tradizioni degli Storici Greci fuoi predeceffori, perchè potevano effere fofpetti, non ha detto cofa che raccolto non abbia da' Monumenti pubblici dell' Egitto, e dagli Originali che avea veduto; e che la Storia di Sefoftri è tratta dalle fue Medaglie da Statue, da Piramidi, da Archi Trionfali, da' fuoi Palagj, dagli Obelifchi, da Colonne, e da tutte le Ifcrizioni ch' egli ha lette fopra j Tempj, e le Statue degli Dei, & altre grand' opere che Sefoftri avea fatte vivente, nelle quali egli avea fatto incidere il racconto delle fue famofe vittorie, e de' principali avvenimenti della fua vita, per confervarne la memoria alla pofterità e dar contrafegno della fua gratitudiue verfo gli Dei. *Nos quæ funt verifmilima, & cum* *Diod.* *monumentis in Ægypto adhuc extantibus ma-* *lib. I.* *ximè congruunt, referre conabimur.*

‹ Comincia egli la Storia di quefto gran Re dall' apparizione di Vulcano che ebbe la Regina fua madre nella prima notte de' Sponfali. Di Vulcano dico Dio degli Egizj (così da effi chiamato a cagione del fuoco da lui rapprefentato, ch' è il fimbolo, e geroglifico dell' immortalità) nella quale le diffe che darebbe alla luce un figliuolo che farà Padrone di tutto l' *Diod.* Univerfo, *Puerum jam natum toti Orbi im-* *ibid.* *peraturum.*

La confermazione di quefta predizione di tutti gli Oracoli, Indovini, Auguri, e di tutti i Pronoftici, induffe il Re a preftarle fede, e ad impiegare ogni fua cura

a foma fomminiftrare al fanciullo una educazione proporzionata alle fperanze che ne avea concepite. Comandò a tutti i Gentiluomini dell' Egitto a' quali nati erano figliuoli in quel giorno (*qui eodem die nati funt*) di portarli alla Corte, incaricandofi di fare dar loro l'Educazione fteffa che al fuo; e d'allevargli come fuoi figli d' onore. fino che arrivati foffero all' età d' accompagnarlo alla guerra a comandar le fue armate 1700. fe ne trovarono, e con altrettante nutrici, egli s'impegnò d'allevare come il proprio fno figlio. Arrivati in iftato d'ufcire dal governo delle femmine diede a ciafcuno di loro un Ajo & un Precettore che apprender gli faceffero le arti medefime e gli fteffi efercizj che al giovane Principe venivano infegnati; & *nutrices ac curatores illis impofuit*, fomminiftrando loro con profufione quanto al vivere e comodo abbifognava. *Cuncta affatim fubminiftrans pueros affiduis laborum tyrociniis exercebat*. Il Giovine Principe dal canto fuo, condotto da' buoni configli del Padre viveva feco loro familiarmente procurando di non recare ad alcuno il menomo difpiacere, e guadagnare con ogni cortefia, e civili maniere la loro amicizia e confidenza. Faceva regali ed accarezzava alcuni, e lufingava e dava de' danari a' parenti d'alcuni altri; lodava quefti, e felicitava le fue buone qualità, fcufava, e diminuiva i diffetti in quelli e gli confolava nelle picciole difgrazie. che loro accadevano. *Omnes quoad poterat demerebatur*.

tatur. In fine seppe così bene guadagnar-
li, che fra loro non v'era chi stimaronon
avesse cosa felice perdere la sua propria vita per il suo Re: *Fraterna mutuo benevo-
lentia devincti sunt*. Sempre l' accennato
Diodoro.

In tale stato essendo le cose, & i fanciulli non meno che il loro Principe essendo arrivati in istato di portare le armi,
propose a loro il Re per la prima campagna, la conquista dell'Arabia, che sin dallora era stata indomabile; della qual cosa
essendone venuti a capo ed animati dal
valore di Sesostri medesimo ch'era alla testa dell'Esercito, passarono verso l'Occidente, ove tutta la Libia acquistarono. In
mezzo a tanti felicissimi progressi morì il
Re, da tutti come proprio Padre compian-
to; ma il nuovo Sesostri (in vece di perdersi inutilmente in lagrime) impiegò tutto l'anno del suo duolo nell'assettare i proprj affari. Congedò tutti que' figliuoli d'
onore e gli spedì alle loro case (fortuna-
te pe'l risparmio delle spese della loro educazione.) distribuendo fra di essi i Governi dell'Egitto che il Re suo Padre vivendo avea lasciati vacanti affinchè il nuovo
Principe li dasse a que' giovani che con
esso lui erano stati allevati, per farli a
sè amici e tanto maggiormente impegnarli. Di fatto la cosa riuscì come progetta-
ta l'aveano e il padre, e il figlio. Si trovarono di tal maniera obbligati tutti questi Signori da' benefizj di Sesostri, che dal
momento stesso ch' egli obbe dichiarato il

di-

difegno di paffare in Europa, e di conqui-
ftar tutta l'Afia, vennero tutti ad offerir-
fegli, e a giurare folennemente di non abbandonarlo giammai. Subito diede a loro
le cariche, nè uno vi fu nella fua armata,
che non foffe come Officiale impiegato; e
dal canto loro levarono dalle proprie terre, e ne' loro governi delle truppe in tanto numero, che compofero il più bel corpo
di Cavalleria e fanteria che fi vedeffe giammai.

Varj fono i pareri intorno al numero
delle truppe di Sefoftri. Diodoro dice che
l' armata di quefto Re era compofta di
600000 Fanti, 24000 Cavalli, e 27000 Carri da guerra. Giofeffo non gli dà che 40000
Fanti quando fi portò all'affedio di Gerufalemme. Erodoto indefinitamente dice che
la fua armata era oltre ogni credere numerofa, e Omero fecondo l'offervazione di
Pomponio Mela, gli dà 100000 Uomini,
ed altrettanti Carri. Non v'è da dubitare
che quefto gran Poeta, che fecondo il marmo
Aroadeliano viveva nel tempo che Dio-
gnete regnava in Atene, cioè verfo l'anno
780 dell' Era attica, e per confeguenza
70 anni circa dopo Sefoftri che, ficcome
Robboamo viveva a tempo del Regno di
Forbante l'anno 712., non abbia voluto
parlare di Sefoftri e non abbia voluto allu-
dere alla fua armata ch'ufciva di Tebe per
venire a fare la guerra nell'Afia, allorchè *Hom.*
diffe, che quefta grande Città aveva cento *Iliad*
porte da ciafcuna delle quali enano ufciti *lib. 12.*
cento Uomini, con altrettanti Cavalli e Car- *v.* 383.

r i

vi da guerra; lo che compone il numero di duecentomila soldati; supposto che Pomponio Mela abbia bene rilevato il sentimento d'Omero, e che, com' egli crede, vi fossero in ciascun carro dieci persone. *Thebas, ut Homero dictum est, centum portas habere, solitasque singulas, ubi negotium exegerat, dena armatorum millia effundere.*

Pomp.
Mela de Situ Ortis. l.1.c.9.

Secondo Strabone l'armata di Sesostri fu d'un milione d'uomini, come quella di Serse, imperciocchè ci dice chiaramente che la Città di Tebe, o per meglio dire che Tebe fu nomata nel tempo della sua maggior floridezza, e che i suoi Re erano potentissimi, metteva in piedi un' armata d' un milione d'uomini: *Exercitus circiter centum Myriadum.*

Her.l.1.
cap.

Str.l.17

Ora siccome Tebe, nè l'Egitto non furono giammai così floridi se non sotto Sesostri, e che alcuno de' suoi Re non si rese cotanto distinto come questo, non v'ha il menomo dubbio che Strabone non abbia parlato in questo passo dell' armata poderosa di codesto gran Re.

L'Epitafio di Rampse dice che fu, o il figliuolo di Sesostri e suo successore, ovvero Sesostri medesimo in persona, e secondo alcuni autori fissa il numero de' suoi soldati a 700000., imperciocchè Germanico essendo in Egitto, & avendosi fatto spiegare da un Sacerdote Egizio assai dotto nell'antichita, questo Epitafio ch'era scritto nell'antica lingua del paese, rilevò che quello diceva in chiari termini, che l'armata di questo Re era di settecentomila

uomini ch'ei tolſe nella Città di Tebe, e
che con queſt'armata egli aveva conqui-
ſtato la Libia, l'Etiopia, la Perſia, e la
Scitia: *Juſſuſque unus è ſenioribus ſacerdo-* Tacit.
tum (dice Tacilo) *patrium ſermonem in-* Ann.l.2
terpretari, referebat habitaſſe quondam ſeptin- an.772.
genta millia ætate militari, atque eo cum
exercitu Rhamſem (ſeu Seſoſtrem) *Lybia,*
Ethiopia, Mediſque, & Perſis, & Bactriano,
ac Scythia potitum.

Ma la Scrittura Santa ch'è la regola
della fede dice, che l'armata di Seſoſtri
era compoſta di 1200. Carri da guerra di
60000 Cavalli e d'un numero innumera-
bile di Fanti: *Cum mille ducentis curribus,* 3. Reg.
& ſexaginta millibus equitum, nec erat nu- 14. 15.
merus vulgi quod venerat cum eo ex Ægypto. & Par.
Può eſſere per altro che prima di porre 2. 12. 2
l'aſſedio a Geruſalemme aveſſe diſpoſte le
ſue truppe in molti corpi d'armata, e che
non aveſſe riſervato che 60000. uomini per
prendere queſta Città, e deſtinati gli altri
ad altre impreſe.

Comunque ſiaſi è coſa certa che con un'
armata coſì numeroſa e potente egl'intra-
preſe la conquiſta dell'Africa, dell'Aſia e
d'una buona parte dell'Europa. Alcuni dicono che fu ſpinto a ciò da una mozione
particolare degli Dei, da molte viſioni,
profezie, ſogni e prodigj; & altri pretendono che ſua figlia Attirte ch'era una ſpi-
ritoſa e dotta Principeſſa, e grandiſſima
aſtrologa & indovina, ve lo impegnò, aſſi-
curandolo che li Dei promettevangli tutto il buon ſucceſſo immaginabile, e qualche

che cosa di grande e d'estraordinario . In
fatti corrisposero alle Iperanze & alle pro-
messe degli Dei, l'effetto . Sesostri cominciò le sue prime imprese dall'attacco dell'
Etiopia meridionale laddove spargendo con
la sola presenza tanto timore in que' popoli se li rese tributarj & obbligolli a con-
tribuirgli ogn'anno una certa quantità d'
avorio, di denti d'Elefanti, e dell'oro . *Ita-*
que contractis copiis primo bello aggressus est
Æthiopes, versus Meridiem habitantes; gen-
temque illam vectigal sibi pendere cœgit Ebe-
num aurum dentesque elephantum, dice Diodoro Siculo l. 1. p. 35.

Egli portò le sue conquiste dall' Etiopia
fino al paese da cui viene la canella, e
persino alla Trogloditá che sottomise alla sua obbedienza. *Ille enim videtur primus*
Æthiopiam & Trogloditicam subegisse (dice
Strabone sopra le memorie d'Eratostene)
Sesostris totam Æthiopiam permeavit asque ad
cinnamoniferam regionem, dice lo stesso.

Egli s'avanzò fino al mare Atlantico, e
Ptol. fino al Capo *de Gardefau;* dagli antichi
Geog. chiamato *il Promontorio ed il Porto Mossi-*
l.4c. 7. *le,* come dicono l'antico Geografo Iuba e
Tolommeo . *Promontorium & Portum Mos-*
sylites. A quel segno, dice Plinio, si este-
sero le forze della vittoriosa destra di Sesostri. *Huc usque Sesostris exercitum duxit,*
Plin.l.6 *a Mossylite Promontorio Atlanticum mare inci-*
c. 29. *pere vult Iuba.* Nè questo può rivocarsi in
questione, anzi è in ogni luogo da me accennato ch'egli fece innalzare Colonne,
e Piramidi, sopra le quali era incisa la
me-

memoria delle fue vittorie come diſſi più
fopra, e queſte iſcrizioni al tempo di Strabone e di Plinio ſi conſervavano ancora.
Dopo la ſpedizione dell' Etiopia e la concquiſta dell'Africa, s'applicò Sefoſtri a quella dell' Aſia e di tutto l'Oriente. Incominciò dalla Giudea, che trovò diviſa dalla mala condotta di Roboamo, che non
fece alcuna reſiſtenza, ſiccome pure Geruſalemme, che gli aprì le porte, obbli-
gandoſi di pagargli tributo. *Roboamus, urbem, antequam expugnaretur illi tradidit,* dice Gioſeffo nel lib. 8.

I Tirj e i Fenicj fecero lo ſteſſo. Gli
foggiogò ſenza fatica e in vece, che gli
Aſſirj, e i Medj gli contraſtaſſero molto
tempo la concquiſta del loro paeſe, i Fenicj al contrario intimoriti dalla poſſanza
di queſto Re, e dalla ſuperiorità del ſuo
genio e delle ſue forze, vennero a ſotto-
metterſi alle ſue armi, e implorare l'onore della ſua protezione e la ſua buona grazia. Egli li ricevette nella ſua alleanza,
e gl'impoſe per tributo un certo numero
di Vaſcelli e Marinaj con alquante truppe auſiliarie, che conduſſe in ſua compagnia. Li Fenicj gli furono ſempre fedeli,
e molto contribuirono alle ſue concqui-
ſte; e ſiccome s'intendevano del navigare
incomparabilmente meglio degli Egizj, che
ſin allora non erano mai ſtati in mare, coſì gli
moſtrarono l'arte della navigazione e furono cauſa che Sefoſtri guadagnò tutte le
battaglie navali. Poco tempo prima, ch'
egli entraſſe in Tiro, il Re di queſta Cit-

tà, che Aftarto fi chiamava, era ftato uc-
cifo da' fuoi quattro Fratelli di latte figli
della fua balia, il primogenito de' quali
regnava allora; ma l'antichità ha trafcu-
rato di confervarcene il nome. Questo avvenimento aveva cagionato grandiffime fe-
dizioni e follevazioni nello Stato de' Fenicj, e non v'è dubbio che questa divifione non abbia molto contribuito alla facilità che Sefoftri incontrò nel foggiogargli
   Siafi come più fi vuole è cofa certa, che
i Tirj non folamente gli fi fottomifero e fempre fedelmente gli pagarono il tributo, che
loro impofe, ma ancora è certiffimo che
il Re allora regnante, cioè il primogenito
della balia, gli porfe ajuto, e l'accompagnò
nelle fue guerre d'Oriente, e d'Afia con
le fue truppe aufiliarie. Di tutti questi
fatti ci fono prove autentiche; Menandro
d'Efefo che avea veduto e tradotto in Lingua Greca gli Originali degli Annali di
tutte le nazioni barbare, come racconta
Giofeffo; Manetone Sacerdote Egizio, a-
veva vedute ed efaminate quelle d'Egitto,
e Giofeffo, letto aveva la Storia Fenicia
di Dius, Erodoto, il quale dice, aver veduto co' fuoi proprj occhi le ifcrizioni delle Colonne di Sefoftri, ed Eufebio il più
efatto de' noftri Storici, come pure il Flo-
rentino e Mariano che non hanno fatto
altro che copiare Eufebio, ne fanno piena
fede; e quefte fono le memorie, dalle quali ho raccolto tutte quefte particolarità.
   Ecco il fentimento di Manetone intorno alla reftituzione di Tiro feguita fenza
                                        por

pòr màno alla fpàda. *Sethofis.* (five Seid-
ftris) *ad Cyprum & Phænìcìam ; & rurſus* Man
contra Aſſirios ; atque medos caſtrametatus . Ap. Jof.
univerſos quìdem ; hos ferro ; illos (id eft l.1. *cont*
Phænices) *ſuarum virium terrore ; ſine belo* App.
ſo , ſibì ſubjugavit ; e Erodoto lo conferma
à meraviglia ; perchè dopo aver detto come fopra abbiamo offervato , chè Sefoftri
per contrafegnare la debollezza delle Nazioni che avea fottomeffo fenza battaglia,
faceva incidere fulle porte delle loro Città , ed attaccare fopra certi pali di legno,
delle mammelle di femmine ; e aggiunge ,
ch' egli fteffo avea veduto di quefte mammelle , e di quefte figure di tefte di Femmine fatte incidere da Sefoftri in molte
Città della Siria , e della Fenicia : prova
coftante , chè giammai i Tiri non hanno
fatto guerra nè dato battaglie navali a
quefto Re . *Non apparent jam pleræque iſta-* Her. l.1.
rum ſtelarum , quas Seſoſtris rex Ægypti, per c. 106.
regiones ſingulas erexit: Ipſe verò quaſdam
vidi in Syria , Paleſtina , & litteras haben-
tes quas dixit & muliebria Grittalia . E indubitato che fotto il nome di *Siria, e Pa-*
leſtina i Greci intendevano anche Tiro , e
Sidone , come il Bocarto nel fuo Faleg
prova ad evidenza .

Da un'altra parte Menandro in Giofef- Jof. *cont.*
fo ci ricorda che nel tempo in cui durò Ap. l. 1
la fpedizione di Sefoftri in Afia , il Re di
Tiro gli preftò foccorfo , e lo fervì con
fedeltà nelle fue guerre d'Oriente , come Marf.
ne fà pruova il Cav. Marfhamo . *In Urbe* Chron.
Tyro, toto hujus expeditionis novennio , regs fec. 14.

Q 2 *Ab-*

Abdastato insidiis sublato a quatuor nutric ejus filiis, regnabat eorum natu maximus quem Menander non nominat. Hic in mari timli hujus belli negotiis Sesostris auxiliari haberi potest; queste sono le proprie parole d questo dotto Cronologista Inglese. Infine Eusebio dice non esservi dubbio, che gli Egizj pigliassero per guida ne' loro viaggi d'oltre mare e nell'arte della navigazione, i Fenicj, la qual cosa prova, che non solamente questi non ebbero mai guerra in mare contro Sesostri, ma di più che gli

Euf.
Chron. furono d'un gran soccorso nelle sue spedizioni marittime. *Ægyptii post Phœnices ma-*
n. 1230. re obtinuerunt.

Tutte le apparenze movonci a credere, che appresso i Tirj e i Fenicj del monte Libano, Sesostri facesse fabbricare quel famoso *Vascello di legno di Cedro ch'era lungo 280. cubiti, tutto guernito d'oro al difuori e d'argento al di dentro, che dedicò poi ad Osiride*, il gran Dio di Tebe, di cui fa

Diod.
l. 1 Plut. menzione Diodoro Siculo. Poichè da una
Simp. parte i Tirj abbondavano di bel legno di Ce-
l. 8. dro, e dall'altra è indubitato, al dire di Plutarco, che prima che Sesostri entrasse nel loro Paese, gli Egizj non sapevano cosa fosse l'arte della navigazione, e non avevano giammai fatto vela sul mare, anzi avevano dell'abborrimento per il commercio in mare co' Forestieri.

Io mi sono alcun poco dilattato intorno alle cose de' Tirj, e sopra la loro buona intelligenza con Sesostri per dimostrare che cosa al mondo più falsa non v'è, e più mal
fon-

fondata di quella ehe M. de Cambrai dice
nel suo Romanzo di Telemaco, cioè che
la ragione per cui questo giovine Eroe fu
fatto prigioniero dagli Egizj, e schiavo di
Sesostri è perchè egli fu trovato in un
Vascello Fenicio, e che *allora Sesostri era
in guerra contro i Tirj perchè non volevano
pagargli il tributo che aveva loro imposto, e
che resi arditi per la propria forza, gli con-
tesero l'ingresso quando volle assediare la Città di
Tiro e gli contrastarono l'entrata e l'obbligaron
a levare l'assedio e andarsene altrove.* Tutte
queste cose, come si vede, sono diametral-
mente opposte a quanto gli Storici, e i
Monumenti più antichi ci hanno lasciato
scritto intorno a quello che passò tra' Sesostri e il Re di Tiro, e fra gli Egizj e'
Fenicj. Ciò non ostante egli fonda su questa menzogna, che così facilmente si di-
strugge, tutte le più considerabili avventure di Telemaco; cioè la sua schiavitù
su le Navi di Tiro, il suo viaggio in Egitto, la sua schiavitù in questo paese, e tutte le infelicità che gli accaddettero. Ora io
lascio pensare se un facitore di Romanzi
non debba sopra tutte le cose schivare di
fabbricare su' fondamenti rovinosi, e sta-
bilire tutto il Sistema del suo Romanzo
sopra evidenti, e solenni bugie! ma basta
continuare la Storia della vita di Sesostri
e il suo ritratto, per far conoscere, che
questo gran Re del quale M. de Cambrai
fa con ragione uno de' suoi principali Eroi,
non è giammai dall'Autore medesimo stato ne men conosciuto.

Sesostri (dice Diodoro) *conquistò n.*
solamente tutti i paesi che acquistato aver
Alessandro in Asia, ma molte nazioni ancor
delle quali quegli non seppe giammai neppure
nome; perchè passò Sesostri il Gange, attra
versò tutte le Indie fino all'Oceano, saggiogò
Sciti più rimoti, passò il Tanai, che dividi
l'Europa dall'Asia sottomise l'Isola di Cipro
e molte altre Isole del Arcipelago e delle Ci-
cladi e passò in Europa e scorse tutta la Tra-
cia. Plerasque Cycladum insularum in ditio-
nem redactis transgressus in Thraciam. Erodoto gli fa passare il Danubio, e il Ponto Euffino e parla delle sue concquiste sopra i Traci ed i Sciti, ne' paesi de'quali al tempo ancora di Diodoro si vedevano alcune Iscrizioni distese ne' seguenti
termini: *Sesostri il Re de' Re, e il Signor*
de' Signori ha concquistato tutto questo paese
col valore delle sue arme. Hanc Regionem suis
armis devicit Rex Regum, & Dominus Do-
minantium Sesostris.

Apollonio di Rodi parla chiaramente di
Sesostri dicendo, che un antico Re d'Egitto mise in terrore tutta l'Europa e l'Asia
col valore delle sue arme, e che le distruffe
co' suoi potentiffimi Eferciti; e questi fono i suoi propri termini dal Greco tradotti:
————————— *Ut ille*
Europamque, Asiamque omnem tremefecit
armis. e lo stesso aggiunge che il numero
delle Città, da lui espugnate, è infinito.
Innumeras urbes invadens ipse subegit.

Era egli sul punto d'entrare nel Pelopon-
néso; e nella Grecia propria, come pure
in

Diod.
lib. 1.

Erod.
lib. 2.
c. 103.

Diod.
ibid.

Ap. Ar-
gon. l. 4.
v. 272.

in quella Grecia, che è oggidì il Regno
di Napoli e della Sicilia, quando fu avvi-*Diod.*
sato con lettere, che gli scriveva il gran *Sic. l. 1*
Sacerdote d'Egitto, che suo fratello Ar-
mai, il quale aveva lasciato il Governo
de' suoi Stati in sua assenza, tentava di
sedurre i fedeli de' suoi Sudditi, e voleva
farsi coronare Re d'Egitto. Queste medesime Lettere aggiungevano, *che colui ave-*
va avuto l'ardire di macchiare il letto del *Josep.*
Re suo fratello violando la Regina sua Spo- *cont.*
sa, e le sue concubine, e che avea coronato *ap. l. 1.*
i suoi delitti, mettendosi il Diadema sul Ca-
po. Quest'erano appunto le tre cose, che
Sesostri partendo principalmente avevagli
vietato nel tempo di sua assenza, la moglie,
le concubine, e il Diadema.

Sdegnato perciò oltre modo Sesostri lasciò l' Asia e se ne ritornò in fretta in
Egitto ; ma ci ritornò con la maggior
grandezza e la magnificenza d'un Re vittorioso, e carico di spoglie, e d'immense
ricchezze di tutte le nazioni dell' Asia e
dell'Europa, seguito da infinito numero di
Re, e di Satrapi incatenati, e da una copia innumerabile di Schiavi: *Cum immen-* *Diod.*
sa captivorum, spoliorumque multitudine (di-*loc.cit.*
ce Diodoro) *Multos devictarum regionum*
populos reportantem.

Avvertito Armai del ritorno del Re suo
Fratello, venne prontamente ad incontrarlo
a Damiata a rimettergli la Corona sul Capo, & il Governo de' suoi Stati nelle mani assicurandolo della sua fedeltà. Sesostri
dissimulò quanto saputo aveva della sua

mala

mala condotta, e de' suoi attentati ed ebbe la bontà di perdonargli; anzi affinchè
gli Egizj si persuadessero, che niun odio
portava egli a suo Fratello, e che non a-
veva creduto tutto quello, che di lui gli
era stato riferito, volle la stessa sera ce-
nare seco lui con sua moglie, e colla famiglia, e trattenersi nella medesima casa a
dormire ancora; ma il Fratello traditore
in vece di rimaner commosso da tanta generosità, aveva già disegnato di abbruggiar-
li tutti nel più profondo sonno. A tal fine
fecegli porre in certe camere, sotto le quali altre ve n'erano ripiene di materie com-
bustibili e sulfuree, con una quantità di
legna secche sminuzzate, e dopo avere trattata tutta la Regia famiglia nella miglior
maniera possibile, ed averle dato a bere i
più eccellenti liquori e i più atti all' ub-
briachezza, ch'egli abbia potuto ritrovare,
li condusse nell' appartamento, che gli a-
veva fatto preparare. Quando poi gli vide
profondamente addormentati fece appicar
fuoco al disotto, ed essendosi in un momento diffuso l'incendio per tutto il Palagio, fece risvegliare le Guardie, che desta-
rono a forza de' loro gridi il Re e la Regina. Questa fu salvata; ma il Re più occupato per i suoi figliuoli, che la moglie
medesima, gli prese tralle sue braccia e vol-
tosi a Vulcano gli fece questa preghiera.
*Salva il tuo figlio (dic' egli) Vulcano e i
miei fanciulli, tu, che sempre sei stato da
me riverito come il più possente degli Dei,
come mio Protettore, e nume tutelare:* e di-
cen-

cendo queste parole, attraversò il fuoco, e
trasportò per mezzo le fiamme i suoi fanciulli, senza che sentisse il menomo danno.

Così Diodoro Siculo racconta, ed Erodoto nulla in ciò è diverso, toltone, che *Diod.*
aggiunge *che Sesostri trovandosi aggravato Sic. l.* 1
soverchiamente dal peso de' Fanciulli, e non Erod.
potendo portarli tutti su le braccia, ne pose lib. 2.
due sul suolo entro il fuoco e vi passò sopra 170.
prestamente come si suol passare sopra un pon-
te che si teme vicino a cadere, e si salvò co'
quattro altri attraverso le fiamme mediante
il soccorso di Vulcano. Di fatto, quello che
fece Sesostri dopo questo gran prodigio ne
conferma la verità; perchè dallora in poi
non fu uomo di lui più divoto a Vulcano
e che abbia fatto tanti donativi a' suoi
Tempj. Nella Città di Menfi ve n'era
fra gl'altri uno molto magnifico dal Re
Menete fabbricato, il quale da' suoi discendenti e particolarmente da' Re Ram-
psinito e Meride, era stato con grandissima
pompa di ricchi ornamenti addobbato: ma
Sesostri per dimostrare la sua gratitudine
verso il suo liberatore Vulcano, sorpassò
tutti i Re suoi predecessori co' nuovi abbel-
limenti, che fece fare al suo Tempio e
con le immense ricchezze, delle quali lo
riempì. Fra le altre cose egli fece fare sei
Statue d'una prodigiosa grandezza di fi-
nissimo Marmo e tutte d'un pezzo, due
rappresentavano lui e la Regina ch'erano di 300. cubiti, e le quattro & altre
erano quelle de' suoi figli salvati dal fuo-

co.

co in fua compagnia giungevano alla mifura di 20. cubiti; indi tutte fei por le fece alla porta di quefto Tempio di Vulcano a Menfi con ifcrizioni che indicavano
la fua riconofcenza verfo quel Dio, e la
Storia del miracolo raccontavano diffufa-
mente. Erodoto, che la cofa riferifce afferma d'averla faputa da' Sacerdoti medefimi dell'Egitto fpettatori di quefte Statue
e depofitarj degli Annali del paefe; la qual
cofa non poco contribuifce per indur chi
la legge a preftarci fede.

Ma fe tutte quefte particolarità fervo-
no a confermare la narrazione d'Erodoto
e di Diodoro, baftano effe ancora per confondere l'Autore del Romanzo di Telemaco, e convincerlo di falfità in tutto
quello, ch'ei racconta dell'amore, che Sefoftri aveva per le Mufe e per le Scienze, e
de' tentativi fatti da fuo fratello per av-
velenarlo: cofe delle quali niuno Storico
non ne fa menzione. Sono effe chimere
dell'Autore che chiaramente dimoftra di
non avere alcuna cognizione della Storia,
e di non aver feguito altre memorie intorno a ciò ch'ei s'impegna di fcrivere,
fe non la fua fantafia e la fua immaginazione.

Eccone una nuova prova in quello, che
fa dire a Sefoftri, *ch'ei fa le imprefe d'Ar-*
Telem. *chille, e d'Uliffe a Troja ch'ei conofce, e ama*
l. 1. *la Grecia, e che molti Rè d'Egitto avevano ftabi-*
lito Leggi, e Colonie nè loro paefi. Due evidenti ragioni provano, che n'ha poco fenno nell'aver pofto quefte parole in bocca

di

di Sefoftri; La prima è che generalmente
tutti gli Autori Greci fanno fede aver egli
viſſuto molti ſecoli prima dell' aſſedio di
Troja; e lungi dal credere *ch' egli amò i*
Greci, ſecondo la giudizioſa oſſervazione
del Cav. Marshamo, li Greci al contrario
erano quaſi le ſole nazioni del mondo che
Sefoftri non conoſceva, e co' quali non
ebbe guerra neſſuna.

„ Queſto ſolo mancò (dic' egli) alla
„ gloria di queſto gran Re: perchè s'egli
„ foſſe ſtato nella Grecia e che ivi fat-
„ to aveſſe una parte delle grandi im-
„ preſe che altrove fece, ſarebbe egli di-
„ venuto ancora più famoſo di quello ch'
„ è al preſente , e i Poeti, e li Storici
„ Greci non avrebbono tralaſciato di par-
„ lare di lui dell'irruzione degli Egizj nel-
„ la Grecia, ſiccome molte hanno parla-
„ to di Serſe , e dell' irruzione de' Per-
„ ſiani. *Si in Græciam pervexiſſet Seſoſtris,*
quod poſtea fecerunt Perſæ; clariorem rerum Marſ.
ſuarum famam apud poſteros reliquiſſet , ne- Chron.
que illius tempora Græcis inter fabuloſa ha- Sæc. 14.
benda eſſent.

Per altro Sefoftri amava coſì poco i
Greci, che era ſul punto di porgli a ferro, e a fuoco quando ricevette le lettere
del Sommo Sacerdote d'Egitto che l'obbli-
garono a cambiar cammino . Egli non
amava ſe non quei della ſua nazione, e fu
ſempre rimproverato di troppo auſtero, verſo tutti i ſtranieri, e di non avere alcuna ſtima, fuorchè per gli Egizj; e ciò ebbe origine della diſtinzione, che far ſole-

va trattando gli Egizj come fratelli , e i
Greci come schiavi.

Nelle maggiori opere magnifiche, ch'egli
fece fare in Egitto, siccome ancora nella
fabbrica de' Tempj, d'altri pubblici edifizj,
e in quella delle smisuratissime Piramidi
e Sepolture de' Re, dove faceva d'uopo
smovere larghissimo tratto di terreno, e
impiegare migliaja, e migliaja di operaj ,
studiò che non lavorasse alcun Egizio , nè
d'impiegò siccome nelle Miniere ancora, se
non forestieri e'l popoli che aveva sottomessi;
anzi al tempo d'Erodoto, di Diodoro Siculo , e di Strabone si vedevano ancora
sopra i frontespizj di questi Edifizj le seguenti parole intagliate . Niuno uomo del
paese ha qui faticato: *NEMO INDIGENA-*
RUM HUC IMPENDIT LABOREM.

Poco discernimento v'è pure nel far parlare a Sesostri delle Leggi e delle Colonie degli Egizj piantate nella Grecia ; nè ve n'ha
che due, delle quali gli Antichi ne abbian
fatto menzione ; quella di Cadmo, che po-
polò il paese dinominato poi Beozia , e
quella di Cecrope che fabbricò Atene, di
cui fu poi il primo Re. Ma oltrecchè non
fecero alcuna Legge, le loro Colonie sono tutte due incerte ; e Misflet de
Cambrai stesso pretende, che Cadmo fosse Fenicio, e non Egizio, nativo di Tiro,
e non di Tebe. Riguardo poi a Cecrope
questo non è fondato , che sopra alcune
deboli conghietture di Diodoro Siculo, e
sopra la corrispondenza ch'ei trova tra' costumi e gli usi degli Ateniesi , e degli Egi-

Diod.
lib. 1.

2 j 7

23), e sopra l'autorità di Teopompo citato *Afric.*
da Africano in Eusebio, di cui io dubito, *ap.Euf.*
che M. de Cambrai non si sia curato di *Præp.*
Legger parola, perchè questo non è un mi- *Præp.*
stico Autore. Era dunque più naturale, *Ev.l.10*
poichè egli voleva far parlare a Sesostri *cap.10*
delle Colonie degli Egizj presso le stranie-
re nazioni, di fargli parlare delle sue, e di
quelle ch'egli veramente avea stabilito nella Colchide, e nelle parti Orientali del *Diod.*
Ponto Euffino al terminare la conquista *lib. 1.*
della Tracia, e nella Palude Meotide; *Marf.*
delle quali parla Diodoro Siculo espressa- *Sac. 14*
mente. A questo proposito il Marshamo
cita un bellissimo passo di Dionigi Periegete, tradotto da Prisciano.

> *Intima sed Ponti post fines Tyndaridarum,*
> *Ægypto missi Colchi tenuere coloni.* *Val.*
> Sopra del quale egli cita acconciamente, *Flac.*
> il passo di Valerio Flacco. *Argon.*
>   *Ut prima Sesostris* *lib. 5*
> *Intulerit rex bella Getis ut clade suorum.* *v.420.*
> *Tertitus, hos Thebas, patriumque reducat*
>   *ad amnem.*
> *Phasiados hos imponat agris, Colchosque*
>   *voceri imperet.*

E questo sono le Colonie, delle quali
conveniva far parlare a Sesostri, se fossero state conosciute dall'Autore del Romanzo. Ma come mai poteva egli sapere che
ci erano state, se non conosceva ne meno
questo Re? Egli ce lo dipinge come un
Principe *avvenente, bello, ben fatto, pieno
di Maestà e d'una statura proporzionata, e di
sembiante gentile, e piacevole.* Ma era tut-

to al contrario, un gigante di statura mostruosa di fiero aspetto, baldanzoso, severo,
sprezzatore degli altri Re; anzi dice Eusebio, ch'egli era grande 4. cubiti, tre
piedi, e due oncie. *Sesostris proceritas dicitur esse cubitorum quatuor, palmorum 3.
digitorum 2.* Erodoto, e Diodoro dicono,
che si vedevano due figure di pietra di
questo Re nella sua naturale grandezza,
una sopra la strada d'Efeso nella Focea,
e l'altra sopra la strada de' Sardi à Smir-
ne, e ch'erano dell'altezza di 4. cubiti, e 4.
piedi, e che questa era la vera misura della
statura di lui, *quà ipse statura fuit*; Erodoto dice 5. piedi.

Quello poi, che l'Autore del Romanzo
di Telemaco aggiunge intorno alla maniera, nella quale morì Sesostri è un vero
e reale Romanzo. Egli lo fa *morire repen-
tinamente* d'Apoplesia, e pure egli morì di
tarda, e lenta morte, poiché essendo di-
ventato affatto cieco dopo 33. anni di regno ne concepì tanto dolore, che essendogli
la vita divenuta nojosa, prese partito di
ucciderla, lasciando di mangiare e ricusando
ostinatamente di prendere alcun nutrimento, secondo l'antica massima de' Savj del
Paganesimo, la quale era di ammazzarsi
da se, allorchè non si può godere de' beni
visibili, nè vedere quello, ch'è all'intorno
di se stesso. *Si solitudo tanta est, ut nemi-
nem videre possis, tibi excedendum est è vità.* Questa è la dottrina di Cicerone il più
grande Filosofo, che siasi giammai veduto,
toltone il Descartes.

Co-

Comunque fiaſi Sefoſtri morì da ſe ſteſſo di fame; e il corraggio con cui rinunciò alla vita allorchè non v'era coſa per lui aggradevole, e il modo , con cui affrontò per così dire, la morte dopo averla mille volte inſultata nelle battaglie, gli conciliò l'ammirazione di tutti i Savj e di tutti i Filoſofi dell'Egitto; e diverſamente da quello, che dice M. de Cambrai , che una tal morte cavò le lagrime alle più oneſte perſone del paeſe, non fece eſſa che accreſcere la ſtima che avevaſi per lui, e procurargli applauſi da tutti gli Egizj, in particolare da' Sacerdoti, che erano i Filoſofi del paeſe. Di queſto, Diodoro Siculo ne' ſeguenti termini ci aſſicura. *Sefoſtris cum regnaſſet annis 33. captus oculis, ſpontè è vità demigravit; eoque facto , non Sacerdotum modo ; ſed & reliquorum Ægyptiorum admirationem promeruit, quod ſibi exitum feciſſet, magnitudine animi, facto teſtatà dignum.* In fatti gli Egizj ſono ſempre ſtati in queſt'errore fino a' tempi della Religione Criſtiana; cioè che la vera grandezza dell'animo conſiſteſſe non in aſpettare pazientemente la morte nelle avverſità cui non ſi può recare alcun rimedio, ma a prevenirla chiudendo così tutti i mali e le proprie diſgrazie.

In tal maniera ſi contenne Cleopatra quando ſi vide depoſta dal Trono, e ſul punto d'eſſere condotta ſchiava a Roma per ſervire alla pompa d'un ſuperbo Trionfo. Impiegò ella il ferro, e il veleno per ammazzarſi, non avendo potuto farlo con

la

la Spada, fi fervì de' ferpenti e colle pro

Hor.
Carm.
lib. 1.
Od. 27.

prie mani gli applicò al proprio corpo per trarne tutto il veleno che ufciva da loro morfi mortali:

——————— *Quæ generofius*
Perire quærens, nec mulïebriter,
Expavit enfem . . . .
Aufa & jacentem vifere regiam.
Vultu fereno fortis, & afperos
Tractare Serpentes, ut atrum
Corpore combiberet venenum
Deliberata morte ferocior.

Così morì Sefoftri d'una morte volontaria, che procurò a fe fteffo, e non in una età decrepita, come il noftro Romanciere vuole; ma nel fiore della fua età, perchè egli non aveva che 24. o 25. anni al più quando fuo padre morì, e non regnò che 33. anni dopo di lui, de' quali 9. ne impiegò nelle conquifte dell'Afia. Sicchè viffe appunto anni 58. E' quefta dunque un'età così avvanzata per dire, che un Re è morto di vecchiaja? ma l'Autore del Romanzo fmentirebbe fe fteffo quando nel fuo Romanzo una fola parola di verità aveffe detto. La bugia ha più allettamento per lui, e quella di far vivere Sefoftri al tempo della prefa di Troja e del viaggio di Telemaco in Egitto, è una delle principali. Efaminiamo più a fondo qual era il vero Re, che in allora regnava in Egitto, che non farà cofa fuor di propofito; effendo quefta una quiftione tanto più curiofa quantocchè fin qui non è ftata mai da alcuno trattata.

Del

DEL RE CHE REGNAVA
IN EGITTO QUANDO
TELEMACO
arrivò colà.

Utto quello, che poteva dire di più particolare M. de Cambrai per provare che il Re, che regnava in Egitto quando Telemaco ci entrò, era il gran Sesostri, e che questo famoso Principe viveva al tempo della guerra di Troja, consiste in un passo di S. Clemente Aleffandrino, in cui questo dotto Padre assicura, che al tempo del ritorno di Menelao dalla guerra di Troja, e del suo passaggio per la Fenicia, e per l'Egitto il Re che regnava in Tiro era Iramo, e ch'egli lo ritrovò occupato nel Matrimonio di sua *Clem.* figlia con Salomone. *Iromus filiam suam Alex.* *Salomoni dedit quibus temporibus fuit adventus Strom.* *tus Menelai in Phænicem post captam Trojam, lib.* x. Ora essendo certo, secondo la Scrittura Santa, che Sesach, ovvero Sesostri viveva

R va

va al tempo di Roboamo figlio di Salomone, e che folo nel fuo anno 5. del regno ch'egli diftruffe la Giudea, e prefe Gerufalemme, è facile, ch' egli fia viffuto verfo la fine del regno del padre; e ficcome Menelao venne in Egitto 8. anni prima, che Telemaco veniffe in Laconia a vederlo e di là paffò poi in Egitto, come dice egli fteffo in Omero, *&* **Hom.** *octavo demum anno Cyprum, Phoenicemque,* **Odiff. 4.** *& Ægyptios deveni*, così non v'ha cofa più naturale quanto il credere, ch' egli abbia trovato colà Sefoftri ful Trono, poichè lo occupava al tempo di Salomone, e di Roboamo.

Io rifpondo, che quefto difcorfo farebbe giufto fe fi poteffe fare qualche fondamento fopra l'autorità di S. Clemente Aleffandrino, ma ficcome effa non è appoggiata fe non a due Autori Apocrifi cioè al pretefo Menandro di Pergamo, e all'altro nominato Leto, così non può preftarfele fede, tanto più quanto che quefti fono due Autori incogniti affatto a tutta l'antichità, e non citati da alcun Autore. Menandro d'Efefo è celebre fra quelli, che delle cofe Fenicie hanno fcritto, ma quello di Pergamo come pure Leto fono nomi fuppofti, e le loro opere fono lavoro d' alcuni vifionarj i quali fi fono compiacciuti di fcrivere novelle fotto falfi nomi. Leggafi il dotto Tilemont nelle fue Note fopra S. Clemente al Capitolo di quefto Santo.

Il Cavaliere Marshamo prova a perfe-
zio-

zione, che la disfatta de' Paſtori, e il loro diſcacciamento dall'Egitto accadettero
quaſi nello ſteſſo tempo; e nel medeſimo
anno dell'aſſedio e della preſa di Troja.
Ora non ci è dubbio che avreſſero come
dice Manetone, a' tempi del Re d'Egitto
Aliſfragmutoſi, e di Tummoſi ſuo figlio,
da' quali furono disfatti queſti Barbari; nè
ci può eſſere coſa tanto meraviglioſa quanto le azioni prodigioſe di valore fatte da
queſti Padre, e figlio, per liberare il regno
loro da quei ſtranieri; e S. Giuſtino, Ta-
ziano, S. Clemente Aleſſandrino ed Euſebio ne fanno menzione.

Quanto raccontano ci viene intorno alla
disfatta de' Saraceni ſotto Carlo Martello
e Carlo Magno; nulla ha di ſomigliante a
quella de' Paſtori fatta da queſti due Re
d'Egitto. Queſti gli rinſerrarono tutti in
un luogo nominato Avari (ch'è la celc-
bre Città di Damiata da' Greci chiamata
Peluſio;) larga 100. campi di terra e lunga a proporzione; dove i Paſtori ſi trin-
cierarono, e cinſero con paliſtate tutto
il di fuori. Tummoſi alla teſta di 410000
Uomini gli chiuſe, gli aſſediò e lungo tempo inutilmente; ma infine gli aſſedian-
ti, e gli aſſediati, annojandoſi egualmente gli uni d'impiegare coſi lungo tempo a fare un aſſedio, e gli altri a ſoffrir-
lo, convennero d'accomodarſi; e il primo
articolo dell'accomodamento fu di laſciar
uſcire pacificamente dall'Egitto tutti que'
foraſtieri con le mogli, e figli loro, i quali erano al numero di 240000. e ſi ritira-

R 2   rono;

rotta per il deserto nella Siria.

Giuseppe tenne che quei Pastori fossero gli antichi Israeliti che sotto la scorta di Mosè uscirono dall'Egitto, *nostri Progenitori*, e che da Manetone sono chiamati *Pastori*, perchè la vita de' nostri primi Padri, e degli antichi Patriarchi era di pascere il gregge. Quindi è che Omero, parlando de' primi, e de' più antichi Re del mondo gli chiama sempre Pastori. Ma la differenza de' tempi in ne', quali questi due famosi avvenimenti sono accaduti non permette di consolidarli, e ridurli ad un solo. V'ha 400. e più anni d'intervallo fra la uscita de' figliuoli d'Israello, e quella de' Pastori dell'Egitto; oltrediché questi erano Re, e dell'Egitto Padroni, e quelli la più crudele, e severa servitù soffrivano.

Comunque siasi, siccome ne' Romanzi non si parla mai dell'antica Storia che sopra le memorie de' più rinomati Poeti, e Storici Greci, così bisognava almeno, che lo Scrittore della continuazione dell'Odissea d'Omero unicamente s'attenesse a quello, che questo gran Poeta avea scritto intorno al Re, che regnava in Egitto al tempo, che Ulisse e Menelao ci soggiornarono. Egli nomina due Re, uno è Proteo regnante a Menfi, e l'altro Polibo, che in Tebe regnava. In fatti fino al tempo, che i Pastori furono dall'Egitto scacciati, queste due gran Città, come pure le altre di questo regno, ebbero ciascuna il loro Re, e Manetone nell'Estratto che ho citato
dice,

dice, che gli altri Re d'Egitto ſi unirono al
Re di Tebe, cioè a Misfragmutoſi, o a Tumoſi
ſuo figlio per iſcacciare queſta canaglia.
Deinde ait Manethon, dice Groſſetto, *Reges ex* Man.
Thebaide, & reliqua Ægypto invaſiſſe Paſto- loc. cit.
res & bellum magnum & diuturnum eis in-
tuliſſe, queſta parola *Reges ex reliqua Ægypto,* s.i.s.
nota viſibilmente, che ci erano in diffe-
renti Città, Re diverſi e che il Re di Tebe, il ſolo Re dell'Egitto non era. Ome- Hom.
ro diſtingue ſempre la Tebaide dall'Egitto, od. 4.
mette la prima nella Etiopia, e fa un Re- v. 84.
gno a parte dell'altro. *Toſto io venni d'Egit-*
to, dice *Menelao; e fui a Tebe, dopo in Etio-*
pia; Ægyptos devení, Ethiopaſque adit.

Il dotto Samuelo Bocarto prova beniſſi- Boc.
mo che *Pathros* nella Scrittura è la Te- Geog.
baide, e che l'Egitto c' chiamato ivi *Miſ-* Sa. l. 4.
raim. Ora in eſſa diſtinguonſi beniſſimo cap.27.
queſte due Regioni come appartenenti a
differenti Padroni e a differenti Re. Ecco
le parole d'Iſaja *quod relinquetur ab Aſſiriis* Iſaj.11
& ab Ægypto, & a Phetros, ovvero, Pa- 11.
tros & ab Ethiopia.

L'Egitto era diviſo in due parti, in Alto, e Baſſo Egitto. Menfi era la Capitale del-
l'alto, e aveva i ſuoi Re particolari. Erodoto dice, che *Proteo regnava nel primo*
e teneva la ſua Corte al tempo che Menelao
arrivò colà, e che fu accolto con la ſua ſpo-
ſa con la maggior magnificenza.

L'altra parte che baſſo Egitto ſi chiamava, ſi eſtendeva fino verſo la Giudea,
che gli ſerviva di limite, ed Eliopoli ne fu
per molto tempo la Capitale, che al tem-

po del regno de' Pastori era Tani. E quivi gl'Israeliti furono schiavi e soggiornarono lungo tempo; quivi regnò il Re Faraone il di cui nome quasi sempre presero i suoi successori, questa è la ragione che la Scrittura chiama il regno ovvero la regione di Tani *la terra Ægypti in campo Taneos*. La Tebaide vicina formava un regno a parte, e come ho detto era una parte dell'Etiopia, della quale Omero dice, che Polibo ne era il Re al tempo, che Menelao con Elena v'entrò. Descrive quell' Autore i doni che Polibo fece a tutti, e dice che a Menelao diede dieci talenti d' oro, due bacini e due trepiedi d'argento, e che ad Elena fece dono d'una Conocchia d'oro, e d'un fuso d'argento guernito di ornamenti d'oro; ed aggiunge, che questo era il potentissimo Re, che teneva la sua Corte a Tebe d'Egitto, e che la Regina sua Moglie, che Alcandra si chiamava, fece dal canto suo ricchi doni ad Elena. *Quem Nili dedit Alcandre Polybi uxor, qui habitabat in Thebis Ægyptiacis, ubi plurima in ædibus bona jacent.*

Non v'è cosa più nota, e più comune nella Storia d'Egitto quanto la *Polycyrania*, ovvero le sue differenti dominazioni, le sue Dinastie, e suoi diversi Regni da' differenti Re occupati; e Giorgio Sincello ci ha conservato il nome della successione de' Re delle quattro differenti Monarchie nel ritratto, e nel Cattalogo tratto da' scritti di Manetone, e di Eratostene. In altro tempo due erano i Regni nel-

Psal.
98.v.13

Hom.
Odiss.
lib. 4.

nella Tebaide, e due nell'Egitto, ma nel
tempo che Troja fu presa, e che i Pastori
furono scacciati dal paese, non restava altro che un Regno a Tebe, e uno a Menfi; per questo non accade stupirsi se Erodoto, ed Omero non parlano, che di due
Re, de' quali uno si chiamava Proteo, che
a Menfi regnava, e l'altro Polibo, che go-
vernava in Tebe. Si trova un passo in Plutarco, che a meraviglia conferma la verità di ciò ch'Erodoto dice, cioè che al tempo in cui Menelao venne a Menfi, Proteo n'era il Re; perchè egli dice che al
tempo del celebre Agesilao Re de' Lacedemoni si trovò nella sepoltura d'Alcmena
moglie del grand'Ercole nella Città d'Aliar-
te, una tavola di rame giallo sopra, la
quale era incisa una lunga iscrizione in
bellissimi Caratteri Egiaj che molto netti,
e distinti comparvero, avendo lavato questa tavola in un poco d'acqua calda; ma
il linguaggio ne era così antico, e così difficile a intendersi, che non si trovò alcuno fra tutti i dotti della Grecia, che sug-
gerisse ad Agesilao chi potesse spiegarlo.
La qual cosa costrinse questo Principe a
spedire a Menfi per uno de' suoi Luogo-
tenenti Generali nominato Agetorida, l'
Originale stesso per consultare co' più abi-
li Antiquarj del Paese, e pregarli di spiegare in lingua Greca questa Iscrizione.

In fatti un certo Conufi, che in quel
tempo era il più dotto dell'Egitto fu
quegli, cui Agetorida s'indirizzò, e nelle mani del quale pose l'Originale medesimo

rimo, con la Lettera d'Agefilao che lo pregava d'interpretarlo.

Confusi si chiusero per tre giorni continui nel tesoro degli Archivisti de' Re d'Egitto, e dopo aver paragonato, confrontato, e compilato questa Scrittura con tutti i vecchj Regiftri, ch'egli trovò, scrisse la sua risposta al Re Agefilao ne' seguenti termini, che i Caratteri della sua tavola di rame giallo erano senza dubbio Egizj, e tali come erano in uso al tempo di Proteo Re d'Egitto, e che questa era la lingua, che alla Corte si parlava, e quella stessa, che il grand'Ercole figlio d'Anfitrione aveva parlato: *Typis ipse scriptura Ægyptiaca illius, quæ in usu erat sub Rege Proteo, quam dixerit Hercules Amphitrionis filius.* Ora noi abbiamo osservato più sopra, che Ercole viveva poco tempo prima dell'assedio di Troja, poichè i suoi figli, e nipoti si ritrovarono colà e che egli stesso era il grand'amico di Teseo, che tolse il primo la famosa Elena che causò de' Greci la guerra, e di Troja la rovina; dacchè ne siegue che Proteo viveva, e regnava nell'Egitto a Menfi alloracchè Troja fu presa, e per conseguenza quando Telemaco venne in Egitto e passò per Menfi.

Comunque siasi, essendo più chiaro del giorno dal testimonio d'Erodoto, e di Conufi il più dotto di tutti gli Antiquarj Egizj, e da quello di Plutarco e d'Omero ancora, che al tempo della rovina di Troja v'era un Re, e un Uomo affatto possente in Mare, e in Egitto, che si chiamava,

Pro-

Proteo, *hominis tandem ore locutus,* è un
grandiffimo errore il dubitarne; anzi de-
vefi per lo contrario tener per fermo, che
nel tempo, che Troja fu prefa, il Re che
à Menfi regnava Proteo avea nome, e Polibo quello, che in Tebe regnava. Ciò non
impedifce, che queft'ultimo non foffe nominato Misfragmutofi, e che il nome di
Polibo non foffe un fopranome, perchè in
fatti in lingua Greca Polibo fignifica un
Vecchio, ed un Uomo di lunga vita. Si
fcorge dall'età di Tummiofi fuo figliuolo,
che vivendo fuo padre cacciò i padri
ri dall'Egitto alla tefta della più bella armata che fi foffe giammai che fuo padre
doveva effere in età molto avanzata, e che
appellavafi il vecchio Re, per diftinguer-
lo dal fuo figliuolo fopra di cui aveva ap-
pogiato il governo de' fuoi ftati; ed ecco
tuttociò che fi può dire di più verifimi-
le fu tal propofito.

AR-

ARTICOLO III.

Uesto ultimo Articolo della mia Critica che servirà per conclusione dell' Opera, servirà ancora a dimostrare le assurdità, le sciocaherie, la meschinità d' ingegno, e gli errori di giudicio che sono sparsi in quella di M. de Cambrai, e sopra tutto negli Episodj, nello sciogljmento delle fila, ne' ritratti delle persone viventi, e nelle istruzioni e lezioni di prudenza, e di Filosofia che Mentore dà al suo allievo.

M. Despreaux mette in ridicolo con ragione uno de' nostri Poeti, il quale per lo scioglimento de' viluppi delle sue Commedie, ricorreva sempre al metodo degli antichi Poeti Comici i quali in virtù d'un anello posto in dito ad un bambino lasciato su la via, viene poi da' suoi parenti riconosciuto dopo 20. o 30. anni d'assenza. Egli fa ammirare questo scioglimento della Commedia da un Contadino, e gli fa dire d' un' aria grave.

Ed oltre ogn'altra cosa quell'anello
Reale, pare a me buon testimonie.

Ma il Villano non è solo a stupirsi di questa sì bella invenzione. M. de Cambrai ne è pure soprafatto; perchè dopo

aver

Bois
Sat.

aver detto, ch'Aſtarbea era la padrona
aſſoluta dell'animo di Pigmalione, e ch'
ella lo aveva perſuaſo d'allontanare il ſuo
primogenito Balcazar, ch'era l'eſploratore e
il cenſore delle ſue diſſolutezze, dice ch'egli
lo ſpedì a Samo ſotto pretello di farlo ſtu-
diare, ma di fatto affine di farlo annega-
re per viaggio; e che in fatti fu gitatto
in mare per ſommergerlo, come ſarebbe
avvenuto ſe i Peſcatori non lo aveſſero ſal-
vato quaſi per miracolo, e tenuto appreſſo di loro ſino alla morte del Re ſuo Padre. Aggiunge poi, che queſt' ultimo eſſendo ſtato avvelenato, e non credendo
alcuno che Balcazar di lui figlio foſſe ancora al mondo, queſti *ſi fece conoſcere col*
mezzo dell'annello reale, che gli fu poſto in
dito nel tempo della ſua infanzia.

Ma queſto ripiego, nulla ha che fare
con quello del quale ſi ſervì la ſaggia Minerva maſcherata ſotto la figura di Mentore, allorchè vide, che i Vaſcelli da lei
preparati, e fabbricati colle proprie mani
per condurre Telemaco fuori dell'Iſola di
Calipſo, erano ſtati abbruciati dalle Ninfe che corteggiavano queſta Dea. Che ſa ella?
lo precipita dall'alto d'una Montagna nel mare, e con eſſo anche ſe ſteſſa; perchè le Dee,
ſecondo l'Autore, ſanno nuotare, e non
ſono come le femmine mortali, cui la Natura, e il pudore vietano il ſaper nuotare.
Avendo adunque Minerva, e Telemaco veduto dall'alto della Montagna col mezzo
di certi Cannochiali, alcuni Vaſcelli, ch'
erano in mare all'altezza dell'Iſola di Calipſo

fina, a cui alcun mortale non osata avvicinarsi, si gittano nelle onde, e nuotando sempre coperti per non essere veduti da Calipso, dalle sue Ninfe, acciocchè non si accorgessero della loro fuga, fanno ogni immaginabile sforzo per giungere a'Vascelli, che aveano ridutti. Impiegarono lungo tempo a nuotare; perchè largo era il tratto da'Vascelli al monte, d'onde coperti gli aveano, non essendo loro stato possibile l'indovinare la larghezza col beneficio de'Canocchiali; e piuttosto con lo spirito di profezia che tutti, o due possedevano. Ma Mentore per ristorare Telemaco della fatica sofferta nuotando così lungamente, gli raccontò le più belle cose del mondo sopra la virtù, e sopra la fermezza, che fa d'uopo avere nelle avversità. Io lascio pensare se le persone, che altro non pensano che a salvare la vita nel pericolo d'annegarsi, che nuotando con tutto il potere, stanno cogli occhi intenti al Vascello che vogliono raggiungere, siano in istato di fare un lungo discorso, o di ascoltarlo. Perchè poi se ci si rappresenta Mentore e Telemaco come due bei pesci, che a meraviglia nuotano, si doveva ancora dar loro le altre qualità de' pesci, cioè quella di non parlare, e di non intendere cosa alcuna, ma l'Autore del Romanzo non guarda tanto per minuto.

Ov'è mai il buon senso e la verisimilitudine nel volersi persuadere, che nel tempo, che il Vascello, ov'erano Mentore, e Telemaco s'andò a frangere sovra i Monti

ti per la violenza della tempesta che s'era
levata. ; Mentore con una scure tagliò
l'Albero, ed avendolo gittato nell'acqua,
egli con Telemaco vi montaffero fopra
come ad un cavallo, Mentore in fella, e Telemaco in groppa dietro a lui, e che l'Albero andava ora alzandofi ora abbaffando-
fi a mifura, che l'agitavano le onde. Ella
è cofa molto difficile a comprendere come
non cadeffero allorchè agitato, l'Albero
dall'onda fi alzava, e s'inchinava, ed è
pure inconcepibile come Mentore poteffe
condurfe diritto alle fpiagge dell'Ifola di
Cipro, l'Albero medefimo fovra di cui era
montato col fuo difcepolo, perchè infine
l'onde vanno e vengono, e conducono piuttofto a' fcogli ed a Monti, che al porto
come dice S. Agoftino, *Tendit ad portum,*
ad faxa properas.

Ma può effere, che il noftro Autore ri-
ferbi il buon fenfo, quando vorrà porre
in bocca a Mentore delle lezioni di Morale, e di Filofofia per Telemaco, e allorchè gli fpiegherà *che cofa è anima.* Ma
neffun altro luogo più che in quefto Mentore va errando lungi dal vero; perchè
parlando d'Ercole, che s'abbrucciò ful mon-
te-Oeta, egli dice che non reftò abbrucciato, e diftrufce fe non il fuo corpo. Ma
che reftò intatta per ordine di Giove quefta natura fottile, ed immortale, quefta
fiamma celefte, che è il vero principio della vita, e che egli aveva ricevuto dal Padre degli Dei.

Ecco una pompofa moftra di ciarle, e

un

un mostruoso rovesciamento della sostanza, che pensa e di quella che ha estensione; ecco ciò, che può chiamarsi confondere e frammischiare il corpo con lo spirito; mentrecchè la loro unione non è se non nella persona, e giammai nella natura; e che si deve dire che queste due sostanze sono unite assieme in quel modo che i S.S. P.P. & il Concilio di Calcedonia dicono del Verbo Eterno, e dell'Uomo uniti assieme in G. C. cioè senza frammischianza, e senza confusione alcuna.

Ma può essere, che M. de Cambrai sia poi più felice nel ritratto delle persone viventi. Si vede bene, che dà tante eccellenti qualità, ch'egli ha raccolte nella persona di Telemaco, e dà sì bei colori co' quali ne delineò il ritratto, egli ha avuto in animo di dipingere un altro giovine Principe, la cui saviezza, il valore, la buona condotta, l'ingegno, la scienza, la Religione, la pietà, la grandezza d'animo, sono tanto differenti dalle belle qualità del Telemaco antico d'Omero, quanto è il Regno di Francia da quello d'Itaca. La dolcezza e la bontà della sua indole sono due delle più distinte qualità, che lo rendono oltre ogni credere, degno di essere amato da tutti coloro, che se gli avvicinano. La Nobilissima Principessa, che gli diè vita, fu non solamente per saviezza, per ingegno per amore della fatica, e per la osservanza rispettosa per il suo incomparabile sposo, e per il Re suo avolo, una seconda Penelope, ma così pure per la bontà,

e per

e per l'affabilità, ch'ella usava verso i suoi domestici e verso tutti quelli che aveano il vantaggio d'avvicinarsele. Perchè dunque, e per qual melanconico umore maligno ed ingiusto, viene a dirci l'Autore del Romanzo, *che la madre di Telemaco lo aveva allevato con una superbia, e con una fierezza che intorbidava tutto il buono, ch' era in lui?* Io confesso che queste parole m'hanno sommamente commosso, e che mi fanno orrore, ogni volta che le leggo, non solamente perchè feriscono indirettamente il rispetto dovuto a' figliuoli d'un Monarca, ma ancora perchè elle sono falsissime, e direttamente opposte alla verità, in qualunque modo, che Telemaco e Penelope intender si vogliano. Poichè di fatto l'Autore in tutto il rimanente del suo Romanzo con evidentissima contradizione, ci rappresenta sempre Telemaco d'una *Hom.* dolcezza, d'una onestà, e d'una bontà ma- *Od. l.1* ravigliosa; doti precisamente attribuite da *e 2.* Omero a Penelope.

Io non ho potuto contenermi dall'esclamare a questo proposito e di dire all'Autore del Romanzo, che parla tanto indegnamente della vera Penelope, quello che S. Agostino disse a' Manichei che sparlavano della Sinagoga, e dell'antica Chiesa degli Ebrei.

Se tutti i pregj (dic'egli) che l'hanno resa distinta allorchè fioriva non vi commuovono, e se voi non siete abbagliati dalle virtù personali, che l'hanno resa in altri tempi così brillante, considerate almeno i figliuoli ,

ch'

*ob' ella ha dato al mondo, e sovvengavi, che
colui, che da ella è sortito è vostro Padrone,
e che ella ha reso l'Universo felice colla sua
fecondità. Non attende meritum, sed attende partum.* S. Aug. Ep. 14.

Si vede bene che nella descrizione, che
M. de Cambrai ha fatto della figlia del
Re di Creta, la bella e graziosa Antiope,
egli ha voluto significare che le bellezze
di questa illustre Principessa fanno maggior impressione nell' Universo, e abbagliano più gli occhi che il lume, e la bellezza del sole, e che ella ha come quello,
annerito i Mori, e gl' Indiani, ed acceso
d'un'ardente fiamma i Lioni, e le Tigri
d'Africa. Ma quantunque ella sia l' ornamento, e le delicie della più bella, e della
più polita di tutte le Corti del Mondo, e
ch'ella congiunga all'essere nata del sangue
del più gran Monarca, tutte le qualità,
che una egregia indole, ed una buona educazione possono aggiungere ad una nascita illustre, non si può negare che non sia
un' empietà il dargli del divino. La sua
modestia, la sua pietà, e la sua Religione verso Dio, non le possono far rimirare
che con orrore, e come una spaventosa bestemmia, quello che dice l'Autore del Romanzo, *che quando ella entra nel Tempio,
viene riputata la medesma divinità che va
ad adorare nel Tempio.* In verità è cosa
strana che un Vescovo così pio ed illuminato come M. de Cambrai abbia parlato
in tal modo di una bellezza mortale, nè

l'Ido-

l'Idolatria Pagana ha giammai impiegato
le sue adorazioni per le Imperatrici.

A che possono servire dopo tutto questo
tutte le belle istruzioni di Morale, e di
virtù Cristiana ed Evangelica, che Monf.
de Cambrai fa dare da Mentore al suo Telemaco? Non è questo un frammischiare Dio
col Demonio, la luce colle tenebre, come dice S. Paolo, e fare una ridicola mef-
colanza e mostruosa della Cristiana Religione con la Pagana, e degl'Idoli con la
Divinità? Non è questo il medesimo delitto, come quello per il quale i zelanti Ifr
raeliti, e Santi Uomini della Legge hanno avuto tanto orrore nel sentire i Cufar
ni parlare un linguaggio misto d'Ebreo
e Babilonefe, ed offervare cerimonie che
partecipavano del paefe facro, o del paefe profano di Gerufalemme, e di Babilonia?

Non v'è cofa più degna di rifa quanto
il rapprefentare Telemaco nelle afflizioni
della prigionia, e della fervitù, e, fatto
berfaglio della cattiva forte, ballando, can-
tando, fuonando il Flauto, e pigliandofi
piacere della vita de' Pattori della Campagna, che paffano il loro tempo a fuonare la zampogna, e a ballare. Egli dovrebbe ricordarfi una volta per fempre,
che non ci fono che i pazzi, e gli ubria-
chi, e le perfone dal vino o dall'amor rif-
caldate, che poffano premeditatamente
ballare, e faltare come dice Cicerone *nemo faltat fobrius*, e che è un renderfi ridicolo far di quefte cofe l'occupazione d'

S   un

un Uomo, ch' è ridotto fra le difgrazie, le aflizioni, e le miferie, quale era Telemaco ne' deferti dell'Etiopia. *Mufica in lutto importuna narrata*, ovvero quella d' un Sacerdote e d'un Pontefice venerabile come era Termofiri.

Ma nel Romanzo di Telemaco tutto è fuori del fuo luogo, e tutto al rovefcio. Chi non riderebbe in vedere le perfone, ch'efcono dall'acqua dove hanno per fei ore nuotato, efpofte al vento, al freddo, alla tempefta, fmarrite, bagnate, gelate, morendo di fame, e di fete, di freddo, e di ftanchezza, divertirfi a fare tranquillamente lunghi difcorfi, arrivando nell'Ifola di Calipfo, o nel Vafcello de' Fenicj, e raccontando altrui gravemente tutte le proprie avventure?

Se la Dea, e le fue Ninfe, come pure i Mercanti e il Capitano del Vafcello, aveffero avuto un grano di fenno, avrebbono detto a que' poveri avventurieri ritirandoli dall'acqua, ciò che Menelao, e il fuo maftro di Cafa differo a Telemaco, e a Pififtrato alloracchè fmontando dal Cocchio in Ifparta, dimandavano alloggio in Corte nel Palagio del Re, per la ragione, che erano figli d'un Re come lui.

Signori, gli diffe Menelao, fenza trattenervi a raccontarmi a lungo chi fiete, & a cercare le voftre lettere credenziali, cominciate a mutarvi di biancheria, a rifcaldarvi, e mettervi a menfa; voi avete le voftre raccomandazioni fulla fronte, e la voftra Fifonomia parla abbaftanza. Mi dirett

il resto a tempo e luogo dopo che vi sarete
ristorati e riposati.

Telemaco fece la cosa medesima con la
persona di Mente figlio d'Anchialo, Re di
Taso; che non conosceva, nè avea giammai veduto. Un giorno essendo uscito del
suo Palagio d'Itaca per passeggiare, e
avendo ritrovato un forestiero alla porta,
che smontava in quel punto da Cavallo;
egli corre incontro, e pregandolo di venire ad allogiare nella sua propria Regia:
Non indugiate, gli dice (ristorato che sarete) a ragguagliarmi chi siete, e il motivo, che vi conduce in questo paese. *Sal-*
ve Hospes. A nobis amice tractaberis. Cæte-
*rum deinde cibo fatta, & egregiè pastus, & *Hom.*
potus, loqueris quæ oportet. Abramo nel vec- *Od. l. 1.*
chio testamento praticava la cosa medesi- *v. 13. e*
ma. Egli si presentava a' passaggieri; e *14.*
gli pregava, senz'informarsi di essi; a venire ad allogiare in sua propria casa, e
in luogo di perdersi a quistionare su' loro
casi, correva egli, oppure sua moglie stessa a preparare tutto l'occorrente per il suo
ospite. La natura, la grazia, & il senso
comune, conducevano questo grand'uomo
a farlo operare in tal maniera; ma come
se a un compositore di Romanzi fosse permesso di rinunciare a questi tre sorgenti
di luce, dalle quali le persone saggie sono sempre dirette, egli le trascurò intieramente.

In fatti non è egli un rinunziarle visibilmente facendo partire Telemaco e Mentore dall'Isola d'Itaca per viaggiare senza

far

far loro fare il meaumo preparativo,
provvederli de' cavalli, di cocchj, di V
cello, d'abiti, di Bianoteria, d'oro, e
argento, e di servi. Chi è mai quegli cl
si mette in così lungo viaggio senza que
ste cose? *Gli Angeli soli*, dice eccellenteme
te S. Agostino, *non hanno à fare alcun pr
parativo per passare da un paese a un altr
e per viaggiare, perchè essi ci vanno col mez
zo della sola operazione della volontà. Vo
lendo essi passare da un luogo a un altro no
dicono al cocchiere, metti i cavalli al cocchi
nè allo staffiere: metti la sella al cavallo.
Angelus non dicit, Junge: non dicit sterne
In un momento eglino sono dove voglio
no, e siccome sono puri spiriti non hanno
bisogno nè d'abiti per vestirsi, nè di cibi
per pascersi nè di oro per farsi portare.
La verità eterna è il loro nutrimento, la
luce intelligibile lo loro vesti, e la sapien
za sustanziale, ovvero la parola di Dio è
il trono vivente, su cui riposano, e che
gli rende presenti in ogni luogo: *Habent
Angeli saginam veritatem lucis incommutabilis
sapientiae*. Ma non così degli Uomini,
niuna cosa aver possono se prima non è
lor preparata. Omero nel libro 3. della sua
Odissea quando fa partire Telemaco d'Ita
ca per portarsi ne' paesi lontani a cerca
re suo padre, determina il numero delle
persone, ch'andarono con lui, la vettura
di cui si servì, i luoghi ove riposare, e
per tutto gli fa fare delle provvigioni per
continuare il suo viaggio, non trascurando
per sino il far porre dalla sua nutrice nel

Va-

(marginal notes:) S.Aug. Serm. — Hom. Odiss. lib. 3.

Vascello 12. Barile del miglior vino, che vi fosse nella Cantina d'Ulisse, e 20. Sacchi di farina.

Nutria age mihi vinum en amphoris generoum Duodecim. vero imple; & aperi illas diligenter; Mihi vero farinam infunde bene consutis utribus. Viginti autem mensuræ molitæ farina; questo è quello che queste persone parlavano, trattando naturalmente. Ma l'Autore del Romando suppone il suo Eroe d'una differente spezie degli altri uomini; e parla a sua voglia, & è sempre nelle astrazioni metafisiche ordinarie a falsi Misteri.

Se la mira principale di M. de Cambrai fosse stata d'ammaestrare i Principi, e di far loro riflettere seriamente sopra le grandi avventure che agli occhi di Telemaco si presentavano, non gli mancava occasione allorché Sesostri si faceva strascinare in un Carro d'oro da molti Re, di porre in bocca a Mentore la riflessione fatta da uno di que' Re. Rivolgeva egli spesso indietro gli occhi, tirando il Carro, e Sesostri gli dimandò *perché non faceva la sua funzione come gli altri, e volgea frequente la testa verso le ruote? Perché, dic'egli, o gran Principe, io vedo in queste ruote l'immagine del mio stato, e le vicende delle cose umane, Elle girano sempre, e quello, ch'è nell'alto in un momento discende; e ascende quello, ch'è nel basso. La stessa cosa è di noi, o Sesostri: Un momento fa noi travamo nel fasto delle grandezze umane, ed eccoci adesso ridotti ad una vilissima condizione, ch'è quella di ser*

pirvi di Cavalli, e di Muli. Ma più esser
che noi ascendiamo un tempo, e che voi d
stendiata.

    Io non sò se queste paròle tanto saggi
quanto ripiene di ardire facessero alcun
impressione nell'animo di Sesostri, e si ren
desse perciò più moderato; ma sò bene che
penetrarono nel cuore del più fiero, e del
più superbo di tutti i Tiranni il Principe
degli Unni, il superbo Cajano. Poichè la
Storia Ecclesiastica riferisce, che nel tempo che questo Tiranno minacciava di distruggere tutto l'Imperio Romano con una
spaventevole alterigia, Teodoro Medico
Ambasciatóre dell'Imperatore Mauricio, gli
fece di suo ordine con tutta la buona grazia il racconto di questa picciola Storia,
udendo il quale egli non solamente sospese il malvagio suo disegno, ma pianse innoltre, e si vide commosso da' teneri, ed
umani sentimenti. Quest'era una cosa da
non trascurare nel Romanzo del Telemaco, dove parlasi della estrema miseria,
nella quale si trovò questo giovine Principe sotto il regno di Sesostri, e per comando di lui.

    Ed ecco mia Signora, quanto io aveva
a dire intorno al Romanzo del vostro illustre amico. Avrei volentieri tralasciato
di porre il suo nome nella mia Critica come egli ha tacciuto il suo nella sua Opera, se la circonlocuzione, la quale mi sarebbe convenuto necessariamente usare per
indicare l'Autore della Storia delle Avventure di Telemaco, non fosse troppo lunga,
                   e nojo-

mojofa. Quando io nomino M. de Cam-
rai io non accerto già, che l'Opera fia
li questo gran Prelato; e non piuttosto
li qualunque altro, ch'io avessi indicato
col proprio nome. Questo viene a dire
oltanto che gli viene attribuita, e che si
crede che sia suo lavoro, ed io penso, che
voi non ne dubitiate; che se m'è scappa-
to nella mia Critica qualche termine troppo aspro, e che non comparisca del tutto
rispettoso verso così distinto Personaggio,
io spero, che mi verrà perdonato, essendo per altro difficilissimo, che nelle opere
Polemiche, e Critiche non si lascia correre qualche termine inconsideratamente.

L'unico mio fine è stato di far vedere
quanto è necessario, che il Romanzo di
Telemaco conformato si fosse a quello d'
Ulisse composto da Omero, e che la continuazione della Odissea avesse la bellezza,
e la perfezione dell'Originale, e del co-
minciamento dell'Odissea medesima; nella quale tutto è dipinto al naturale, tutto
nasce dalla sua sorgente, e tutto è ordi-
nato; ma conforme alle maniere, e gli
usi della vita, che ordinariamente mena-
no gli Uomini. Si veggono i costumi antichi, e il modo con cui vivevano i Padri della prima età; vi si distingue nello
stesso tempo una grande conformità con le
maniere di trattare, e di parlare, che la
Scrittura Santa ci rappresenta ne' Santi
Patriarchi, e nelle femmine del Testamento Vecchio, siccome osservò benissimo il
dotto P. Tomasin dell'Oratorio, e come

osseroffervato aveva prima di lui, Ateneo quantunque pagano; Egli conferva fempre il *Decorum* come dice lo ſteſſo Ateneo nel paſſo medeſimo. L'Eroe nell'Odiſſea non diſtrugge l'Uomo, e l'Uomo all'Eroe non fa alcun torto.

Ma al contrario nel Romanzo di Telemaco tutto è falſificato, ſingolare, ed eſtraordinario, e lo Storico è ſempre ſu' rampoli, e gli abbietti paſtori favellano ſempre per oracoli, e poeticamente. Se gli Eroi beono per eſtinguere la ſete loro, non beono già vino uſuale, ma ſempre Nettare, e Ambroſia, nè in tazze di vetro ſemplice, ma in coppe d'oro. Se mangiano; non guſtano già carni di Bue, di Caſtratto, e di Agnello, ſiccome far ſogliono (e chiaramente ſi legge) ne' più ſontuoſi ſtravizzi loro gli Eroi d'Omero, come nota molto bene Ateneo ne' ſuoi Deipnoſofiſti, ma certe vivande incognite, e di ſomma rarità. Se albergano per ſorte in qualche caſa per iſtarſene al coperto, queſta non è fabbricata di pietre, o di mattoni, ovvero di ſimili materiali, ma è eſſa un Palaggio incantato fabbricato d'oro, e di argento, di pietre prezioſe, e di Porfido. Se abbruggiano Legna per riſcaldarſi, non raccolgono già le prime che vengan loro alle mani, come fa Uliſſe, che non era tanto vano quanto, eſſi preſſo lo ſteſſo Omero, ma ſi ſervono di legna di cedro ed altre odorifere dell'Arabia, che le Dee medeſime lor ſomminiſtrano. Non ſi preparano mai da loro medeſimi la menſa, non pongono mano

nel

nel cuocere, non pigliano da bere, ma
ferviti fono di tutte quefte cofe dalle Nin
fe, e dalle Najadi; e pure Achille, Menelao, e Patroclo in Omero non arroffiva-
no di far da fe tutto quefto. Le loro In-
namorate non hanno i cappelli biondi, nè
d'un bel nero, come quelle, che fra noi
paffano per belle, ma bensì le treccie d'oro,
e fono tutte o roffe, o gialle.

Telemaco, e Mentore vogliono falvarfi
dalla procella, ma credono quefti cofa troppo vile lo ftaccare lo fchiffo dal Vafcello,
e ricoverarfi in effo; fembra loro molto più
gloriofo, e di fe degno il tagliare l'Albero
del Vafcello medefimo, e montandovi fopra a cavalcioni, girarlo a fuo talento
contro il mare, e il vento. Se trovanfi in
fchiavitù, e in una dura prigione, ragion
vorrebbe, che fi credeffe, che col mezzo
di un rifcatto, ed a prezzo d'oro, o d'argento, ovvero col foccorfo de' Re loro alleati, liberati ne foffero, ma non è così;
difarmati ammazzano un Lione, e fanno
prodigj incredibili de' quali non s'è veduto
giammai efempio alcuno, e che oltrepaffa-
no le prodezze di D. Chifciotte, e di Guz-
mano d'Alfarache, di Amadigi, e di Or-
lando Furiofo.

Se nel mezzo de' mali, che gli oprimo-
no, e nella più fpaventevole afflizione,
onde la pazienza umana poffa effere ten-
tata, vogliono da veri Eroi procurarfi qualche vera confolazione, non crediate già
che vadano a cercarla dalla Filofofia; cre-
derebbono di degenerare dall'Eroifmo pro-
curan-

mandogla, per una via così triviale frà' faggi, e la proccaciano con un picciolo gallante Flauto, che incanta tutti i loro mali ballando, e faltellando co' Villani e' paftori d' Egitto, e d'Etiopia, che tutti gli affanni loro follevano; nel che pare a me, che molto raffomigliano a quell'ignorante medico di Campagna, il quale effendo chiamato per guarire un malato, e avendolo trovato con una gran febbre continua, e una fluffione di petto, gli applicò per rimedio molti piccioli empiaftri fenza virtù, e fenza forza fopra tutte le parti efteriori del corpo, cioè fopra le unghie, fopra la punta del nafo, fopra gli orecchi, ful mento, e fopra le dita de' piedi. *Si riderà dell' Ignoranza del Medico, e fi dirà: In vero quefto è il mezzo di guarire il malato; e quefta è la maniera d'ammorzare il fuoco d'un'ardente febbre!*

Come mai potrà dirfi, che un Re fpogliato de' fuoi ftati, abbattuto dalla tempefta, ridotto quafi alla mendicità, prigioniero, lungi più d' 800. leghe dal fuo paefe, efiliato ne' diferti d'Etiopia fra' Barbari, e Paftori, difpreggiato, infultato da tutte le parti e in pericolo imminente di morte come era Telemaco, diftrugga tutti i fuoi mali, e fi rinfranchi di tutte le fue pene col fuono di un Flauto? Un Principe giovinetto pien di coraggio, e di grandezza d'animo, afflitto che fia, non ha voglia di ballare, e faltare co' Villani, ed è

pi-

pigliarsi giuoco di lui il presentargli in sì
misero stato un Flauto per consolarlo.
Spectatum admissi risum teneatis amici. Io
sono.

Madama.

Riverendissima.
N. N.

IL FINE.

CATALOGO

de' Libri impreſſi nella nuova Stamperia
di me MARCELLIN PIOTTO, e di
quelli che ſono ſotto a' Torchj i quali ſa-
ranno ſegnati con una Stelletta, tutti
in bella Carta, Caratteri novi, correttiſ-
ſimi; tanto quelli da Prezzo; quanto
quelli da Riſma.

La Telemacomania, ovvero la Critica del
Romanzo intitolato le Avventure di
Telemaco, tradotta dal Franceſe. 8. Venezia 1751. con una figura in Rame ————————————L. 2:—
Sette Novene in onore delle principali Fe-
ſte della B. V. compoſte dal Padre Mae-
ſtro Giacomo - Filippo Gatti Agoſti-
niano. 12. Venezia 1751. con figure in
Rame ————————————L. 2:10
Poeſie d'Aleſſandro Guidi, con la vita del
medeſimo deſcritta da Giò: Mario Cre-
ſcimbeni; con figure in Rame. 12. Venezia 1751.————————L. 2:—
* Le Metamorfoſi d'Ovidio ridotte in ottava rima da Giannandrea dell'Anguil-
lara. 12. Tomi 2. Venezia 1751. con
16. figure in Rame belliſſime—L. 8:—
L'Arcadia in Brenta, ovvero la Melan-
conia sbandita, di Ginneſio Gavardo
Vacalerio. 12.————————L. 1:10

Li-

Riftretto della Paffione di N. S. G. C.
con nuove aggiunte, e figure in Rame.
12. Venezia 1751.—————Fogli 11.
Conti fatti per ogni forte di Mercanzia,
&c. 12. Venezia 1751.——F. 4 e mezzo.
Rapprefentazione della Paffione di N. S.
G. C. con aggionte, e nove figure. 12.
Venezia 1751. ——————F. 4.
Breve, e facile Compendio delle cofe ne-
ceffarie da crederfi, e da faperfi, per co-
modo di perfone femplici, e idiote. 12.
Venezia 1751.—————F. mezzo
* Dottrina Criftiana Bellarmina grande,
cioè copiofa Dichiarazione ec. 12.
* Dottrina Criftiana mezzana Padovana ,
12. —————F. 4 e mezzo
* Detta piccola. 12————F. 2
Salterio Roffo, e Nero 8. tutto interli-
neato ———————F. 1.
Duecento Stanze Morali delle Miferie
Umane. 12.————F. 3
Abbaco nuovamente riftampato, e ricor-
retto. 8. —————F. 1
Iftoria di tre Compagni libro in ottava
rima dilettevole. 12. F. 1 e un quarto.
Iftoria belliffima in ottava rima d'un in-
felice fucceffo per cagion d'amore, tra
Gio: Fiore, e Filomena. 12. ——F. 1.
Iftoria della Regina Oliva. 12. ——F. 1.
Induftria Spirituale. 12. ——mezzo foglio
Pianto dell'Anima dannata. mezzo foglio.
Dialogo tra il Ricco, ed il Povero. m. f.
Altre belle Iftoriette in 12. e 16.